스토리텔링과 논리적 사고를 위한 스크래치와 R 코딩 어드벤처

강병서 지음

한 경 사

CONTENTS

차례

제2편 R 어드벤처 213

PREFACE

들어가기

왜 스크래치(Scratch 3.0)와 R인가? 두 소프트웨어는 프로그래밍 언어다. 스크래치는 초중고생들이 코딩에 흥미를 가질 수 있도록 개발되었으며, R은 자료 분석, 그래픽 표현, 기계학습 등을 지원하는 고급 언어다. 본서에서는 먼저 스크래치를 배우고 나면 R에도 도전할 수 있도록 초급 수준으로 제시하였다. 두 언어를 함께 공부하면 논리적 사고를 배우며, 분석력과 표현력을 얻을 수 있다. 두 언어는 모두 오픈 소스로서 무료로 제공되므로 인터넷 환경에서 마음 놓고 즐길 수 있다.

최근 교육에서 코딩의 중요성이 부각되고 있다. "코딩 어드벤처"가 추구하는 것은 "어떻게 하면 안 가르치면서 배우게 할 것인가"이다. 이 사명은 별로 어려워 보이지 않는다. 배우는 사람에게 점진적으로 용기를 주면 된다. 여기서 용기란 순간적인 결단이 아니라 불확실한 채로 남아 있으려는 준비성을 말한다. 마치 등반가가 어떤 어려움에 처하더라도 목표 지점을 응시하면서 올라가려는 마음이다. 코딩 어드벤처(모험)는 조금씩 앞으로 나아가면서 사람을 강하게 만들기 때문에 배우면서 생각하고 생각하면서 배우게 된다.

우리나라 교육 현장은 어려움에 처해 있다. 세상은 급속도로 바뀌어가고 기존 학습방식이 더 이상 통하지 않음에도 불구하고, 선생님들은 일방적으로 진도 나가기에 집착하는 현장이 되고 있다. 새로운 방식은 다음과 같이 진행되어야 한다.

묻고 (Ask; 애스크) → 상상하고 (Imagine; 이매진) → 계획하고 (Plan; 플랜) → 만들고 (Make; 메이크) → 개선한다 (Improve; 임프루브)

해결하려는 문제가 무엇인지 묻고 상상하며 답을 얻는 과정이 배움이다. 묻는 사람은 선생님이나 부모님이 아니다. 아이들로 하여금 자신에게 질문하도록 여유있는 분위기를 만들었으면 좋겠다. 스스로 묻고 스스로 실패하고 성공하고. 학생들이여, 자신에게 질문하라. 그러면 질문하는 것만큼 배우리라. 얻은 답은 미완성이지만. 이 미완성을 견디어내는 것이 용기 있는 배움이다.

제4차 산업 혁명의 인공지능, 로봇, 자율주행자동차, 드론 등은 모두가 자료(data, 데이터)와 알고리즘(algorithm)에서 나오는 산출물이다. 이 결과물은 규격품이 아니라 창의적인 자기학습에서 만들어진 것이다. 요리에 비유하면 데이터는 식자재이고 알고리즘은 레시피이다. 삼겹살 구울 때 절차를 준수해야 좋은 맛을 얻는 것 같이, 코딩은 자료에서 시작하고 알고리즘으로 완성된다. 자료와 알고리즘을 결합함으로써 자기학습이 가능해진다.

이제 우리 모두가 "코딩 어드벤처"를 공부해야 하는 시점에 와 있다. 이 세계는 코딩을 배우는 사람과 안 배우는 사람으로 나누어지고 있다. 전자는 새로운 도전과 모험심으로 계속 앞으로 나아갈 수 있으나 후자는 무엇을 해야 할지 모른 채 어둠 속에서 떨고만 있을 것이다. 세상을 새롭게 보는 눈이 필요하다. 배우는 사람의 기초는 읽기(**R**eading; 리딩), 쓰기(W**R**iting; 라이팅), 셈하기(A**R**ithmetic; 어리스메틱) 외에 프로그래밍(P**R**ogramming)이 들어가게 되었다. 이른바 4**R**(알)이다. 그리고 이 4**R** 능력은 창의적 사고, 자기 비판력, 소통과 협동 등을 통해 성취된다. 본서는 이것을 가능하게 한다.

본서는 코딩을 처음 접하는 초등학교 5, 6학년 및 중고생들을 위해 알기 쉽게 쓰였다. 혼자서도 공부할 수 있으며 주위 사람들과 토의하고 협업하는 것도 적극 권장한다. 네트워크 시대에 혼자 가면 피곤하다. 함께 가야 한다. 그래야 멀리 갈 수 있다. 코딩은 문과, 이과, 예술 등의 구분이 필요 없다. 문제를 이해하고 자료를 모아서 알고리즘이라는 절차를 준수하면서 프로그램을 짜면 된다. 순차적인 절차만 이해하면 된다. 코딩은 프로그램을 짜는 것(프로그래밍)이기 때문이다.

코딩 어드벤처는 컴퓨터 언어를 공부하여 문제를 해결하는 것이다. 마치 국제 사회에 나가면 소통과 협력을 위해 영어가 필요하듯이, 스토리텔링과 논리력을 위해 여기서는 스크래치(Scratch)와 R 언어를 공부한다. 이 언어들은 사용자에게 논리와 창의 그리고 성취감을 선물로 줄 것이다. 코딩 어드벤처가 추구하는 것은 자긍심과 타인배려이다. 자신을 돌보고 타인을 이해하는 유익한 기회가 올 것이다.

본서에서 소개하는 Scratch 3.0은 2019년 새 버전이며, R은 2018년 버전이다. 두 언어는 누구든지 무료로 사용할 수 있다. 이 언어를 개발한 사람들에게 감사한 일이다. 스크래치는 쉽고 재미있는 수준이고 R은 호기심과 경이로움의 언어이다. 먼저 스크래치를 배우고 나면 R 세계 모험도 두렵지 않을 것이다. 이 병렬 학습은 코딩 세계의 어드벤처를 즐겁게 해줄 것이다.

본서 뒷면에 촌평을 주신 분들과 한경사 여러분에게 감사를 드린다.

2019년 6월

저자 드림

알림

본서는 영어 단어에 발음기호와 뜻을 한글로 적어 넣었다. 특히 영어의 f와 v 발음을 준수하였다. 예를 들어, pace(걸음)와 face(얼굴)를 동일하게 "페이스"로 발음한다면 상대방이 혼란스러워 할 것이다. 여기에서는 face의 경우 "f페이스"로 표기하였다. 다만 파일(file)처럼 이미 우리말이 된 것은 그대로 쓴다. 그리고 version도 "v버전"으로 하였다. 훈민정음 창세 시의 "순경음ㅍ(ㆄ)"과 "순경음ㅂ(ㅸ)"이 컴퓨터 자판에 조속히 나오는 날을 기대한다. 이것이 우리글의 국제화에 도움이 될 것이다.

제1편
스크래치 어드벤처

CHAPTER 1

스크래치 깔기

CONTENTS

격언처럼 시작은 전체의 절반이다.

— 아리스토텔레스

시작이 좋으면 절반은 이루어진 것이다.

— 호라티우스

제1절 스크래치란

스크래치(Scratch)는 미국 MIT 대학 미디어랩의 평생유치원그룹(Lifelong Kindergarten Group)에서 개발한 프로그래밍 언어다. 오픈 소스로서 누구나 어디서나 무료로 사용 가능하며, 전 세계적으로 150여 개 나라에서 40여 개 언어로 사용되고 있다. 스크래치라는 이름은 디스크 자키가 레코드 판을 손으로 밀어 돌리면서 소리를 섞어 다른 효과음을 만들어내는 기술을 의미하는 음악 용어에서 나왔다. 본서의 스크래치도 숫자, 그림, 소리, 동영상 등과 같은 다양한 수단을 섞어서 새로운 작업을 한다는 뜻이다.

레고 장난감에서 아이디어를 얻어 개발한 스크래치는 블록을 쌓아 코딩 작업을 가능하게 한다. 손쉬운 블록 작업으로 시각적이고 청각적인 결과물을 즉각 얻을 수 있어 성취감을 높여 준다. 상호작용하는 이야기, 게임, 작곡, 애니메이션 등을 직접 만들 수 있고, 그 프로젝트(작품)를 국내뿐만 아니라 외국의 온라인 커뮤니티에서도 여러 사람들과 공유할 수 있다.

코딩은 프로그래밍과 동일한 개념이며, 알고리즘을 통해 문제를 해결하는 언어 작업을 의미한다. 컴퓨터 코드 언어를 공부해야 인공지능, 로봇, 빅데이터 분석 등을 이해할 수 있다. 우리나라에서는 때 늦은 감이 있지만, 초등학교나 중고등학교에서 코딩 배우기를 시작하고 있다. 코딩 능력은 논리적이고 창의적인 사고력을 키워주는 열쇠이기 때문이다.

스크래치는 주로 10대를 대상으로 만들어졌다. 그러나 최근에는 다양한 연령층에서 사용하고 있어, 가정에서 부모와 자녀가 함께 공부하고 소통하는 언어로 추천된다. 마치 영어나 중국어같은 외국어를 함께 공부하는 것과 같다. 가정에서 뿐만 아니라 학교, 학원, 도서관, 지역 센터 등 다양한 장소에서 스크래치 기회를 가질 수 있다.

스크래치는 학습자로 하여금 창의적 사고, 체계적 추론, 협동 작업을 배우게 하는 유용한 수단이다. 초등학교부터 대학 수준까지의 학생들은 수학, 통계학, 과학, 인문학, 예술 등의 다양한 분야에서 스크래치와 함께 학습이 가능하다. 교육에 관심있는 사람은 ScratchEd 웹사이트에서 경험과 자료들을 검색하고, 공유하며 또한 질문함으로써 궁금증을 풀 수 있다. Scratch: Programming for All에 들어가면 스크래치 연구와 스크래치 관련 통계를 참고할 수 있다.

제2절 스크래치에 접속하기

스크래치는 크롬(chrome) 웹브라우저에서 웹 사이트 *https://scratch.mit.edu* 에 들어가면 접속이 가능하다(인터넷 익스플로러(Internet Explorer) 브라우저에서는 접속되지 않음). 스크래치 회원 가입은 매우 쉽다.

1단계 다음 초기 화면에서 [스크래치 가입]을 선택한다.

2단계 사용자 이름과 비밀번호를 입력하면 회원가입이 되면서 로그인이 가능해진다.

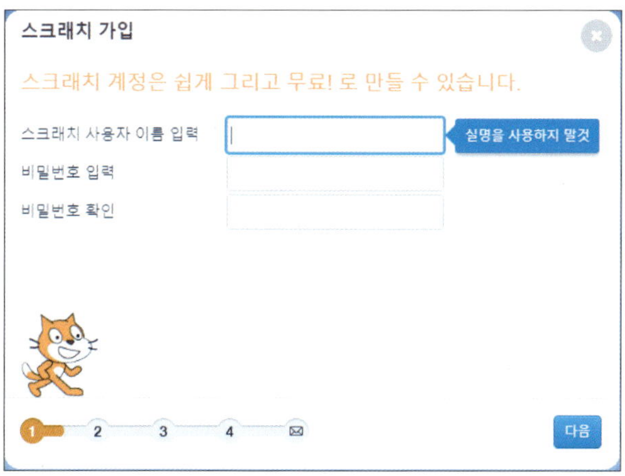

3단계 로그인 화면의 메뉴에서 [만들기]를 선택한다.

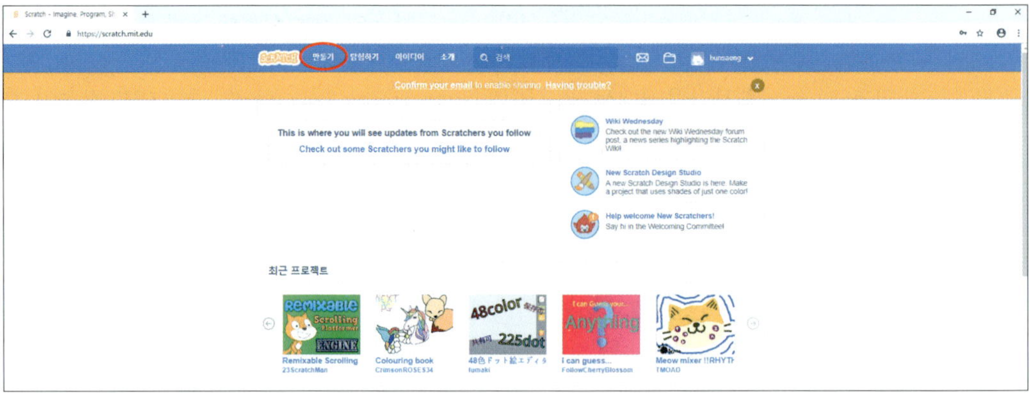

4단계 그러면 한글 작업 화면이 시작된다. 만일 외국어를 원한다면 툴바 왼쪽의 를 눌러 언어를 선택하면 된다.

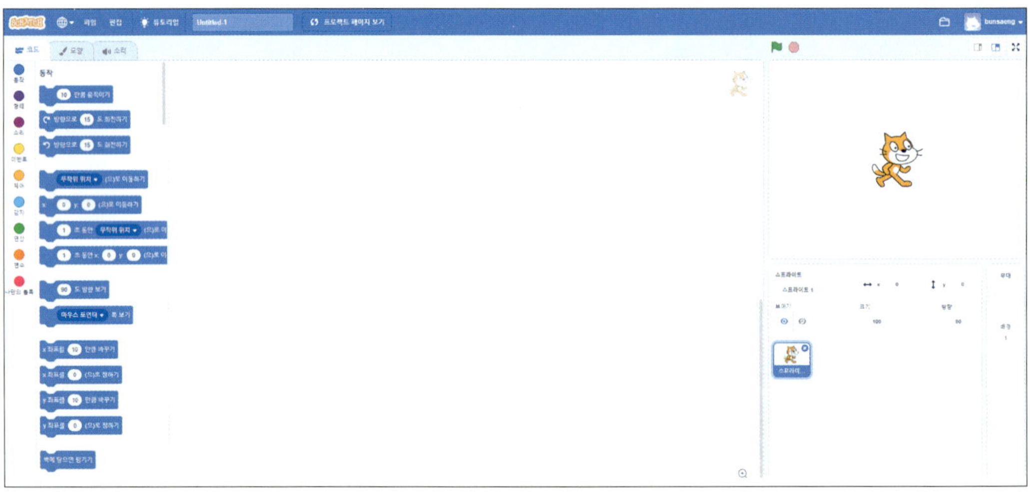

5단계 그러면 다음과 같이 [스크립트 창], [무대 창], [스프라이트 창] 등 3개의 창과 [저장소], [창고], [무대_배경] 등으로 구성된 한글 작업 화면이 나온다.

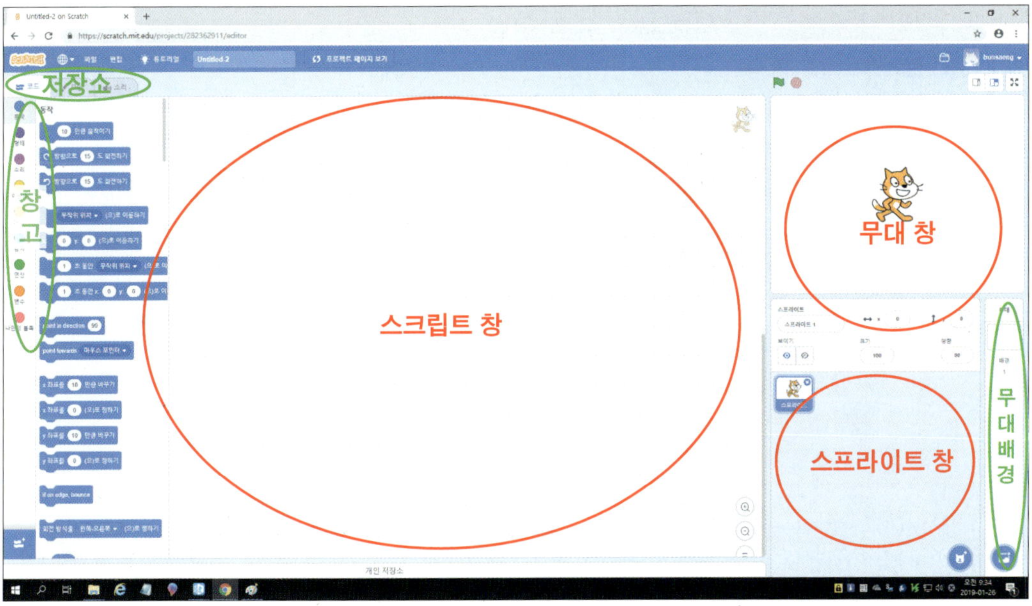

세 창들의 기능을 [도표1.1]에 간단히 정리하였다.

도표 1.1 세 창의 기능

창	기능 설명	비고
스크립트 창 (Scripts)	이 창에는 코드, 모양, 소리 등 3개의 저장소가 있다.  [코드] 저장소에는 기본 9개의 창고가 있다. 현재 [동작] 창고에는 여러 블록들이 보인다. 블록을 마우스 포인터로 잡아서 오른쪽 화면으로 옮겨 코딩을 작업한다.	[모양] 저장소는 각종 스프라이트(아이콘)를 보여준다. [소리] 저장소는 각종 음향 서비스를 제공한다.
무대 창 (Stage)	코딩의 실행 결과를 시각적으로 보여준다. 현재 꼬마 고양이(이하 야옹이라 함)가 나와서 무대에서 맞이한다.	[무대_배경] 하단의 을 누르면 [무대 창]에 제시될 배경을 선택할 수 있다.
스프라이트 창 (Sprite)	야옹이 같은 스프라이트(아이콘)가 다양하게 저장되어 있다.	을 누르면 각종 스프라이트가 있는 저장소가 나온다.

세 창들의 관계는 코딩 작업하는 도중 상세하게 설명한다. 그런데 이 중에서 [스크립트 창]은 코딩과 직접 관련이 있어 전체적인 이해를 돕기 위해 [도표 1.2]에 블록들을 모아 놓았다.

도표 1.2 [스크립트 창]의 [코드] 저장소에 있는 9개 창고

창고	블록 종류
동작	10 만큼 움직이기 ↻ 방향으로 15 도 회전하기 ↺ 방향으로 15 도 회전하기 무작위 위치 ▾ (으)로 이동하기 x: 0 y: 0 (으)로 이동하기 point in direction 90 point towards 마우스 포인터 ▾ x 좌표를 10 만큼 바꾸기 x 좌표를 0 (으)로 정하기 y 좌표를 10 만큼 바꾸기 y 좌표를 0 (으)로 정하기 if on edge, bounce 회전 방식을 왼쪽-오른쪽 ▾ (으)로 정하기 1 초 동안 무작위 위치 ▾ (으)로 이동하기 1 초 동안 x: 0 y: 0 (으)로 이동하기 x 좌표 y 좌표 방향
형태	안녕! 을(를) 2 초 동안 말하기 안녕! 말하기 음... 을(를) 2 초 동안 생각하기 음... 생각하기 모양을 모양 1 ▾ (으)로 바꾸기 다음 모양으로 바꾸기 배경을 배경 1 ▾ (으)로 바꾸기 다음 배경으로 바꾸기 크기를 10 만큼 바꾸기 크기를 100 %로 정하기 색깔 ▾ 효과를 25 만큼 바꾸기 색깔 ▾ 효과를 0 (으)로 정하기 그래픽 효과 지우기 보이기 숨기기 모양 번호 ▾ 배경 번호 ▾ 크기
소리	야옹 ▾ 끝까지 재생하기 야옹 ▾ 재생하기 모든 소리 끄기 소리 효과 지우기 음 높이 ▾ 효과를 10 만큼 바꾸기 음 높이 ▾ 효과를 100 로 정하기 change volume by -10 set volume to 100 % volume
이벤트	클릭했을 때 스페이스 ▾ 키를 눌렀을 때 이 스프라이트를 클릭했을 때 배경이 배경 1 ▾ (으)로 바뀌었을 때 loudness ▾ > 10 일 때 메시지1 ▾ 을(를) 받았을 때 메시지1 ▾ 방송하기 메시지1 ▾ 방송하고 기다리기

도표 1.2 [스크립트 창]의 [코드] 저장소에 있는 9개 창고 (계속)

<table>
<tr><th>창고</th><th>블록 종류</th></tr>
<tr><td>제어</td><td>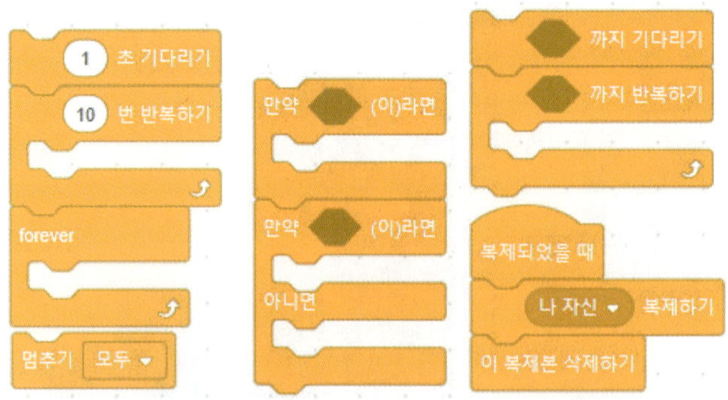
</td></tr>
<tr><td>감지</td><td>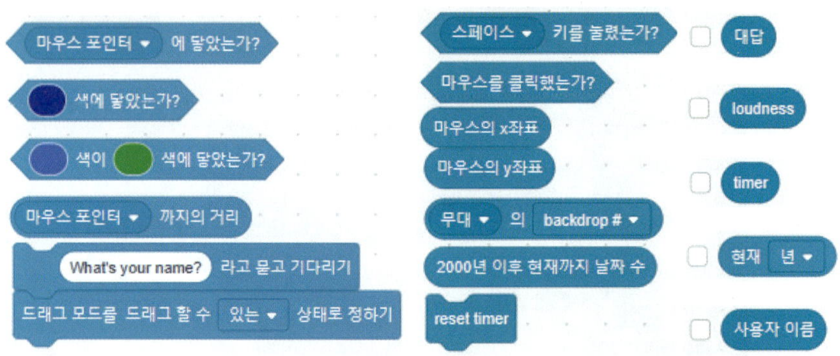
</td></tr>
<tr><td>연산</td><td>
</td></tr>
<tr><td>변수</td><td>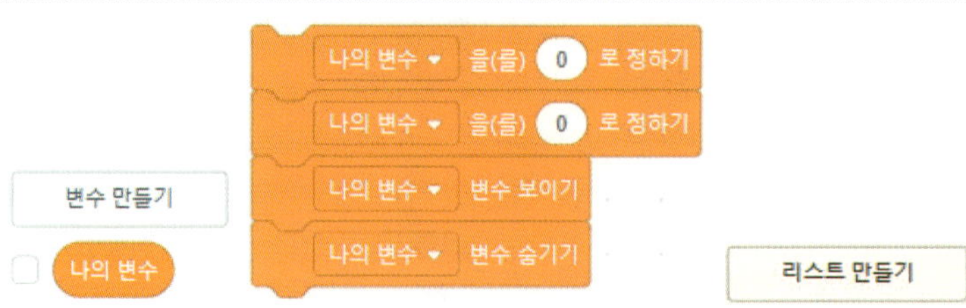
</td></tr>
</table>

도표 1.2 [스크립트 창]의 [코드] 저장소에 있는 9개 창고 (계속)

창고	블록 종류
나만의 블록	블록 만들기

(주1) x 좌표 와 같은 블록은 네모를 마우스 좌클릭하면 [무대 창]에서 현재 상태를 보여준다.

(주2) 일부 블록에 영어가 아직 남아 있다.

(주3) [변수 만들기], [리스트 만들기], [블록 만들기] 등은 다음 기회에 상세히 설명한다.

제3절 파일 입력과 저장하기

파일의 입력과 저장은 컴퓨터 작업의 기본이다. 애써 만든 코딩 작업을 잘 보관해 놓자. 여기서는 야옹이의 정사각형 그리기를 코딩한 후에 파일 저장에 대해 설명한다.

아래 화면은 [스크립트 창]의 코딩과 [무대 창]의 실행 결과인 사각형 그림을 보여 준다. 이 결과를 얻기 위해 단계적으로 살펴보자.

전체 결과 화면

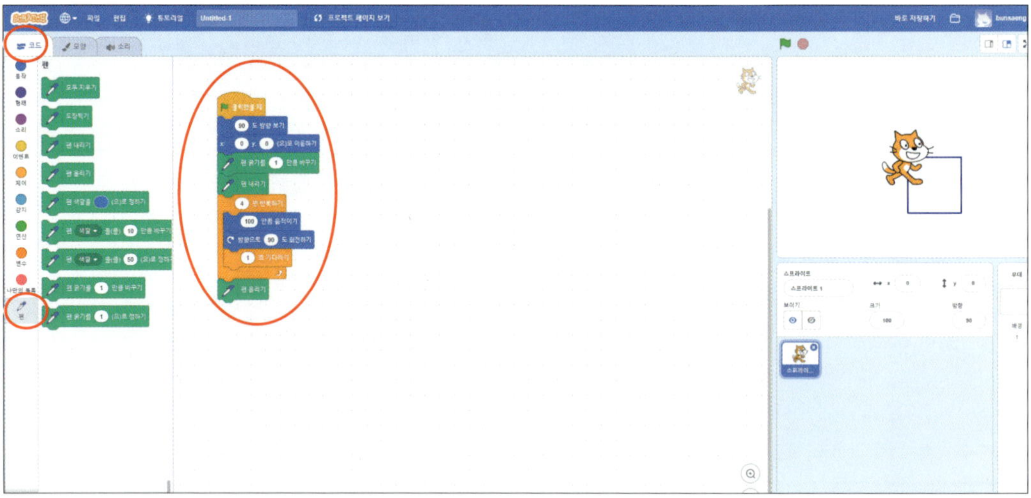

1단계 입력(코딩)하기

입력하기는 위 화면 왼쪽 [스크립트 창]의 [코드] 저장소에 있는 9개의 창고에서 적절한 블록을 마우스 왼쪽으로 잡은 후 오른쪽 화면으로 옮기면 된다.

정사각형 코딩

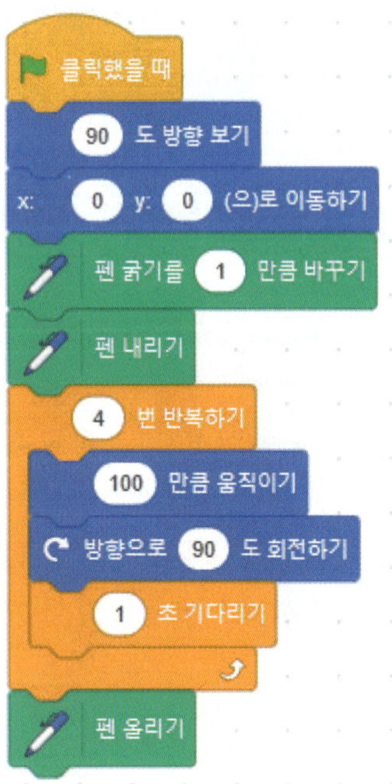

10개 블록 설명 [창고 이름]

① 클릭하면 프로그램이 실행된다. [이벤트]

② 야옹이가 정면(90도)을 바라본다. [동작]

③ 야옹이가 원점에서 대기한다. [동작]

④ 펜 굵기를 1(초기값)로 정한다. [펜]

⑤ 펜 그리기를 준비한다. [펜]

⑥ ㄷ자형 안의 코드를 4번 반복한다. [제어]

⑦ 100 만큼 이동한다. [동작]

⑧ 시계 방향으로 90도 돈다. [동작]

⑨ 1초 기다린다. [제어]
(⑦⑧⑨를 3회 더 반복하고 빠져 나온다)

⑩ 펜 그리기를 끝낸다. [펜]

(주) [펜] 창고는 다음 쪽을 참고하라.

이 코딩 프로그램은 10개의 블록들로 구성되어 있다. ⑥, ⑦, ⑧ 블록은 초기 숫자가 수정되었다. 블록들은 홈이 파여져 있어 잘 들어맞도록 고안되었고, 블록 쌓기는 알고리즘에 따라 레고처럼 쌓는다.[1]

참고 [펜] 창고는 [코드] 저장소의 하단에 있는 [확장 기능 추가하기]를 누르면 아래 화면이 나오고, [펜]을 선택한다.

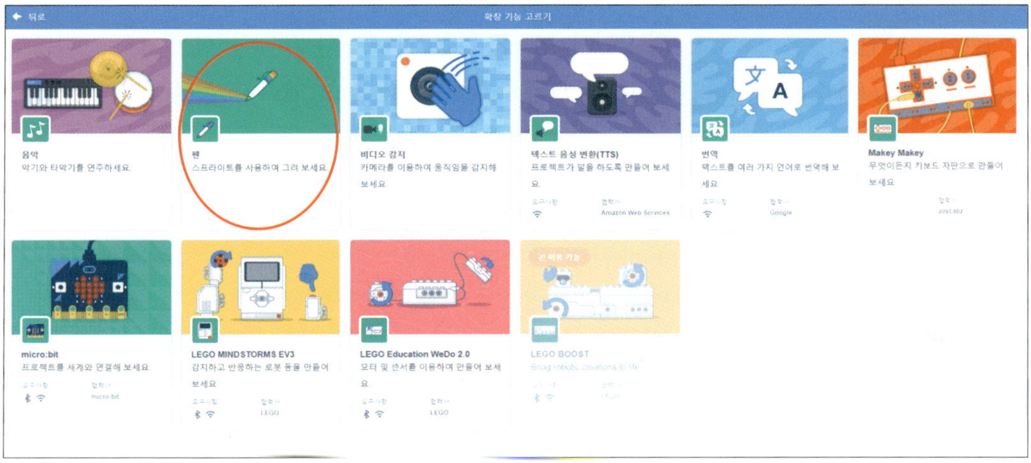

다음은 [펜] 창고의 블록들이다.

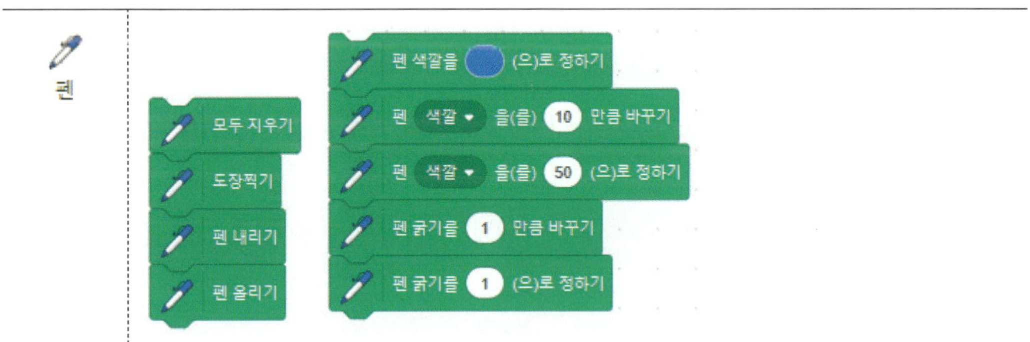

1 잘못 선택한 블록이 있으면 그것을 마우스로 잡아서 창고 자리에 다시 갖다 놓으면 된다.

2단계 실행하기

프로그램 실행은 그리 어렵지 않다. 어떤 블록을 클릭해도 실행된다. 지붕 모양의 첫 블록은 대표 성격을 갖는다. 그리고 오른쪽 [무대 창] 상단의 깃발 을 눌러도 실행된다. 차이점은 전자는 해당 프로그램만 실행되지만, 후자는 프로그램 전체에 모두 해당된다. 참고로 이 깃발 옆의 빨간 표시 는 실행 정지를 뜻한다.

3단계 [스크립트 창]의 코드 저장하기

스크래치의 파일 저장은 좀 까다로워 보인다. [스크립트 창]의 코드와 [무대 창]의 결과물을 별도로 저장하기 때문이다. 먼저 [스크립트 창]에서 코딩한 것을 저장하려면, 툴바의 [파일]을 누르고 진행한다.

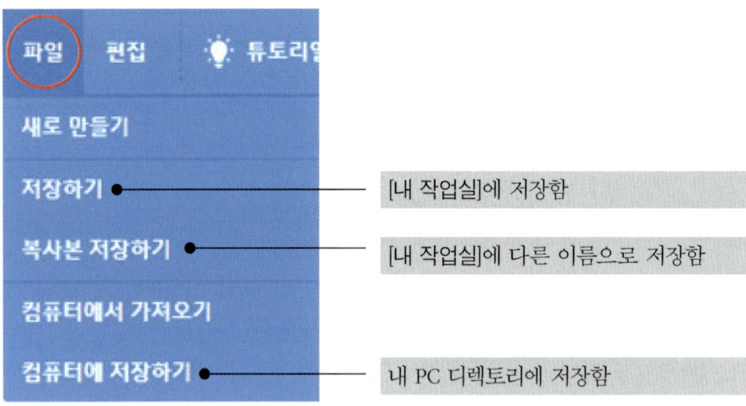

- [저장하기]: 파일 이름을 "Untitled"에서 "사각형"으로 바꾸고, [저장하기]를 누르면 "사용자 이름"의 [내 작업실]에 저장된다.
- [복사본 저장하기]: "사각형 copy"가 [내 작업실]에 저장된다. 이 복사본은 나중에 다른 이름으로 바꾸어 사용하면 유용하다.
- [컴퓨터에 저장하기]: 내 PC의 적절한 디렉토리에 저장된다. 현재는 내 PC의 [다운로드]에 저장되므로, 나중에 다른 디렉토리에 옮기면 된다.

4단계 [무대 창]의 사각형 그림 저장하기

[무대 창]의 결과물인 "사각형 그림"은 별도로 저장해야 한다. 왜냐하면 앞 단계에서 프로그램(코드)만 저장되었기 때문이다. 그림 저장을 위해서는 [무대 창] 아무 데에서나 마우스 오른쪽을 누르

면 [다른 이름으로 저장] 창이 나오고, 내 PC의 원하는 곳에 "사각형.PNG" 파일로 저장한다. 만일 야옹이를 안보이게 하려면 [보이기]에서 오른쪽 단추를 선택한다.

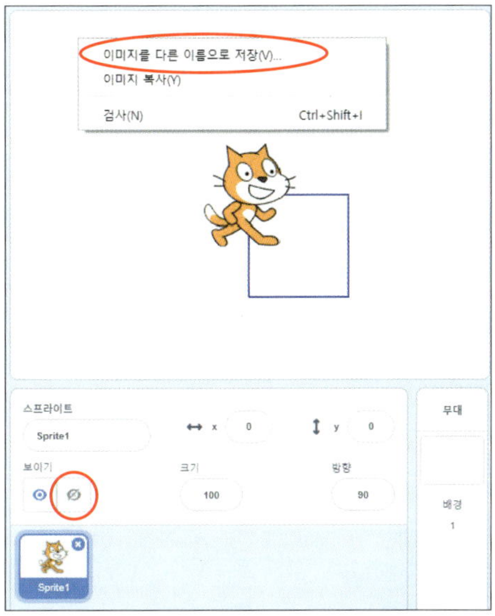

5단계 파일 불러오기

저장된 파일을 나중에 다시 불러오려면 어떻게 하면 좋은가? 두 가시 방법이 있나. 하나는 화면 오른쪽 상단의 "사용자 이름 아이디" ⇒ [내 작업실]에 가서 불러오면 된다. 다른 하나는 내 PC 디렉토리에 가서 불러오면 된다. 툴바의 [파일] ⇒ [컴퓨터에서 가져오기]에서 불러오면 된다. 여기서는 전자를 택한다.

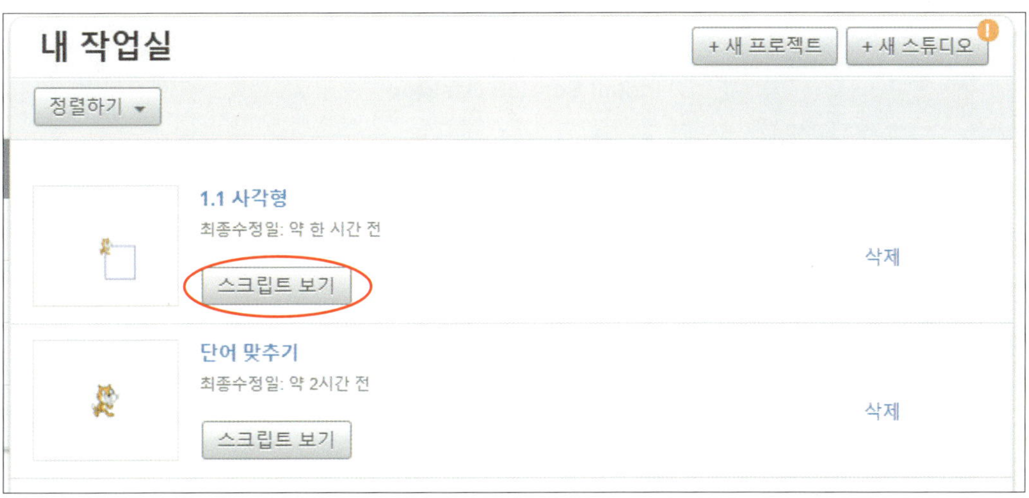

여기서 [스크립트 보기]를 클릭하면 코딩(스크립트)만 나타난다. 빈 무대에 당황하지 말고, 코딩을 다시 실행하면 된다. [무대 창]의 결과가 필요하면 "사각형.PNG" 파일을 별도로 불러온다.

제4절 오프라인 스크래치

스크래치 작업은 주로 온라인에서 이루어지지만, 오프라인으로도 가능하다.

1단계 크롬에서 다음 url을 입력하면 된다. *https://scratch.mit.edu/download*

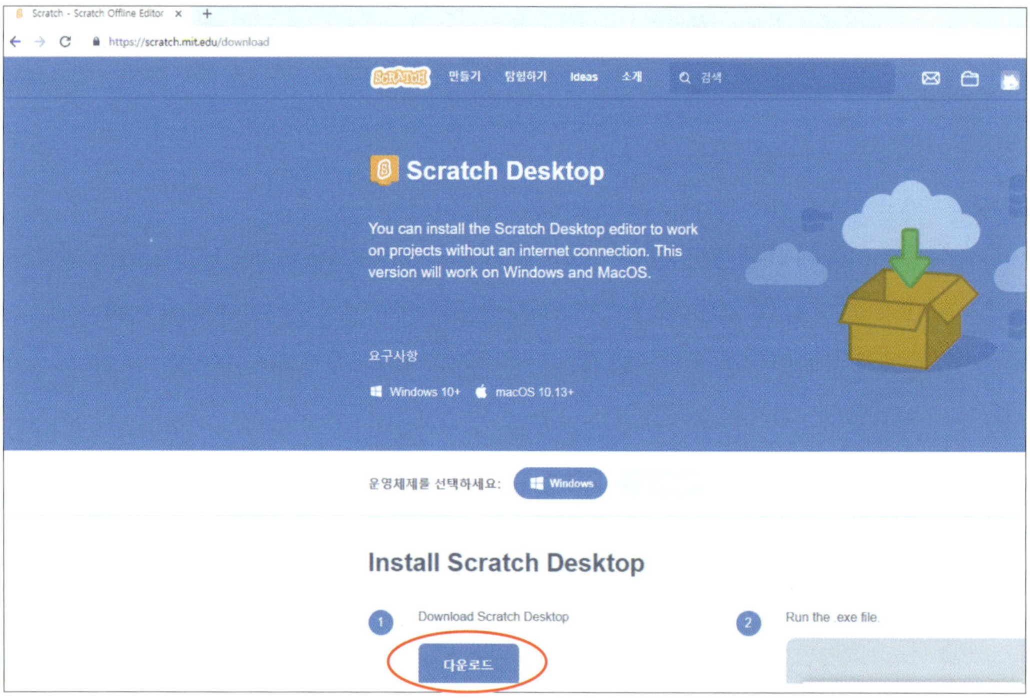

2단계 위 화면에서 다운로드를 누르면, 화면 하단 왼쪽에 실행파일 [Scratch Desktop S....exe] 이 뜬다. 이것을 누르면 다음 화면처럼 설치된다.

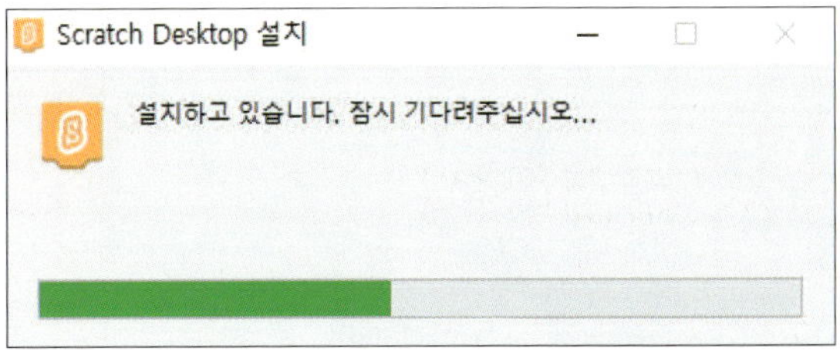

이것이 끝나면, 화면 왼쪽 하단의 ⊞(또는 ◎)에서 [Scratch Desktop] 폴더에 가서, 마우스 왼쪽으로 아이콘을 잡아서 바탕화면으로 옮긴다. 주로 온라인에서 작업하기 때문에 오프라인 스크래치는 크게 사용되지 않는다.

> 코딩 작업에는 느긋한 인내심이 필요하다. 특히 기초적인 파일 관리 방법을 잘 배워 두어야 훗날 편리하다. 뜨겁지만 냉정하게 공부하자. 지금 모른다고 그냥 넘어가면 다음 것도 그냥 넘어가게 되고 그러면 곧 포기하게 된다. 서두르지 말고 천천히 하나 하나 확인해 가면서 조금씩 아는 재미를 붙여 보자. 이제 본격적으로 수학 방면으로 어드벤처를 시작해 보자.
>
> 스크래치에 대한 질문은 다음을 참고하기 바란다.
>
> https://scratch.mit.edu/info/faq#scratch3

CHAPTER 2

수학

CONTENTS

모든 학문은 수학이 필요하다.
— 베이컨

수학은 진리뿐만 아니라 최고의 아름다움도 가지고 있다.
— 러셀

수학자는 화가나 시인과 마찬가지로 모형의 제조자이다.
— G. H. 하디

제1절 도형 이야기

1.1 다양한 사각형 그리기

도형은 점, 선, 면이 모여서 이루어지며, 평면 위에 있는 도형을 평면도형, 그 밖의 경우를 입체도형이라 한다. 평면도형에는 삼각형, 사각형, 원 등이 있다. 사각형의 한 내각이 90도이고 가로와 세로 길이가 같으면 정사각형, 다르면 직사각형이 된다. 운동 경기장의 경우를 살펴보자. 야구장의 내야는 90feet[f피트](27.4m)의 정사각형이다. 그리고 국제 경기의 축구장은 길이 100~110m, 너비는 64~75m으로 직사각형이다.

우리는 제1장에서 정사각형 작업을 마치고 [내 작업실]에 "사각형.PNG" 파일로 저장하였다. 여기서는 기존 정사각형 이외에 2개의 사각형을 추가하려고 한다.

파일을 불러오기 위해 초기화면 우측 상단에 있는  "아이디" ⇒ [내 작업실]을 선택하면 다음 화면이 나온다. 여기서 "사각형"의 [스크립트 보기] 단추를 누른다.

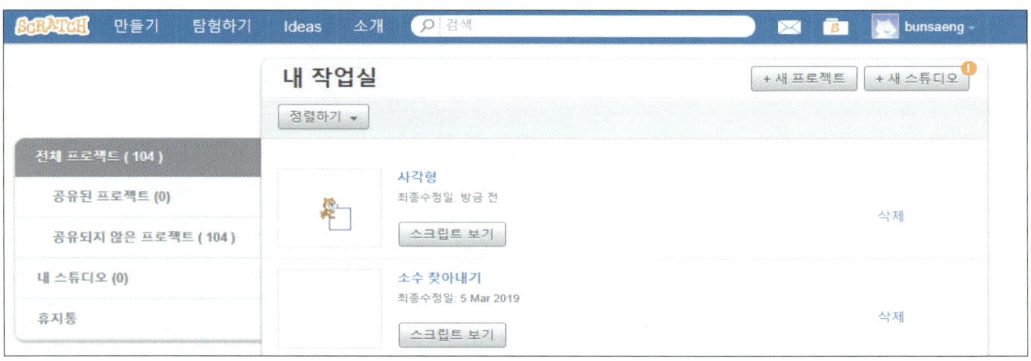

그러면 "사각형"의 코딩 부분만 나온다. 만일 무대 내용을 보고 싶다면 "사각형.PNG" 파일을 별도로 불러야 한다.

현재 파일 이름에서 그대로 진행하면 원본 파일을 잃는다. 따라서 스크래치 툴바의 [파일] ⇒ [복사본 저장하기]를 하면 "사각형"은 "사각형 copy"로 바뀐다. 이 때 원본 "사각형"은 [내 작업실]에 이미 저장되어 있는 상태이고, "사각형 copy"가 새롭게 만들어졌다. 이것을 "다양한 사각형"으로 수정하고 코딩 작업을 시작한다.

주의 현재 파일에서 수정하면 다른 이름으로 바뀌므로, 이것을 보존하고 싶다면 [복사본 저장하기]를 해야 한다.

전체 코딩 결과는 다음과 같다.

전체 결과 화면

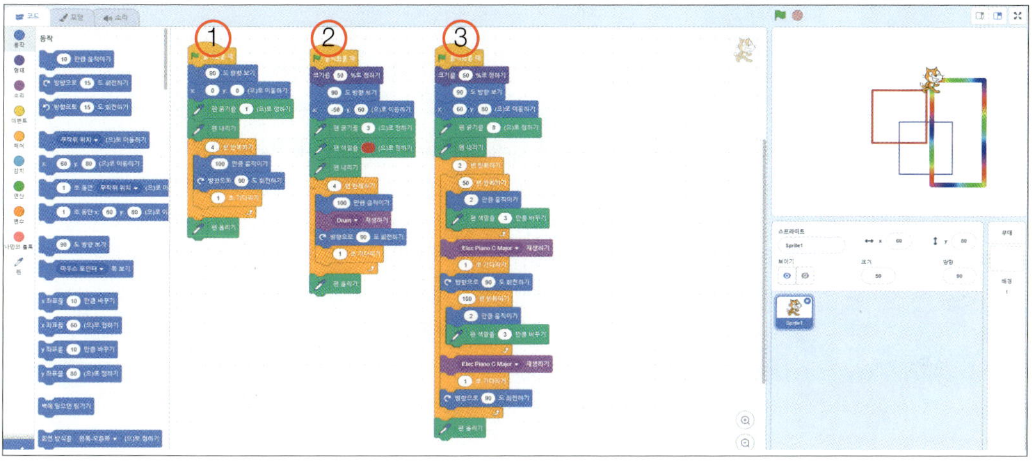

① 파란 정사각형 코딩

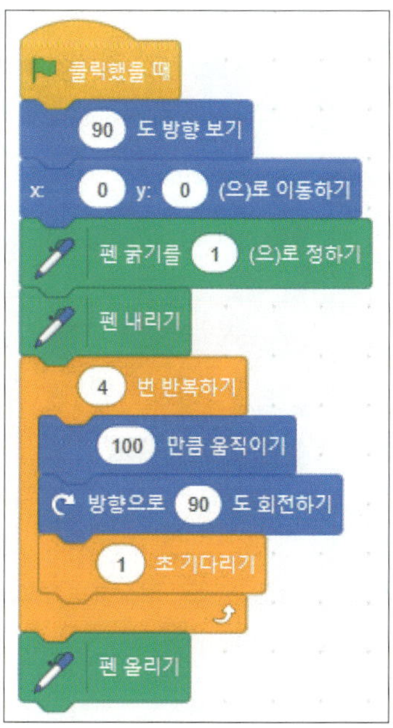

10개 블록 설명 [참고 이름]

① 클릭하면 프로그램이 실행된다. [이벤트]

② 야옹이가 정면(90도)을 바라본다. [동작]

③ 야옹이가 원점에서 대기한다. [동작]

④ 펜 굵기를 1(초기값)로 정한다. [펜]

⑤ 펜 그리기를 준비한다. [펜]

⑥ ㄷ자형 안의 코드를 4번 반복한다. [제어]

⑦ 100 만큼 이동한다. [동작]

⑧ 시계 방향으로 90도 돈다. [동작]

⑨ 1초 기다린다. [제어]
(⑦⑧⑨를 3회 더 반복하고 빠져 나온다.)

⑩ 펜 그리기를 끝낸다. [펜]

② 빨간 정사각형 코딩

블록 설명[창고 이름]

① 클릭하면 프로그램이 실행된다. [이벤트]

② 야옹이 크기를 50% 줄인다. [형태]

③ 야옹이가 정면(90도)을 바라 본다. [동작]

④ 야옹이가 좌표(-50, 60)에서 대기한다. [동작]

⑤ 펜 굵기를 4로 정한다. [펜]

⑥ 선의 색깔을 붉은 색으로 한다. [펜]

⑦ 펜 그리기를 준비한다. [펜]

⑧ ㄷ자형 안의 코드를 4번 반복한다. [제어]

⑨ 100 만큼 이동한다. [동작]

⑩ Drum(드럼) 소리를 낸다. [소리]

⑪ 시계 방향으로 90도 돈다. [동작]

⑫ 1초 기다린다. [제어]
(⑨⑩⑪⑫를 3회 더 반복하고 빠져 나온다.)

⑬ 펜 그리기를 끝낸다. [펜]

위의 ⑥번 블록에서 색깔 선택하는 방법은 우선 색깔에 마우스 포인터를 놓으면 [손] 모양이 생기고, 이것을 클릭한 후에 옆의 화면에서처럼 색상, 채도, 명도 등을 숫자로 선택한다(이에 대한 설명은 제5장 미술 참조).

다음으로 ⑩번 블록을 살펴보자. 위 전체 화면 왼쪽 상단 [스크립트 창]의 [소리] 저장소를 누르면 다음 화면에서 보는 바와 같이 야옹이 울음소리의 파형이 나온다. 하단 왼쪽의 ▶ [재생] 단추를 눌러보자.

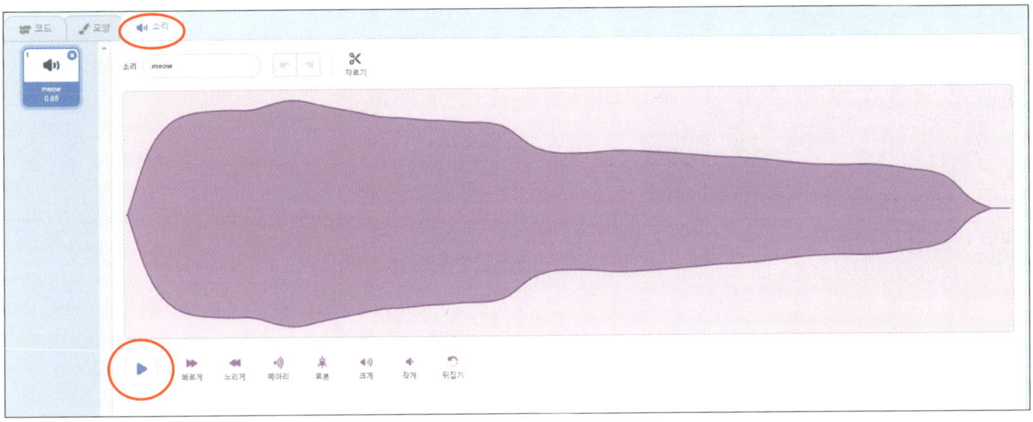

야옹이 울음소리(meow)를 원하면 그대로 진행하면 된다. 그러나 다른 소리를 원하면 [소리] 저장소 하단의 [소리 고르기]를 누르면 다음과 같이 수많은 소리가 저장되어 있음을 알게 된다.

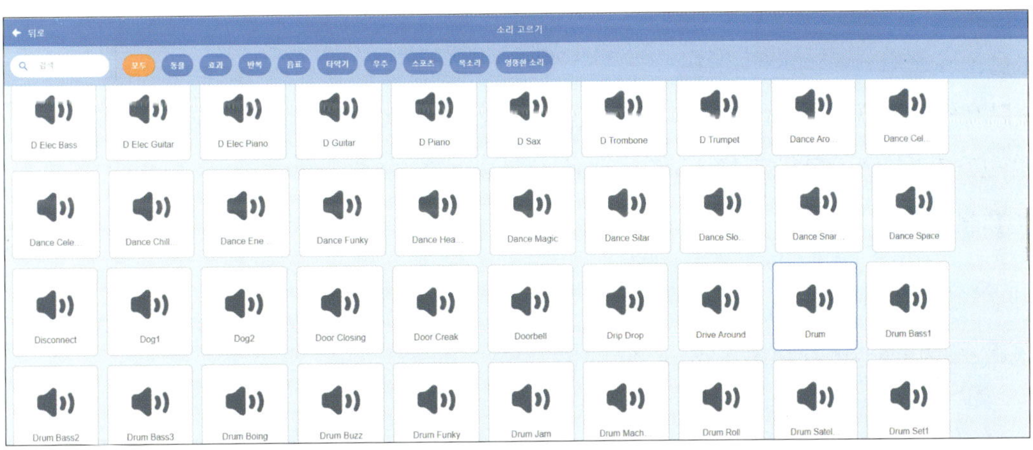

여기서 [Drum]을 선택하면 [소리] 저장소에 [Drum]이 생성된다. 다시 [코드] 저장소로 옮겨 가서 [소리] 창고의 meow ▾ 재생하기 블록에서 [meow]를 [Drum]으로 바꾸면 된다.

③ 무지개색 직사각형

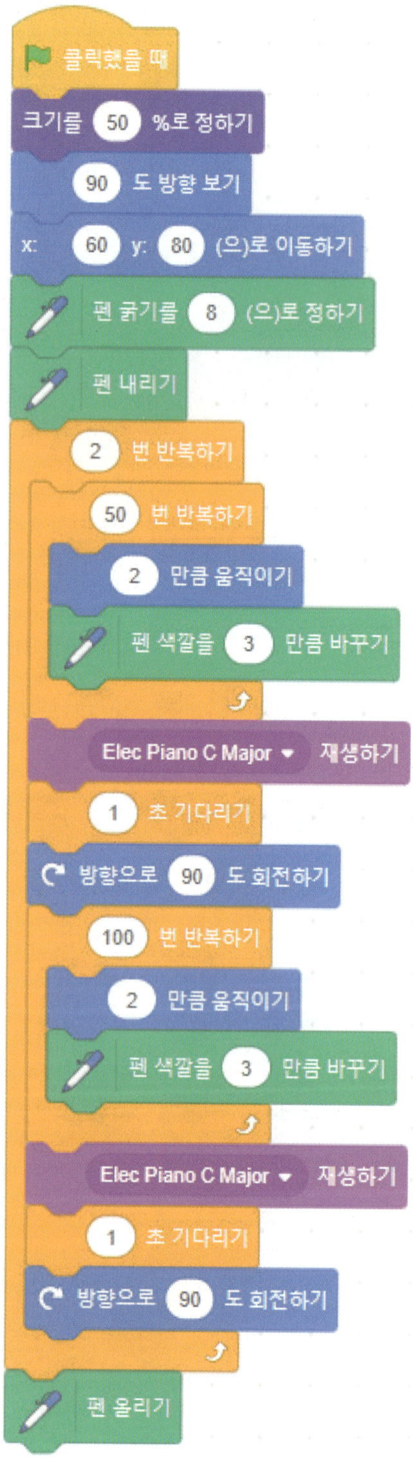

블록 설명 [창고 이름]

이 프로그램의 전체 구조는
3개의 반복하기 블록으로 되어 있다. [제어]

직사각형을 그리기 위해 가로 100(2×50),
세로 200(2×100) 만큼의 길이를 만들고 2번 반복한다.

야옹이가 2만큼 움직일 때마다 [동작] 선의 색깔이
3만큼씩 변화한다. [펜]

그리고 야옹이가 구석(코너)을 돌 때 피아노 C음
소리를 내도록 하였다. [소리]

지금까지 파란 정사각형, 빨간 정사각형, 무지개색 직사각형 등 3개의 사각형을 한 화면에 그려 보았다. 만일 새로 그리고 싶어 기존의 것을 지운다면, [펜] 창고에서 

블록을 클릭하면 무대는 백지화된다.

1.2 다각형의 내각과 외각 구하기

다각형 도형에서는 내각과 외각의 개념을 이해해야 한다. 특히 외각은 스프라이트가 회전하는 각도가 되므로 중요하다. 내각은 한 변과 다른 한 변이 만나는 안쪽 각도이며, 외각은 한 변의 연장선과 다른 한 변이 만나는 각도이다. 따라서 내각과 외각의 합은 180도이다. 사각형의 경우 내각이 90도이므로, 외각은 180 − 90 = 90(도)가 되는 셈이다. 다음 그림에서 보는 바와 같이, 정삼각형의 경우 내각이 60도이므로 외각은 120도가 된다.[1]

도표 2.1 정삼각형의 내각과 외각

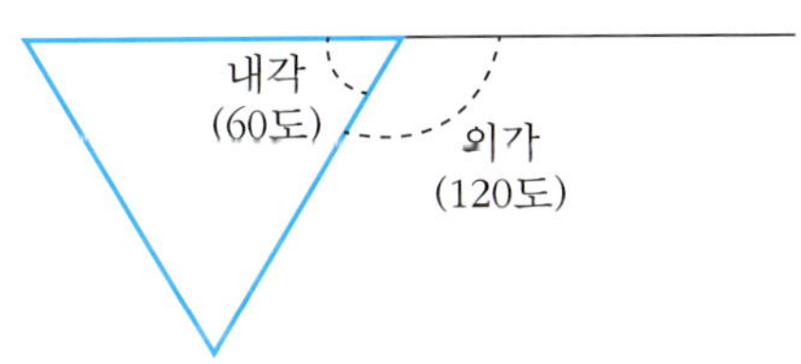

일반적으로 정n각형은 (n − 2)개의 삼각형으로 이루어져 있다. 따라서 내각의 합은 (n − 2) × 180이다. 그리고 한 내각의 합은 이것을 n으로 나누면 된다. 예를 들어, 정오각형은 3개의 삼각형으로 이루어져 있으므로 전체가 3 × 180 = 540도이다. 이것을 5로 나누면 내각은 108도가 된다. 그리고 외각은 180 − 108 = 72(도)가 된다. 외각을 구하는 공식은 다음과 같다.

$$\text{외각} = 180 - \text{내각} = 180 - \frac{(n-2) \times 180}{n} = \frac{360}{n}$$

이 공식을 이용하여 정n각형 그리기를 코딩해보자.

1 삼각형 내각의 합이 180도임을 증명하자. "삼각형 내각의 합"을 검색하면 파스칼(프랑스 수학자)이 설명해 준다.

다음은 정오각형 그림의 코딩이다.

정오각형 코딩

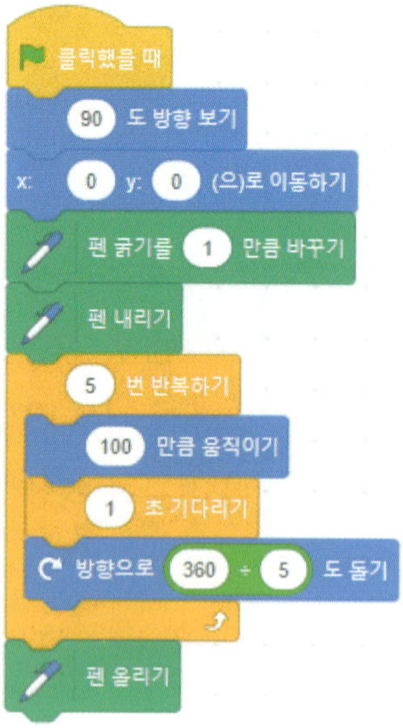

블록 분해 [창고]

[동작]+[연산]

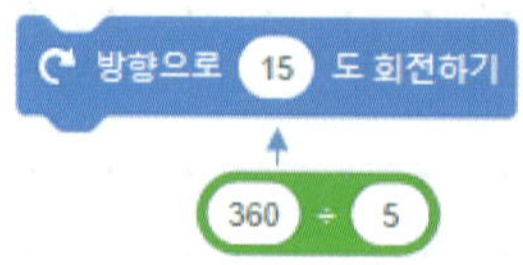

(주) 화살표(↑)는 집어넣기 표시이다.

일반적인 정n각형을 그리는 코딩은 다음과 같다.

정n각형 코딩

블록 설명 [창고 이름]

⑥번째 블록은 [감지]의  에서 내용을 수정한 것이다.

⑦번째 블록은 [변수]의  와 [감지]의  을 결합한 것이다.

⑪번째 블록은 세 블록이 결합되어 있다(위에서부터 [동작], [연산], [변수]).

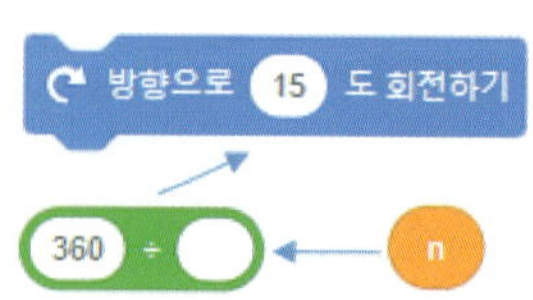

[변수] 창고는 좀 특이하다. 여기에는 [변수 만들기]와 [리스트 만들기] 항목이 있다. 작업자가 필요할 때마다 변수나 리스트를 만들어 써야 한다. 전자에 대해서만 설명하고 후자는 다음으로 미룬다. 이 예제에서는 다각형의 "n"을 변수로 지정한다. 현재 "나의 변수"라는 불필요한 변수가 있어 마우스 우클릭으로 지운다.

[변수 만들기]를 누르면 [새로운 변수] 창이 뜨고, 빈칸에 n를 입력한다. 그러면 다음 화면처럼 변수 n이 생성된다. ☑ n 표시는 [무대 창]에 나타낸다는 뜻이다. 이제 ⑦번과 ⑪번 블록을 만들 수 있다.

앞의 "정n각형 코딩"을 실행하면 [무대]에서 야옹이가 "숫자 입력하기?" 하면서 묻는다. 그러면 하단 박스에 6이라고 입력하고 [엔터]하면 대답이 된다. 그러면 6각형을 그리기 시작한다.

이와 같이 다각형 그리기를 일반화할 수 있다면 어떤 다각형도 그릴 수 있는 능력을 갖추게 된다. 만일 야옹이의 행동을 멈추게 하고 싶으면 [무대] 상단의  을 누르면 된다. 그리고 [펜] 창고의 모두 지우기 를 눌러 무대를 말끔하게 만든다.

참고 만일 작업하다가 불필요한 블록이 생겨 제거하고 싶으면, 마우스 우클릭하고 [블록 삭제하기]를 선택하거나, 해당 블록을 마우스 왼쪽으로 잡아서 화면 왼쪽의 블록 창고에 내다 버리면 된다.

과제 다음 두 프로그램을 실행하여 보아라. 어떤 결과가 기다리고 있는가?

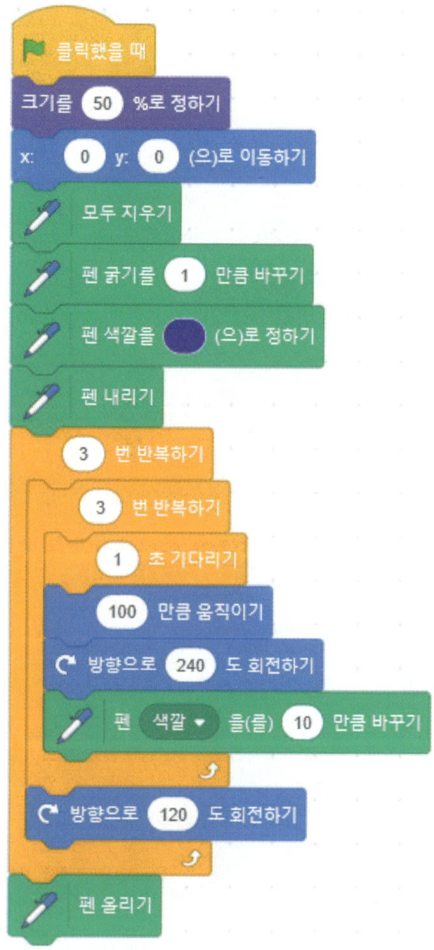

1.3 도형의 면적과 부피 계산하기

도형을 그리고 나면 둘레의 총길이, 면적, 부피 등이 궁금해진다. 다음은 정사각형의 둘레와 면적, 정육면체의 부피를 구하는 공식이다.

정사각형 둘레 = 4 × (한 변의 길이)

정사각형 면적 = (한 변의 길이)^2

정육면체 부피 = (한 변의 길이)^3

이 공식을 이용하여 한 변의 길이가 5인 정사각형의 문제를 풀기 위해 코딩 작업을 해 보자. 먼저 [변수] 창고에서 변수들을 만들고 나서 코딩 작업을 한다.

참고 변수는 빈 통과 같은 것이다. 그 안에 여러 숫자를 넣어 둔다.

정사각형의 문제 풀기 코딩

코딩 블록을 아래와 같이 분해하였다. 분해된 블록은 각각의 창고에서 가져오면 된다.

블록 설명[창고 이름]

②

[감지]

③

[변수]+[감지]

④
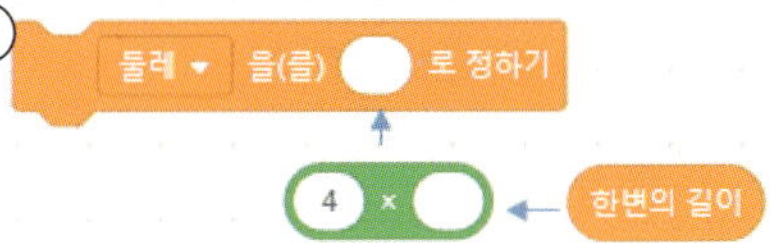

[변수]+[연산]+[변수]

⑤
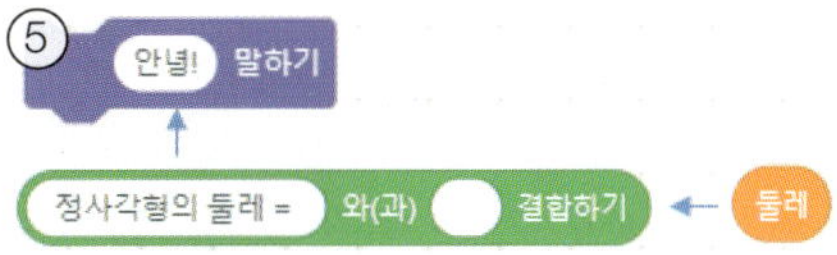

[형태]+[연산]+[변수]

⑦
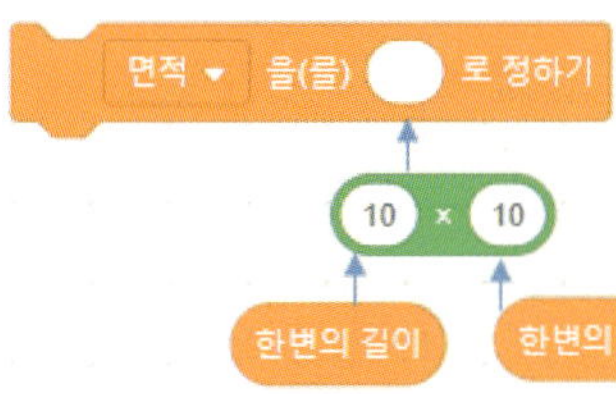

[변수]+[연산]+[변수]+[변수]

⑧
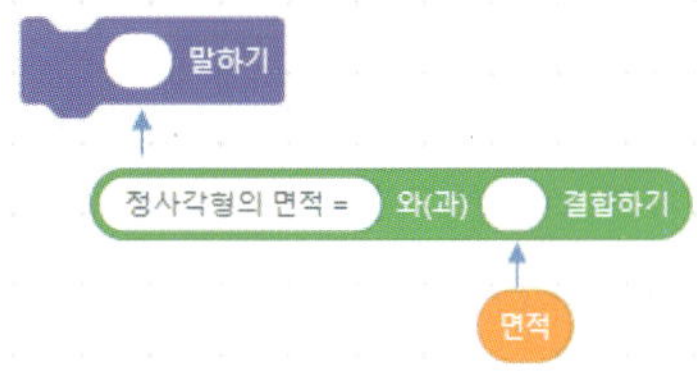

[형태]+[연산]+[변수]

⑩
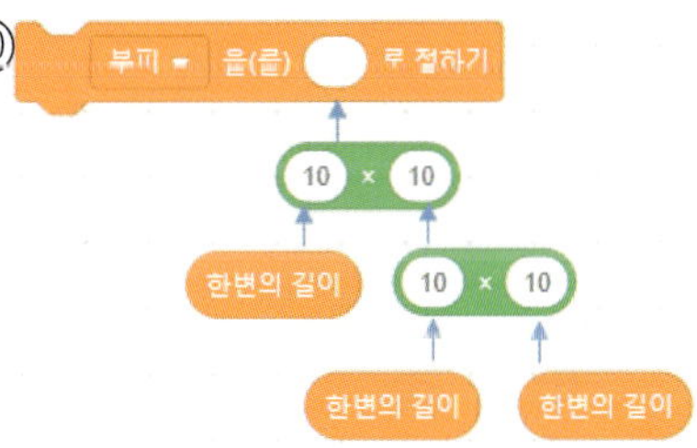

[변수]+[연산]+[변수]+[연산]+[변수]+[변수]

⑪
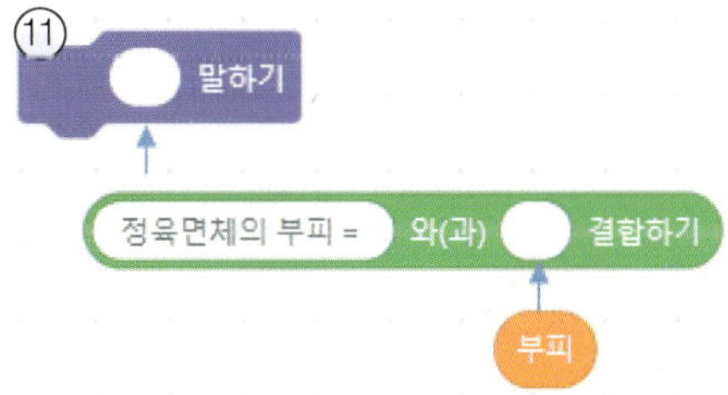

[형태]+[연산]+[변수]

이 코딩을 실행하면 [무대 창]이 나오고, 여기서 5를 입력한 후에 [엔터]하면 답이 나온다.

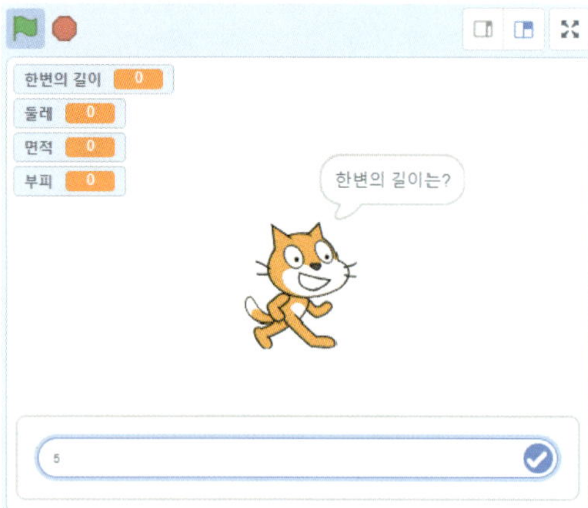

직사각형의 경우는 다음과 같다.

직사각형의 둘레 = 2 × (가로 + 세로)

직사각형의 면적 = 가로 × 세로

직육면체의 부피 = 가로 × 세로 × 높이

직사각형 면적 구하기 코딩

과제 각뿔은 원래 입체도형의 $\frac{1}{3}$ 값이다. 피라미드같은 직육면체 각뿔의 부피 계산을 위해 코딩 작업을 해보자(가로 = 100, 세로 = 50, 높이 = 15).

다음으로 원에 대해 알아보자. 그리고 반지름이 10인 원의 둘레, 면적 등을 계산해 보자.

원의 둘레 = $2\pi r$ (여기서 $\pi \fallingdotseq 3.14$, r = 반지름)

원의 면적 = πr^2

원통의 부피 = π(반지름)$^2 \times$ (높이)

원뿔의 부피 = $\frac{1}{3}\pi$(반지름)$^2 \times$ (높이)

원 둘레와 면적 그리고 원통의 부피 계산 코딩

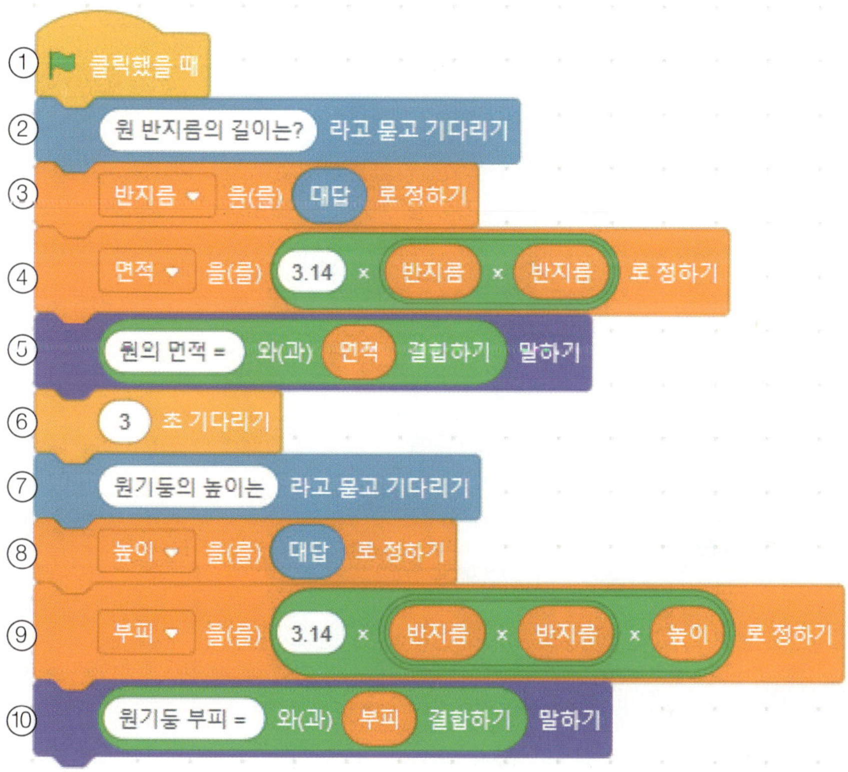

④번과 ⑨번 블록 설명 [참고]

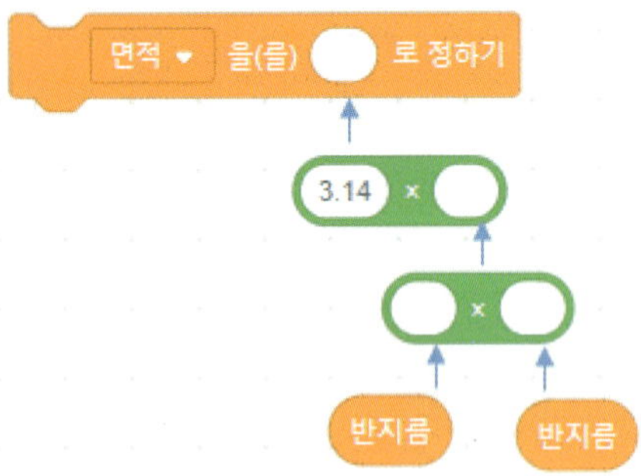

[변수]+[연산]+[연산]+[변수]+[변수]

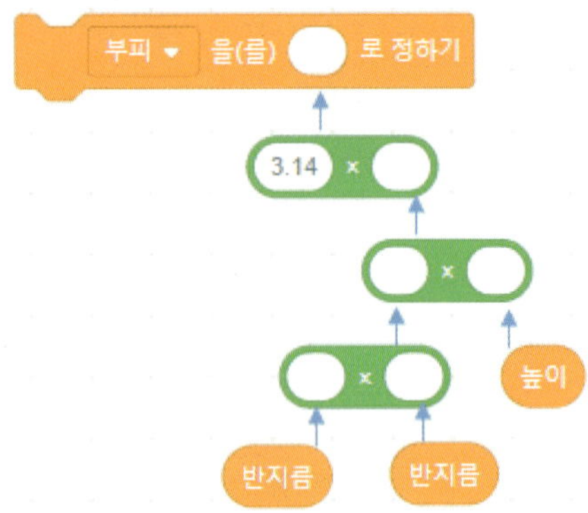

[변수]+[연산]+[연산]+[연산]+[변수]+[변수]+[변수]

과제 한 변이 10인 정사각형의 면적과 그 안의 원 면적을 비교해 보자.

[풀이] 이를 위해 먼저 원을 그려보자.

원 그리기 코딩

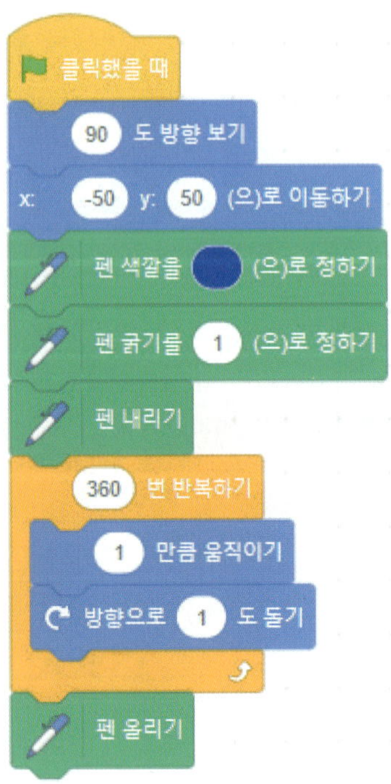

현재 스프라이트(야옹이)의 위치는 좌표(−50, 50)에 있으며, 아래 화면에서는 야옹이가 원을 그리면서 지나가는 좌표를 계속 보여준다. 그리고 야옹이의 크기는 50%로 되어 있고, 90도(전방)를 주시하고 있다.

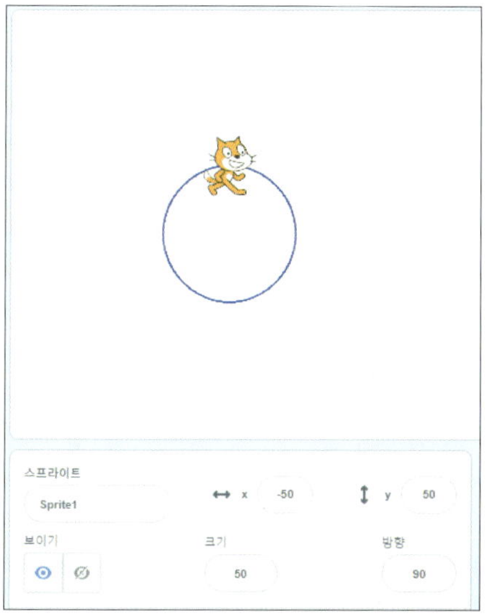

이제 이 야옹이를 어느 좌표에 위치시키고 한 변의 길이는 얼마로 하여야 하는가를 생각해야 한다. 빨간색으로 그려보고, 두 도형의 면적 비율을 계산해 보자. 정사각형을 기준으로 할 때 원의 면적은 몇 %인가? 그리고 원을 기준으로 한 때 정사각형의 면적은 몇 %인가?

(힌트: 좌표(−106, 50), 한 변의 길이: 115)

수학의 핵심은 도형의 위치를 파악하는 것이다. 지금까지 도형이 어느 위치에서 얼마나 크게 자리 잡고 있는가를 살펴보았다. 다음에서 설명하는 좌표를 이해하면 수학에 대해 자신감이 더욱 생길 것이다.

제2절 좌표 이해하기

2.1 좌표(x, y)의 개념

좌표는 수평(x축)과 수직(y축)으로 이루어진 십자모양의 구조다. 각 축에는 일정한 간격의 눈금이 있고 한 점의 위치는 좌표(x, y)로 표기한다. x 위치가 항상 먼저 온다. 두 축이 만나는 원점은 좌표(0, 0)이며, x축은 좌표(a, 0)이고, y축은 (0, b)이다. 한 점을 기준으로 수평선 오른쪽(동쪽)으로 움직이면 +, 왼쪽(서쪽)으로 움직이면 – 이고, 수직선 위쪽(북쪽)으로 움직이면 +, 아래쪽(남쪽)으로 움직이면 – 이다.

스크래치는 [무대 창]에서 좌표 눈금을 설정할 수 있다. 이를 얻으려면 먼저 초기화면 우측 하단의 [무대_배경]에서 [배경 고르기]를 선택한다. 그러면 여러 종류의 배경을 볼 수 있다.

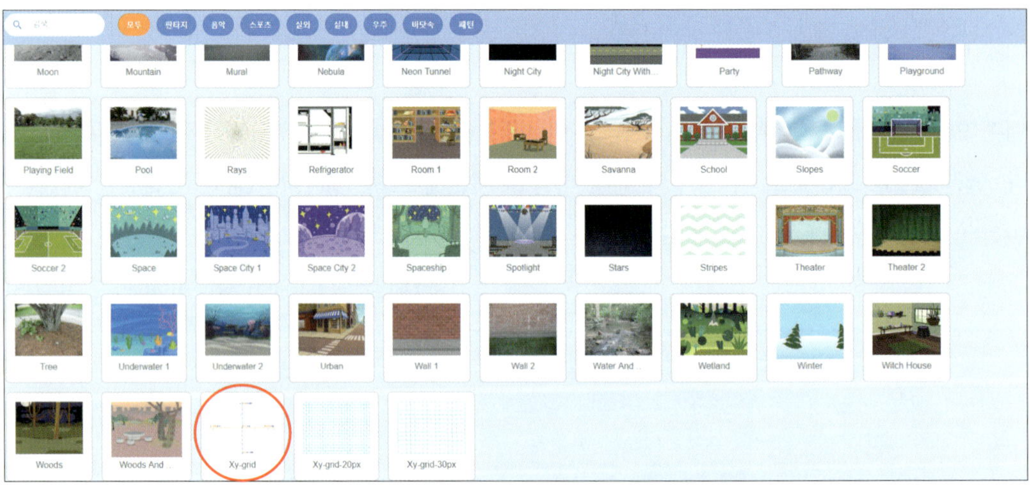

다음으로 이 화면에서 [Xy-grid]를 선택하면 [무대 창]이 좌표 구조로 바뀐다.

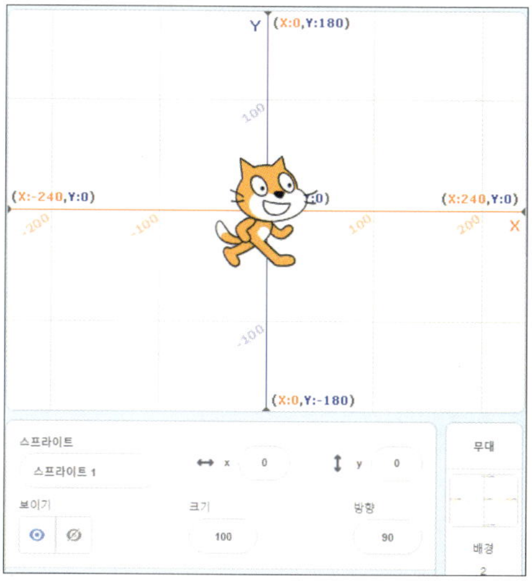

여기서 야옹이 그림이 너무 크다고 생각하면, [무대 창] 하단의 크기 100 에서 적절한 값을 입력한다.[2] 스크래치 무대의 x좌표는 +240 ~ −240이며, y좌표는 +180 ~ −180 사이에 있다.

좌표 구조는 4개의 분할 면이 있으며, 각각 1상한(+, +), 2상한(−, +), 3상한(−, −), 4상한(+, −)이라고 부르고 야옹이의 현재 위치는 아래 그림과 같다. 그리고 위치 좌표는 [스크립트 창]의 오른쪽 상단에 표시되어 있다.

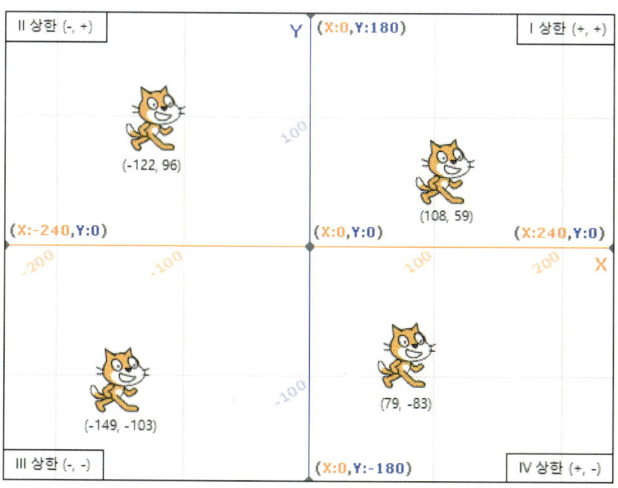

2 참고로, [스크립트 창] ⇒ [코드] ⇒ [형태] ⇒ 크기를 50 % 로 정하기 를 선택해도 된다.

여기서 유의할 단어는 야옹이의 "현재" 위치다. 항상 현재(지금 여기, now and here; 나우 앤드 히어)에서 그 다음을 진행하는 것이 만물의 이동 법칙이므로 이것이 기준이 된다. 현재 좌표(x, y)에서 우측이면 증가, 좌측이면 감소 그리고 위면 증가, 아래면 감소한다. 다음은 [코드] 저장소의 [동작] 창고의 블록을 그림으로 나타낸다.

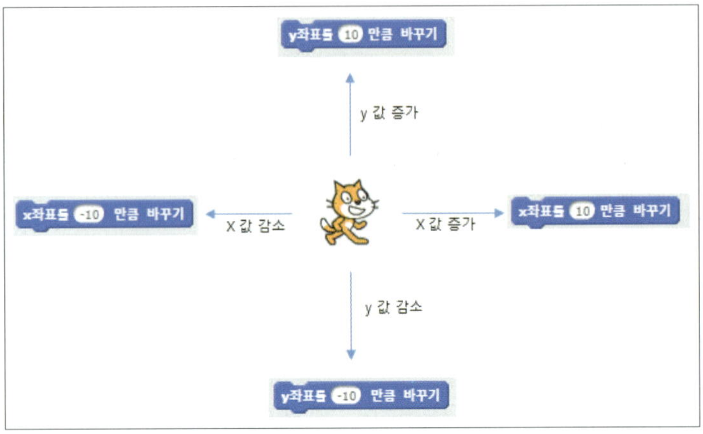

야옹이 스프라이트가 특정 위치 좌표(−122, 96)으로 이동하고 싶다면, 이 숫자를

에 입력하고 이 블록을 클릭하면 된다.

과제 야옹이와 딱정벌레의 경주

야옹이와 딱정벌레가 달리기 경주를 한다고 발표하였다. 야옹이의 현재 위치는 좌표(−200, 100)에서 1초당 50만큼 달리며, 딱정벌레는 좌표(100, −100)에서 0.1초당 2만큼 달린다고 한다. 누가 이길 것인가? 출발점에 먼저 되돌아오는 쪽이 승자가 된다.

[풀이]

1단계 야옹이를 초청해서 달리기 코딩을 만들고, 실행해 본다. 야옹이 크기를 50%로 줄인다.

야옹이 입력 화면

야옹이 달리기 코딩

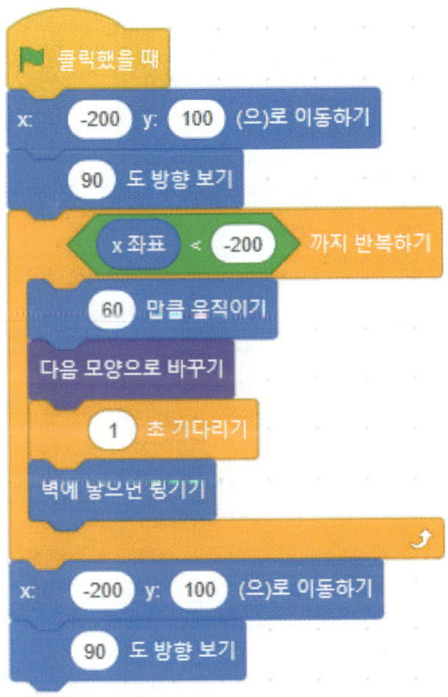

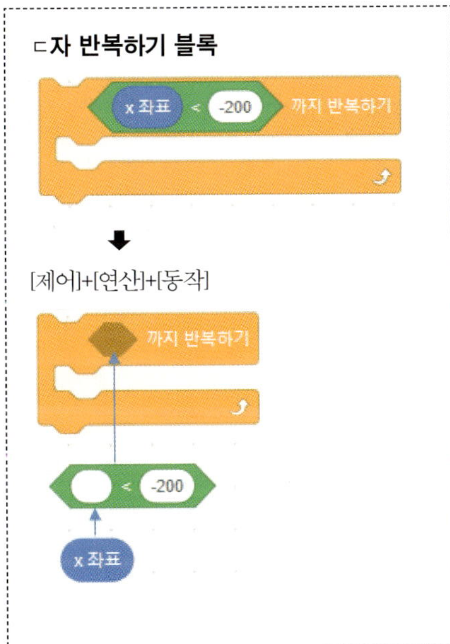

2단계 딱정벌레(이하 딱정이라 함)를 초대한다. 이를 위해 화면 우측 하단의 [스프라이트 창] ⇒ [스프라이트 고르기] 하면 여러 모습이 등장한다. 이 중에서 [Beetle; 비틀]을 선택하면 새로운 [무대]에 딱정이가 등장한다. 그런데 야옹이는 그대로 있지만 코딩한 것은 보이지 않는다(야옹이 무대에서만 코딩이 보인다).

3단계 이 딱정이(30%로 줄임) 무대에서 코딩 작업을 한다. 그리고 시험적으로 실행해서 코딩 완성을 확인한다.

딱정이 달리기 입력 화면

딱정이 달리기 코딩

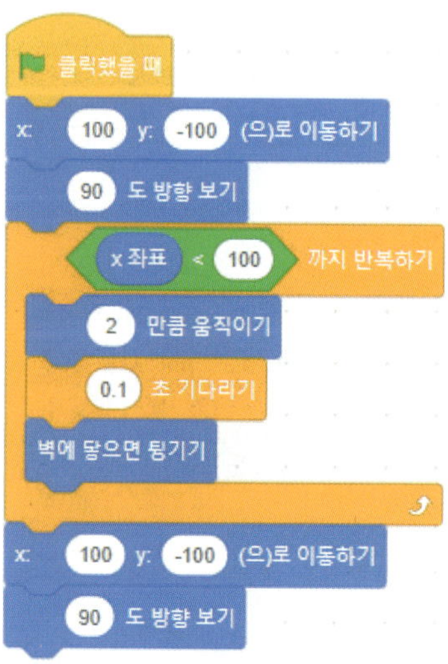

4단계 딱정이 무대(또는 야옹이 무대)에서 녹색 깃발 을 누르면 두 프로그램이 동시에 작동하면서 달리기 경주를 시작한다. 누가 먼저 출발선에 들어왔는가?

흥미 있는 경주이지만 수학적으로 계산해 보면 누가 승자인지 알 수 있다. 이 계산은 다음에서 하고, 여기서는 [감지] 창고에서 초시계(timer)[타이머]를 가져와서 시간을 재보자. 이를 위해 아래와 같이 타이머를 클릭하고 [스크립트 창]에 두 블록을 코딩한다.

야옹이 시간을 측정할 때에 딱정이 프로그램이 작동하지 않도록 [클릭했을 때] 블록을 분리시켜 놓는다. 딱정이 시간을 측정할 때에는 이와 반대로 한다. 타이머 블록으로 시간을 정확하게 측정하지는 못했지만 육안으로 보면 야옹이는 18초, 딱정이는 15초 정도 걸린다.

이론적으로 어떻게 계산하면 좋을까? 빛은 진공 속에서 1초당 299,792.5km 이동하며 전자기파도 이와 동일하다. 따라서 진행 속도는 별 의미가 없고, 몇 번 쉬는가를 계산해서 비교해야 한다.

야옹이: 총거리(880)/50 = 17.6이고, 1초씩 18번 쉬므로 18초가 걸린다.

딱정이: 총거리(280)/2 = 140이고, 매번 0.1초 쉬므로 14초 걸린다고 볼 수 있다.

측정의 정확성 문제가 남아 있다.

참고 속력은 거리를 시간으로 나눈 평균 값이다. 예를 들어, 서울과 부산 사이의 거리는 477km인데, 자동차로 5시간 걸린다면 속력은 평균 95.4km/시이다.

(1) 우리는 두 스프라이트(야옹이와 딱정이)의 [무대]가 다르지만 어떻게 상호 작용한다는 것을 알았다.

(2) 이 경기 상황을 보고 무엇을 느꼈는가? 경기는 해 봐야 안다고 하지만, 출발선과 달리기 역량을 고려하면 승부를 예상할 수 있다. 만일 두 선수가 동시에 들어오는 것으로 만든다면 무엇을 조작하면 되는 것인가? 다 함께 토론해 보자. 그리고 개인 운동 경기의 공정성 개념도 함께 생각해 보자.

2.2 두 점 사이의 거리

좌표(x, y)는 한 점의 위치를 의미한다. 두 점이 있을 때, 그 거리를 생각해 보자. 먼저 a(x1, 0)와 b(x2, 0) 사이의 거리를 계산해 본다. 두 점은 x축 수평선에 있으므로 x1 − x2 또는 x2 − x1을 하면 된다. 그런데 둘 중의 한 값이 음수가 나오면 버리고 양수 값만 취하면 된다.

과제 두 점, a(−30, 0)와 b(+100, 0)가 있다고 할 때 거리를 구하라.

[풀이] 거리 d = (−30) − (+100) = −130 또는 (+100) − (−30) = 130에서 130을 취하면 된다. 이 과정을 간략하게 표기하는 방식으로 "절댓값"이 있으며, 이것은 + − 부호를 생략한 값이다. 따라서 절댓값(+130) = 절댓값(−130) = 130이다. 수학에서 절댓값은 | | 부호로 표기한다.

$$\text{거리 } d = |a - b| = |(-30) - (+100)| = 130$$

이것은 [연산] 창고에서 계산이 가능하다. 아래 블록을 클릭해보자.

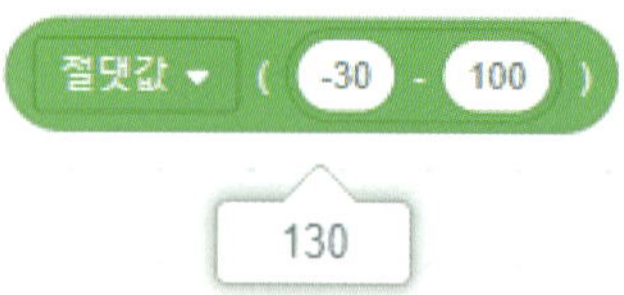

이 문제를 스크래치 무대에서 다시 풀어 보자.

야옹이 입력 화면

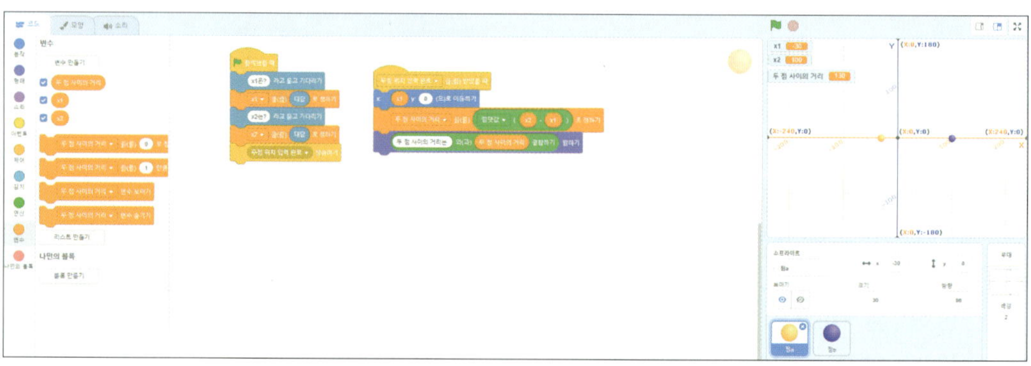

1단계 필요한 변수를 만든다.

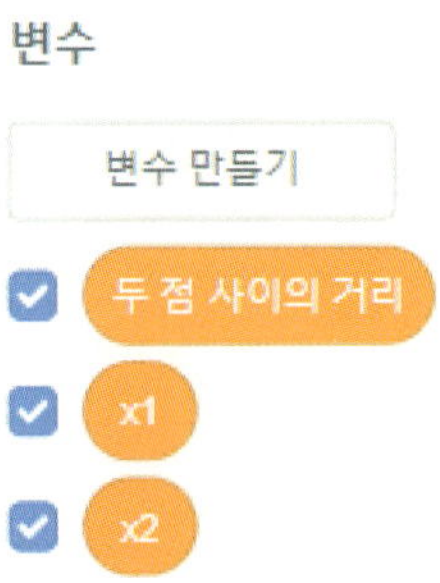

2단계 "점a" 스프라이트를 만든 후 코드를 입력한다. 스프라이트는 화면 우측 하단의 [스프라이트 창] ⇒ [스프라이트 고르기]에서 Ball[볼]을 선택하면 여러 색깔의 Ball 중에서 노란 Ball 하나만 남긴다. 그리고 크기도 30% 줄인다.

점a 위치 입력과 거리 계산 코딩

블록 설명[창고]

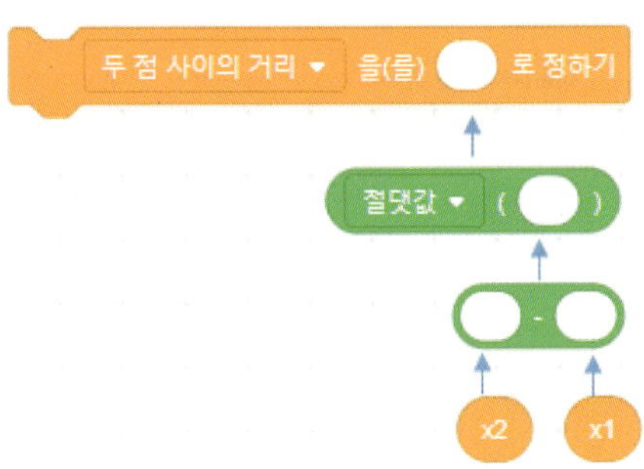

[변수]+[연산]+[연산]+[변수]+[변수]

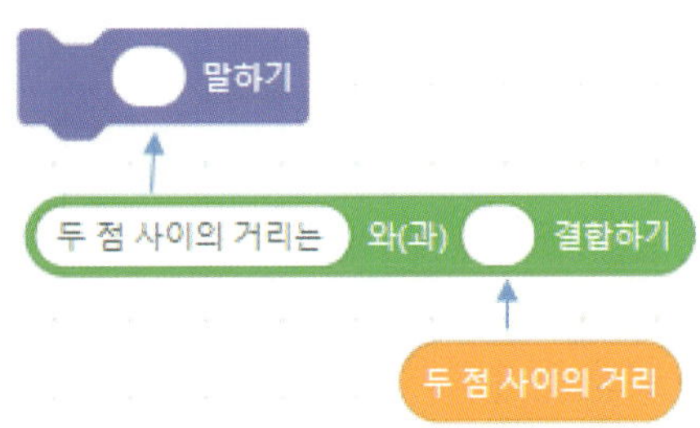

[형태]+[연산]+[변수]

2단계 "점b"의 새로운 스프라이트를 만들고, 그 무대에서 다음을 코딩한다. "점a"와 마찬가지로 새로운 Ball 스프라이트(보라색)를 선택하고 별도의 무대를 마련한다.

점b 위치 입력 코딩

3단계 "점a" 무대(또는 "점b" 무대)에서, 코딩한 것을 클릭한 후 x1과 x2에 각각 -30과 100을 입력하면 다음과 같은 결과를 얻는다.

지금까지 수평 직선의 거리 계산을 위해 절댓값을 이용하여 코딩하였다. 다음으로 거리 계산의 일반 공식을 생각해 보자. 이것은 피타고라스 정리가 있어 쉽게 이해할 수 있다. 직각 삼각형에서 다음 그림을 보면 $x^2 + y^2 = z^2$ 이다.

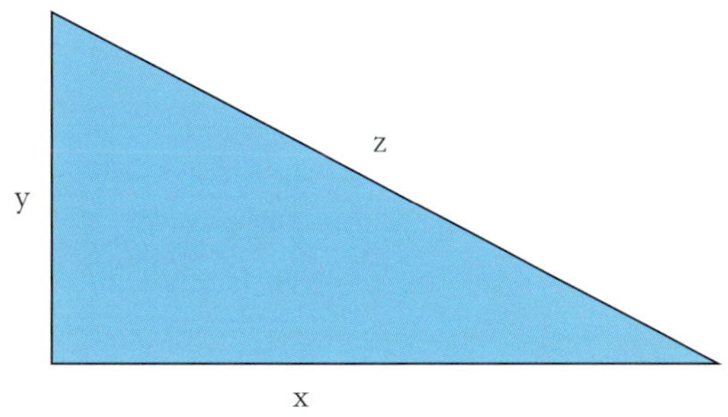

점a(x1, y1)과 점b(x2, y2)의 거리는 피타고라스 정리에 의하여

$$d^2 = (x2 - x1)^2 + (y2 - y1)^2$$

따라서

$$d = \sqrt{(x2 - x1)^2 + (y2 - y1)^2}$$

이다.

예를 들어, a(0, 0)와 b(30, 40) 사이의 거리 d는

$$d = \sqrt{(30 - 0)^2 + (40 - 0)^2} = \sqrt{2500} = 50\text{이다.}$$

이 문제를 스크립트 창에서 코딩하여 풀면 다음 그림과 같다. 여기서는 초기 무대, 점a 무대, 점b 무대 등 3개의 무대가 필요하다.

(1) 초기 무대

초기 무대에서는 먼저 a(x1, y1)과 b(x2, y2) 두 좌표를 입력할 코딩을 준비한다.

두 좌표 입력 코딩

1단계 변수 만들기

2단계 좌표입력 코딩하기

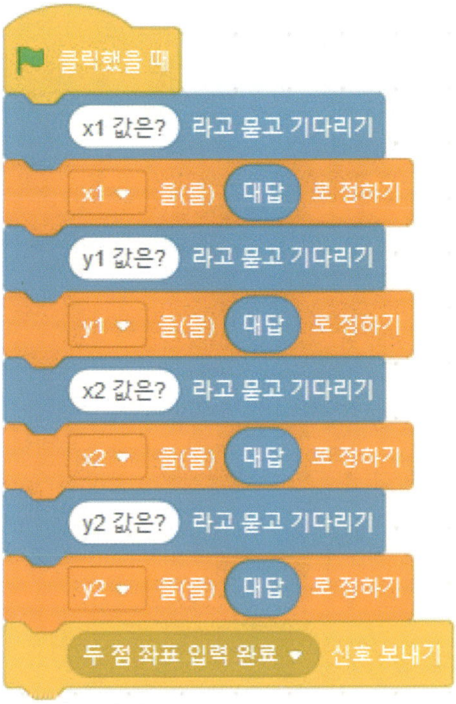

위 무대의 [보이기]에서 오른쪽 단추를 눌러 야옹이를 숨겼다.

(2) 점a 무대

점a를 위해 노랑 [Ball] 스프라이트를 선택한다. 이를 위해 화면 우측 하단의 [스프라이트 창] ⇒ [스프라이트 고르기] 하면 [Ball]이 나오고 5개의 색깔 공이 숨겨져 있다(화면 왼쪽 상단 [모양] 저장소를 누르면 보인다). 이 중 노란 공 하나만 선택하고 나머지는 제거한다. [Ball] 크기를 30으로 줄인다.

1단계 변수 만들기

아래와 같이 변수를 3개 더 추가한다.

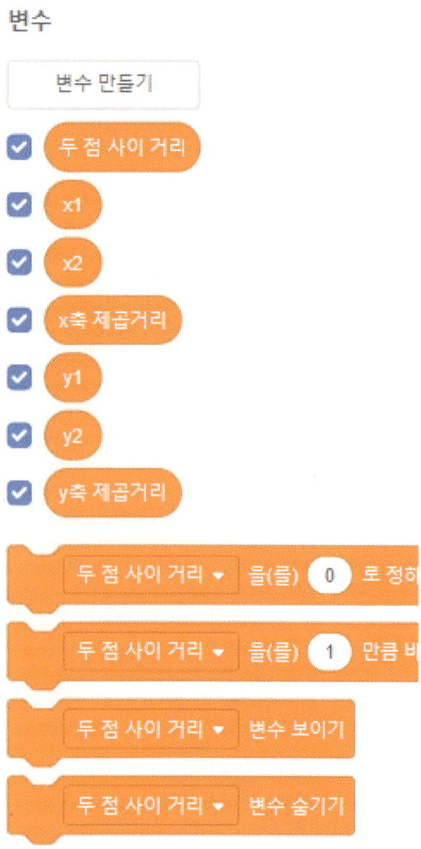
변수
변수 만들기
두 점 사이 거리
x1
x2
x축 제곱거리
y1
y2
y축 제곱거리
두 점 사이 거리 을(를) 0 로 정하
두 점 사이 거리 을(를) 1 만큼 바
두 점 사이 거리 변수 보이기
두 점 사이 거리 변수 숨기기

2단계 다음을 코딩한다.

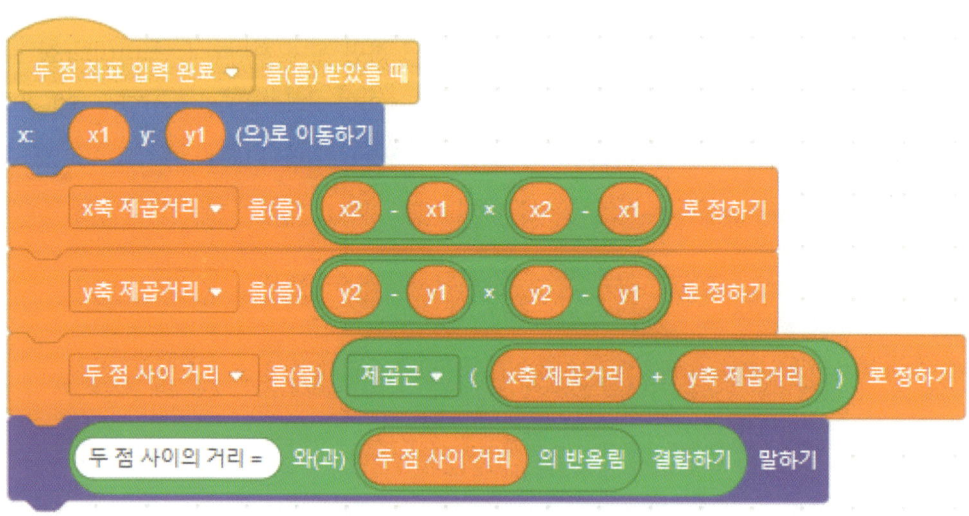
두 점 좌표 입력 완료 을(를) 받았을 때
x: x1 y: y1 (으)로 이동하기
x축 제곱거리 을(를) x2 - x1 × x2 - x1 로 정하기
y축 제곱거리 을(를) y2 - y1 × y2 - y1 로 정하기
두 점 사이 거리 을(를) 제곱근 (x축 제곱거리 + y축 제곱거리) 로 정하기
두 점 사이의 거리 = 와(과) 두 점 사이 거리 의 반올림 결합하기 말하기

블록 설명[참고]

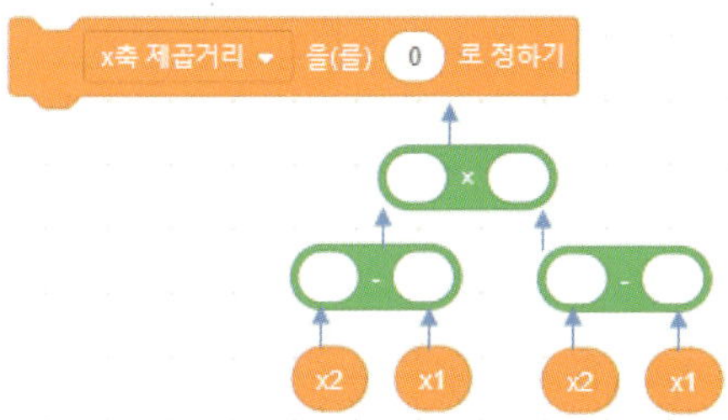

[변수]+[연산]+[연산]+[연산]+[변수] 4개

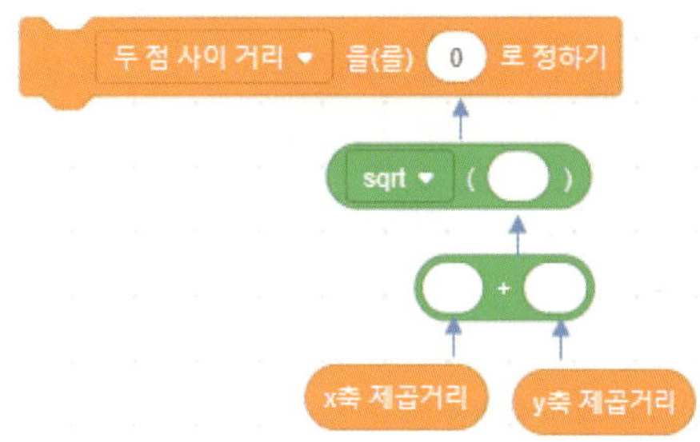

[변수]+[연산]+[연산]+[변수] 2개

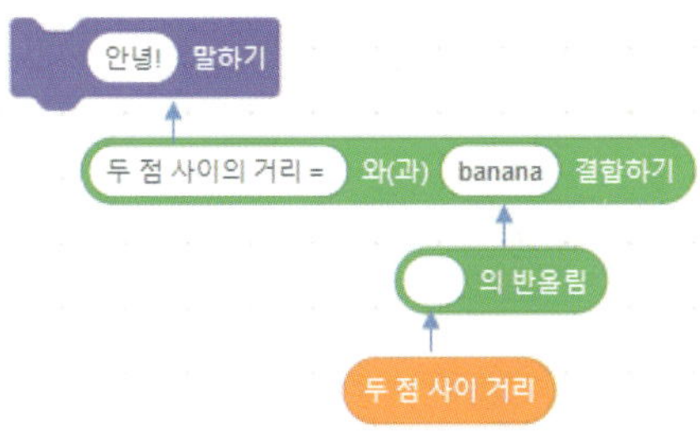

[형태]+[연산]+[연산]+[변수]

(3) 점b 무대

점a와 마찬가지로, 새로운 [Ball] 스프라이트(보라색)를 선택하고 별도의 무대를 마련한다.

점b 좌표 이동 코딩

여기서는 3개의 무대가 마련되어 있었으나, [두 점 좌표 입력 완료]라는 블록 덕분에 모두 연결된다. 다음은 최종적으로 야옹이 무대에서 좌표 a(0, 40), b(30, 0)를 입력한 후 얻은 결과이다.

종합 결과 화면

좌표는 현재 위치를 말해주며, 두 좌표 사이의 거리가 중요한 개념이다. 여기서 피타고라스 정리가 유용하다. 시간을 내어서 피타고라스라는 수학자에 대해 알아보고 그 정리를 증명해 보자.

제3절 연산과 비율

연산은 숫자의 +, −, ×, ÷ 등을 이용하여 계산하는 것을 뜻한다. 그리고 이러한 부호를 사칙연산자 또는 산술연산자라고 한다. 이 중 나눗셈 계산은 비율을 이해하는 중요한 개념이다. 산술연산자 이외에도 <, >, = 등과 같이 비교연산자도 있다.

3.1 연산의 법칙

먼저 산술연산자에 대해 살펴보고, 계산의 법칙 또는 순서를 이해하자.

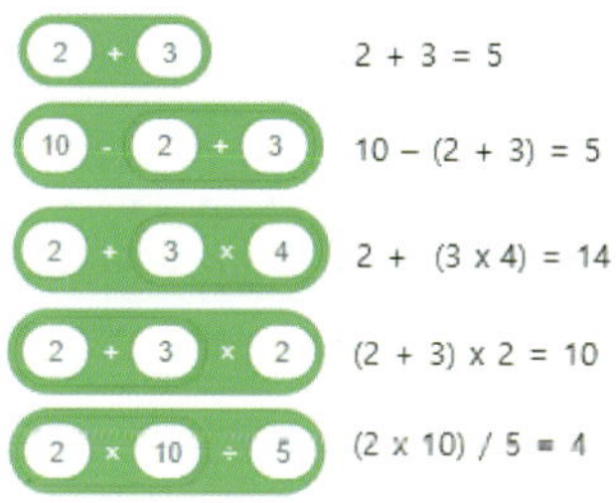

다음은 비교연산이다. 서로 토론해 보자.

3.2 짝수와 홀수를 구분하고 합을 구하기

짝수는 어느 수를 2로 나누었을 때 나머지가 0인 경우이며, 홀수는 나머지가 1인 경우이다. 예를 들어, 1, 2, 3, 4, 5가 있을 때 짝수는 2, 4이며 홀수는 1, 3, 5이다. 그리고 각각의 합을 구하면 6과 9가 된다. 이 과정을 코딩 작업해 보자.

다음은 전체 코딩과 결과 화면이다. 그리고 두 부분으로 나누어 재현하였다.

자료 입력 및 계산 결과의 전체 화면

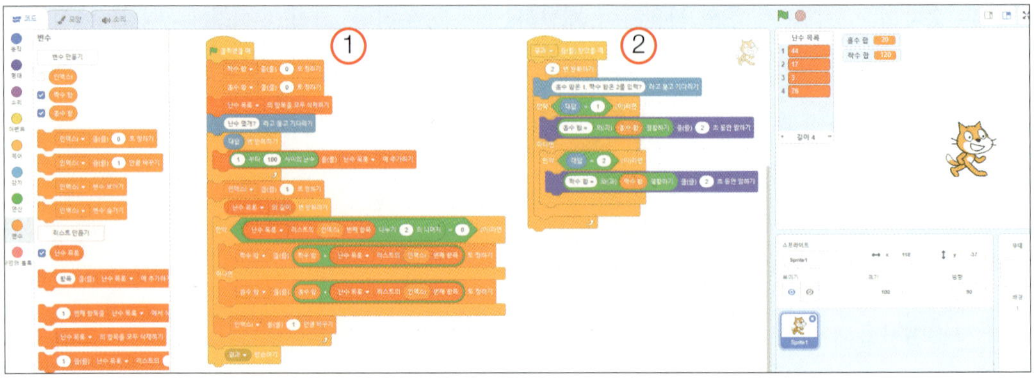

1단계 변수와 리스트를 만든다.

먼저 코딩에 필요한 변수는 [변수] 창고에서 “짝수 합”, “홀수 합”, “인덱스i” 등이며, 그리고 리스트로서 “난수목록”을 만든다.

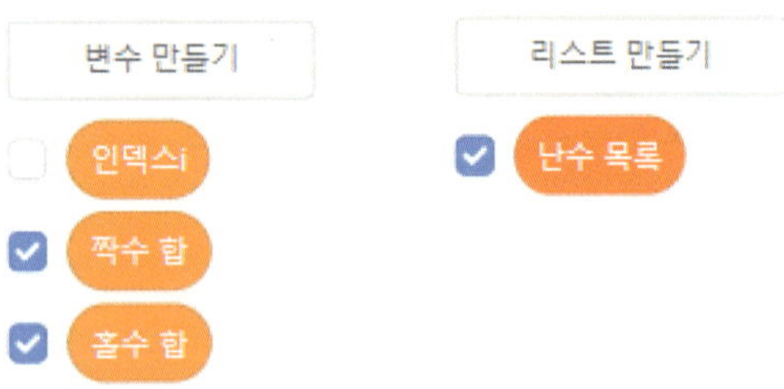

(주) [변수 만들기]에서 ☑ 표시는 변수를 화면에 나타나게 한다.

2단계 난수 발생, 홀짝 구별 및 합산을 위한 코딩을 작업한다.

① 난수 발생, 홀수와 짝수 구별, 그리고 합산 코딩

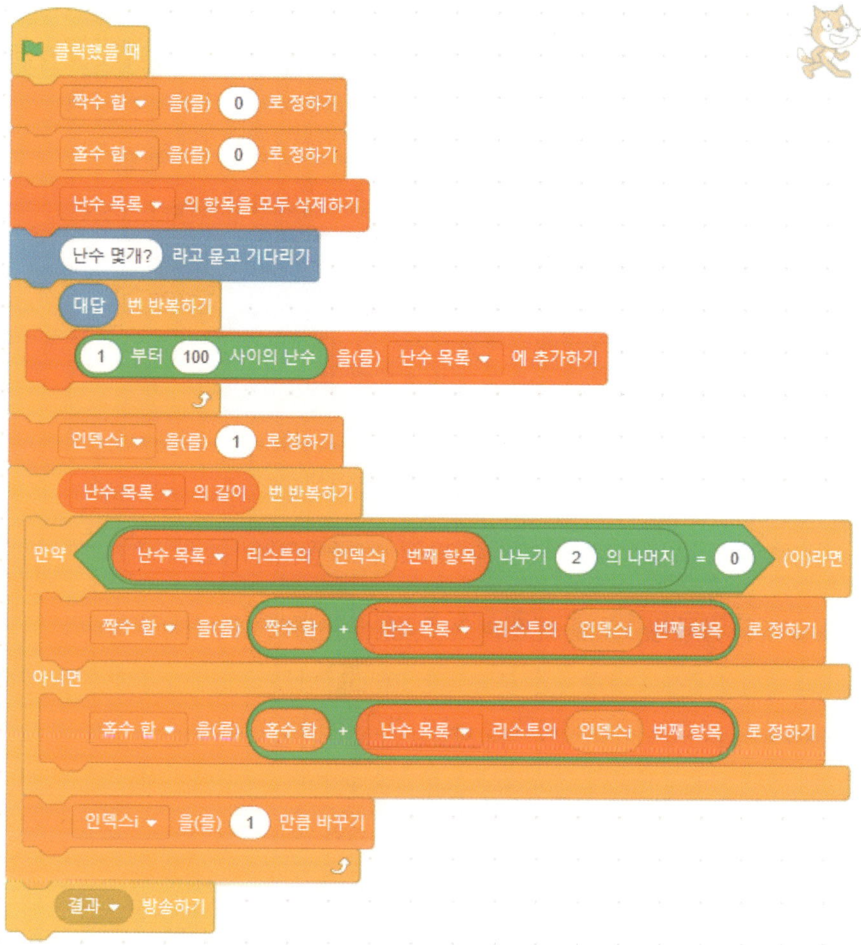

블록 설명

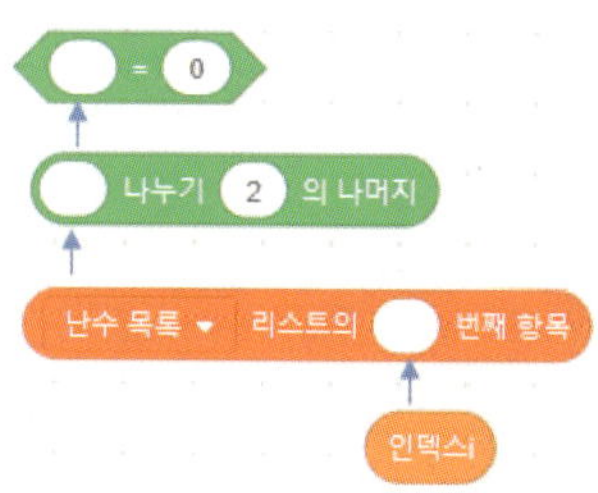

[연산]+[연산]+[변수, 리스트]+[변수]

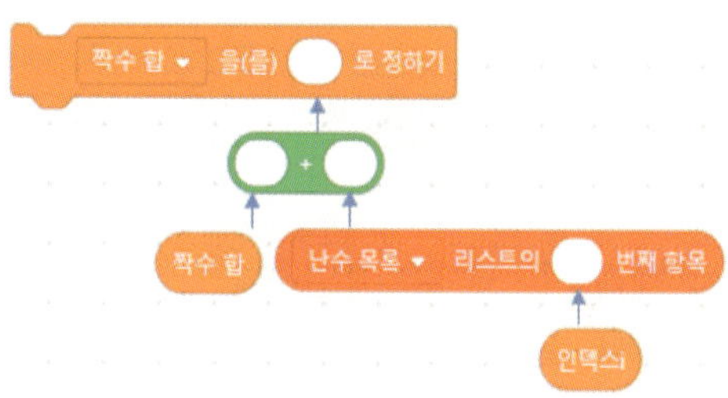

[변수]+[연산]+[변수]+[변수, 리스트]+[변수]

이 프로그램에서 난수 개수를 4개로 정하였다. 다음으로 인덱스i에 대하여 알아보자. 컴퓨터에서 숫자는 그 값의 크기와 위치를 포함한다. 이 위치 번호를 인덱스i라고 부르자. 아래 난수 목록에서 인덱스i = 2의 숫자 값은 17이다. 스크래치에서는 이 값을 "항목"이라 한다. 따라서 인덱스2 = 17인 셈이다.

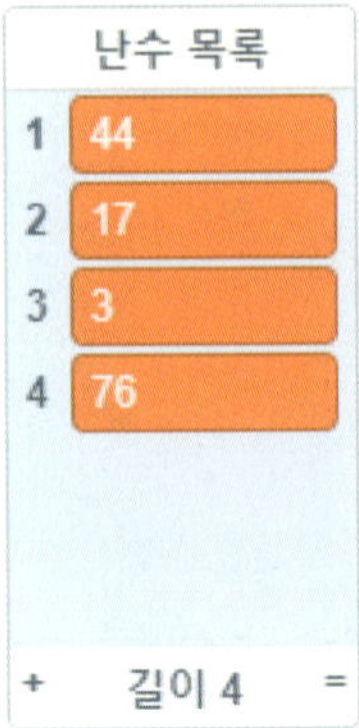

"만약"이라는 ㄷ자형 조건문 블록은 조건을 따질 때 긴요하다. 나머지가 0인가를 묻고 이것이 옳으면 짝수로 분류하고 아니면 홀수로 구분하는 블록이다. 그리고 "반복하기"는 ㄷ자형 반복문 블록으로서 그 안의 블록들이 몇 번 실행될 것인가를 제시한다. 난수의 길이(개수 = 4) 만큼 반복한다. 다음은 반복문 블록 안에 조건문 블록이 포함된 것을 나타낸다.

3단계 계산 결과를 알려주는 코딩을 작업한다.

② 계산 결과 알리기 코딩

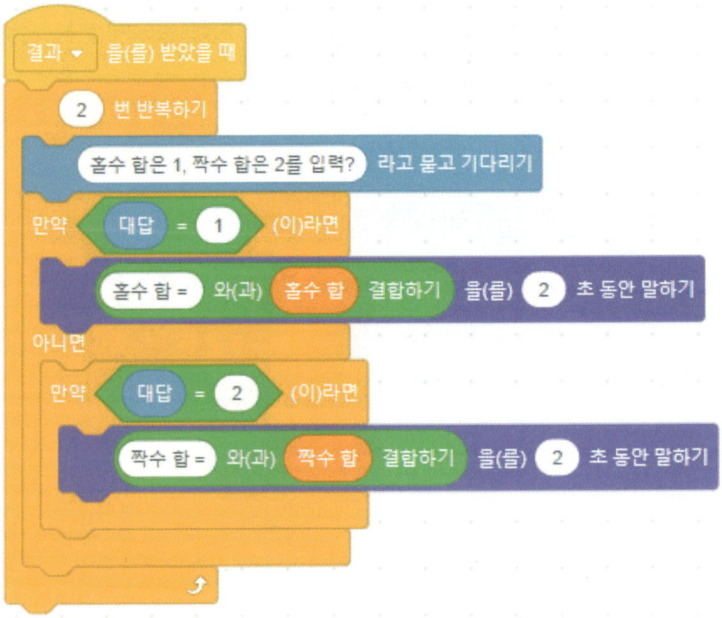

4단계 최종 계산 결과는 [무대 창]에 표시된다.

3.3 용돈 계산하기

길동이는 지난 해 1월~6월 사이 매월 용돈을 얼마나 쓰고 있는가를 알기 위해 용돈기입장을 살펴보았다.

(단위: 만 원)

월	용돈 사용
1	3.2
2	2.5
3	10.2
4	5.5
5	6.7
6	7.9

과제 1. 6개월간 합계와 월 평균을 구하라.

[풀이] 먼저 합계와 월 평균을 구한다.

합계와 월 평균 코딩 화면

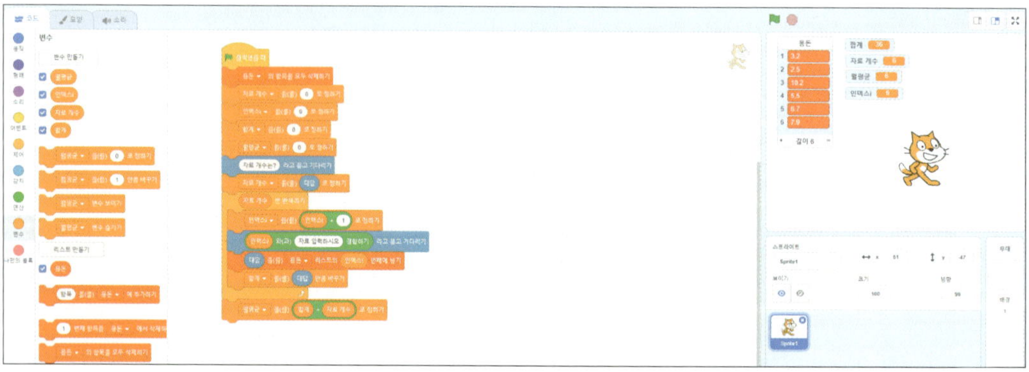

이 코딩에서 중요한 개념은 변수의 설정과 리스트다. 먼저 [변수] 창고의 [변수 만들기]와 [리스트 만들기]를 해보자.

월 평균 계산 코딩

다시 한번 "인덱스" 개념의 중요성을 강조하자. 인덱스(index)는 나열된 목록(리스트, list)의 찾아보기를 위해 사용되는 번호에 해당하며 우리말로는 색인(索引)이다. 월 변화에 따라 숫자가 하나씩 증가하고 있는데, 이 경우에 변수를 1월, 2월, … 같이 6개를 만든다면 매우 비효율적이 된다. 수천

명의 학생 번호가 있는 경우에는 상상조차 하기 어렵다. 이 문제를 해결해 주는 것이 인덱스이며, [제어] 창고의 "반복하기" 블록과 함께 사용한다.

위 프로그램에서는 "인덱스i"로 표기하고 있다. 프로그램 일부에서 "반복하기" 블록을 검토해 보자. 인덱스i의 초기 값은 0이며, 이 값은 자료개수(6) 만큼 반복하면서 +1씩 증가한다. 월 번호가 1월부터 6월까지 증가한다는 뜻이다.

과제 2. 합계 기준으로 매월 몇 %를 썼는가를 코딩해 보자.

[풀이] 매월 금액이 6개월 용돈 합계에서 차지하는 비율을 계산하여 본다.

월별 비율 코딩 결과 화면

여기서는 "비율" 변수와 "비율%" 리스트가 추가되었다.

월금액의 비율 계산 코딩

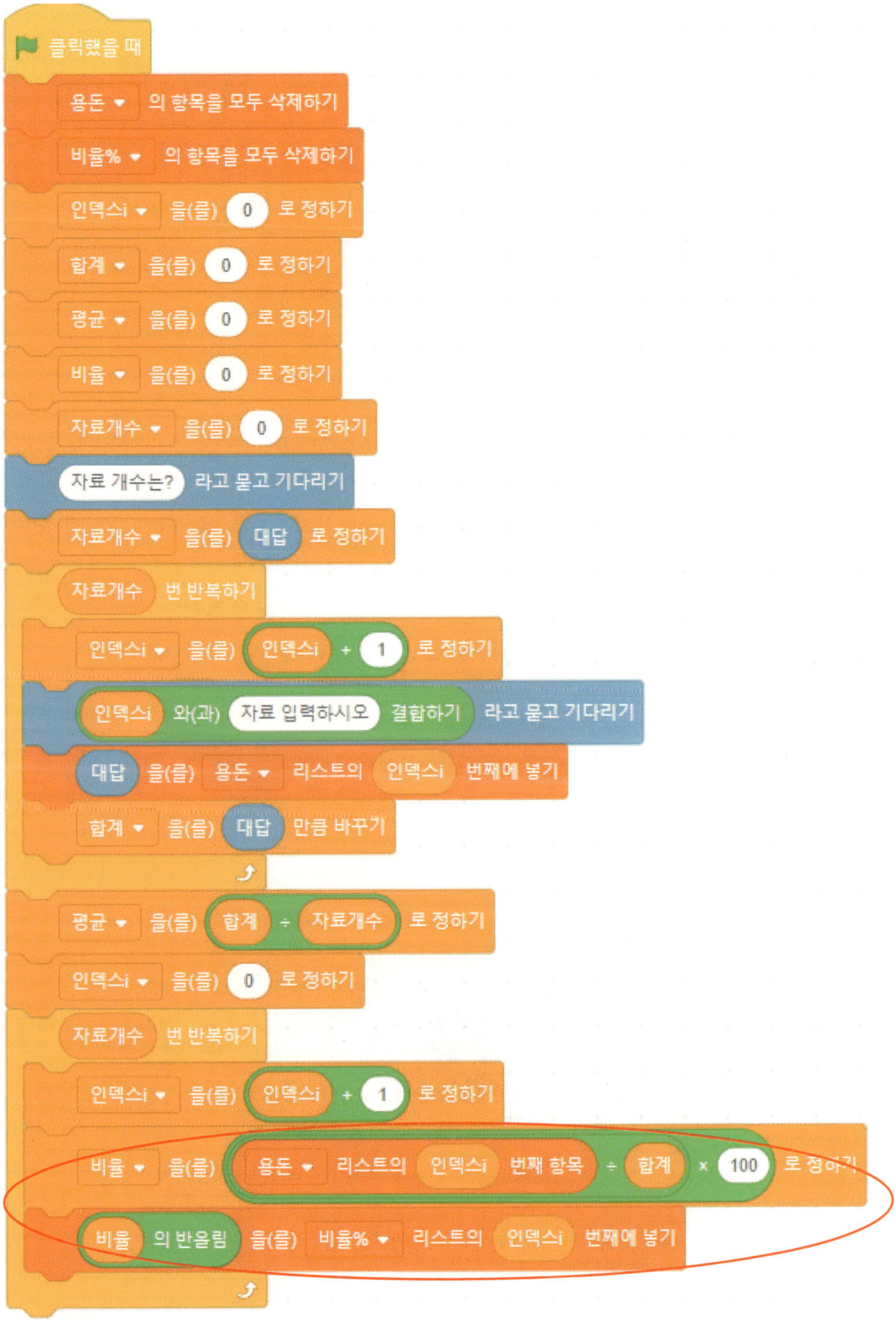

클릭했을 때
용돈 의 항목을 모두 삭제하기
비율% 의 항목을 모두 삭제하기
인덱스i 을(를) 0 로 정하기
합계 을(를) 0 로 정하기
평균 을(를) 0 로 정하기
비율 을(를) 0 로 정하기
자료개수 을(를) 0 로 정하기
자료 개수는? 라고 묻고 기다리기
자료개수 을(를) 대답 로 정하기
자료개수 번 반복하기
인덱스i 을(를) 인덱스i + 1 로 정하기
인덱스i 와(과) 자료 입력하시오 결합하기 라고 묻고 기다리기
대답 을(를) 용돈 리스트의 인덱스i 번째에 넣기
합계 을(를) 대답 만큼 바꾸기
평균 을(를) 합계 ÷ 자료개수 로 정하기
인덱스i 을(를) 0 로 정하기
자료개수 번 반복하기
인덱스i 을(를) 인덱스i + 1 로 정하기
비율 을(를) 용돈 리스트의 인덱스i 번째 항목 ÷ 합계 × 100 로 정하기
비율 의 반올림 을(를) 비율% 리스트의 인덱스i 번째에 넣기

블록 설명

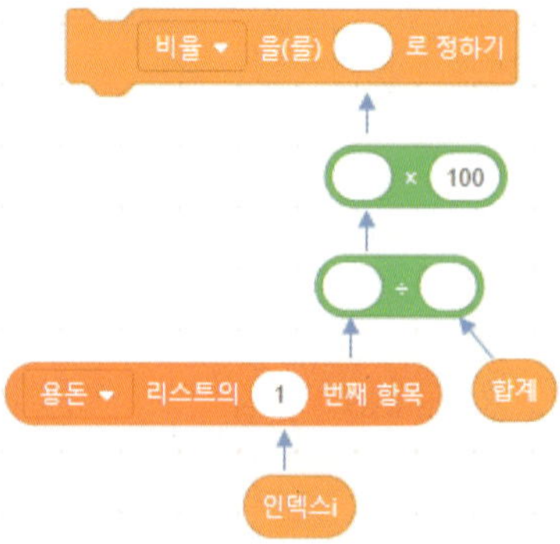

[변수]+[연산]+[연산]+[변수, 리스트]

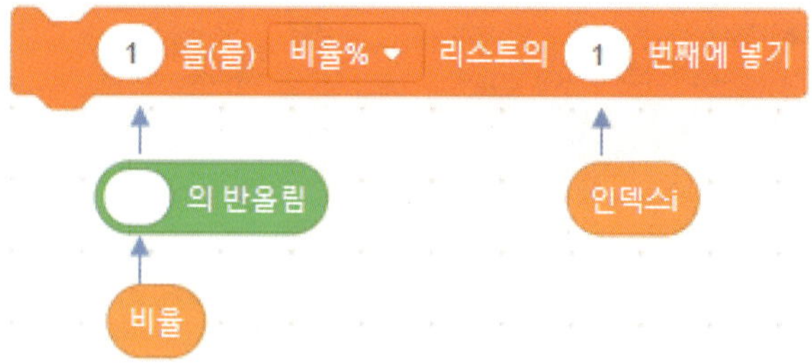

[변수, 리스트]+[연산]+[변수]+[변수]+[변수]+[변수]

그리고 [연산] 창고의 블록  을 주목하자. 현재 [반올림] 블록은 정수 값만 취하므로 22가 되었다. 만일 이 숫자를 소수 셋째자리에서 반올림하여 둘째자리까지를 얻으려면 어떻게 코딩하면 좋을까? 다음 코딩을 참고하기 바란다.

반올림 계산 코딩

먼저 [변수] 창고에서 변수 X를 만든 다음 코딩한다.

블록 설명 [창고]

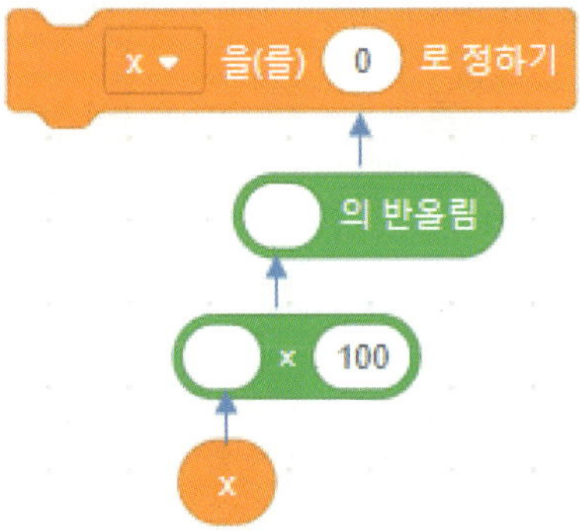

[변수]+[연산]+[연산]+[변수]

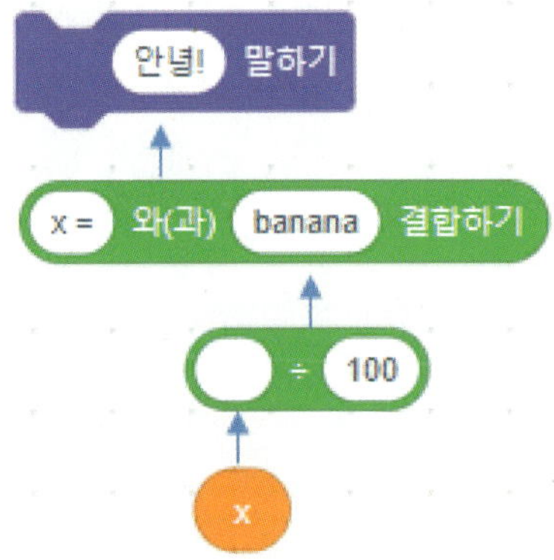

[형태]+[연산]+[연산]+[변수]

비율은 기준을 무엇으로 하는가에 따라 달라진다. 기준이 되는 조건을 잘 검토할 필요가 있다. 예를 들어, 작년 키가 140cm이었는데 올해 145cm이면 몇 % 더 컸다고 할 수 있는가? 작년 키가 기준이 된다. 따라서 (140 − 145)/140 × 100 = 3.4(%) 커졌다고 계산한다. 다른 문제를 생각해 보자. 두 동업자 갑과 을이 6:4로 이윤을 나누기로 한다면, 갑은 얼마나 갖게 되는 것인가? 전체 기준으로 보면, 6/(6+4) = 0.6 = 60(%)가 된다. 그러나 상대방 을의 기준에서 보면 6/4 = 1.5(배) = 150(%)가 된다. 이와 같이 기준 설정은 중요하다.

3.4 계산기 만들기

우리가 가지고 있는 계산기는 어떤 원리에서 작동하는 것인가? 직접 계산기를 만들어 봄으로써 그 원리를 알아보자. 여기서 소개하는 계산기는 1~3의 숫자를 가지며, 간단히 덧셈과 뺄셈 기능만 가진다. 계산기 단추는 몇 개 필요할까? 숫자 1, 2, 3, 부호 +, −, = 등 6개가 필요하다. 이것을 차례로 만들어 작동시켜 보자.

1단계 [1 단추]를 만든다. 초기 화면에서 [스크립트 창]의 야옹이를 제거한다. 이 창의 를 누르고 저장소에서 [Button3; 버튼]을 선택한다. [모양] 저장소에서 [Button 3-b]는 삭제한다. 좌상단 [모양]의 캔버스에서 등호를 = 눌러 크기를 조절하고, 를 누른다.[3]

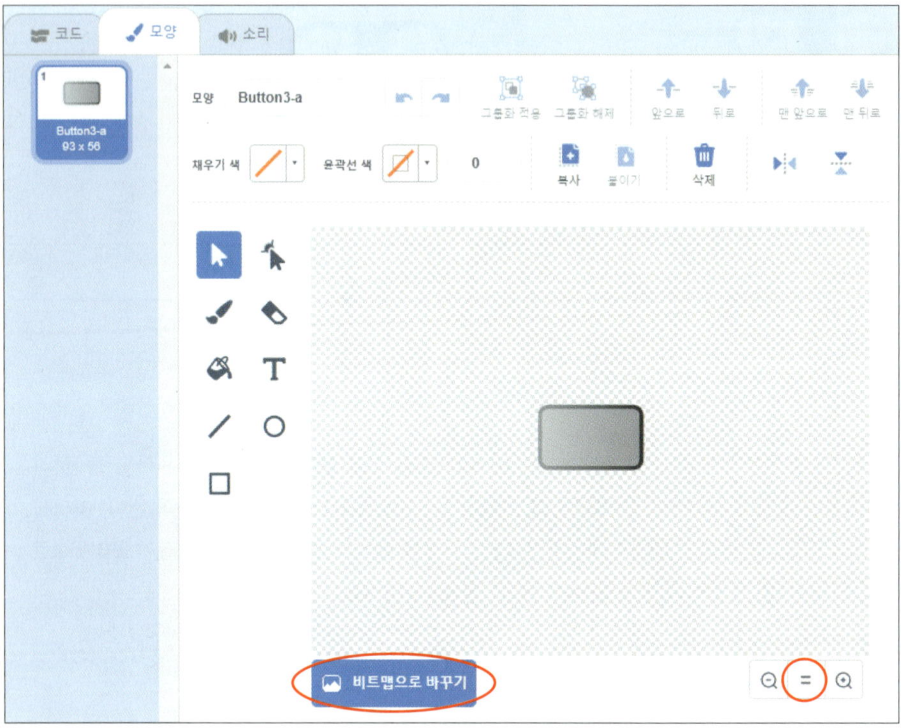

3 비트맵은 점을 이용하여 화소 단위로 나타내며, 자연스러운 이미지 표현이 가능하다. 이미지를 축소 또는 확대하면 깨져 보인다. 벡터는 수학 방정식을 기반으로 하는 점, 직선, 곡선, 다각형과 같은 것을 사용하며 축소 확대에도 깨져 보이지 않는다. 로고마크를 만들 때 흔히 사용한다.

2단계 [Button] 단추를 정사각형 모습이 될 때까지 조정하고, 가운데에 위치시킨다.

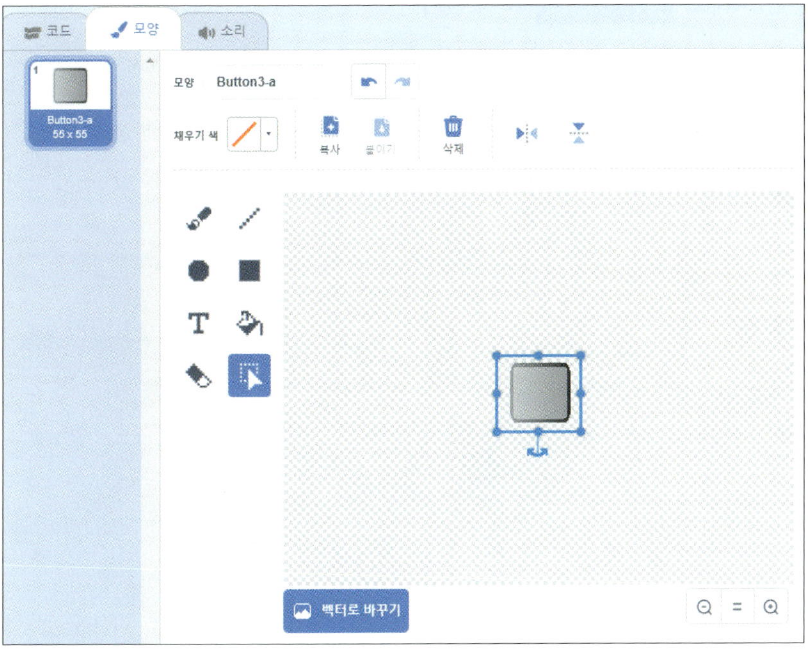

3단계 글자의 색을 검정으로 하기 위해 [채우기 색]의 명도를 100에서 0으로 바꾼다.

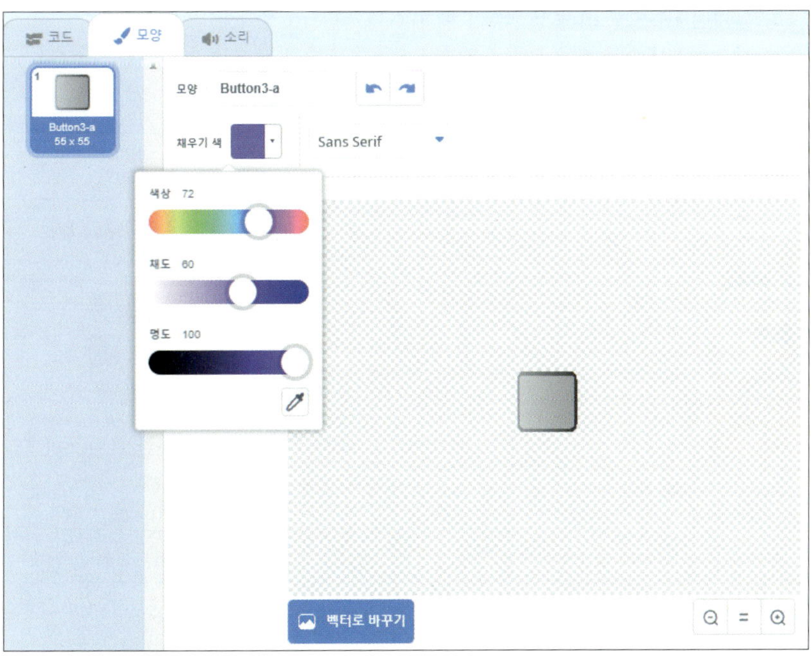

3단계 화면의 [텍스트 T]를 택한 다음에 단추 사각형 안에 1이라고 숫자를 입력하고 마우스로 위치를 조절한다. 그리고 [벡터로 바꾸기]를 누른다.

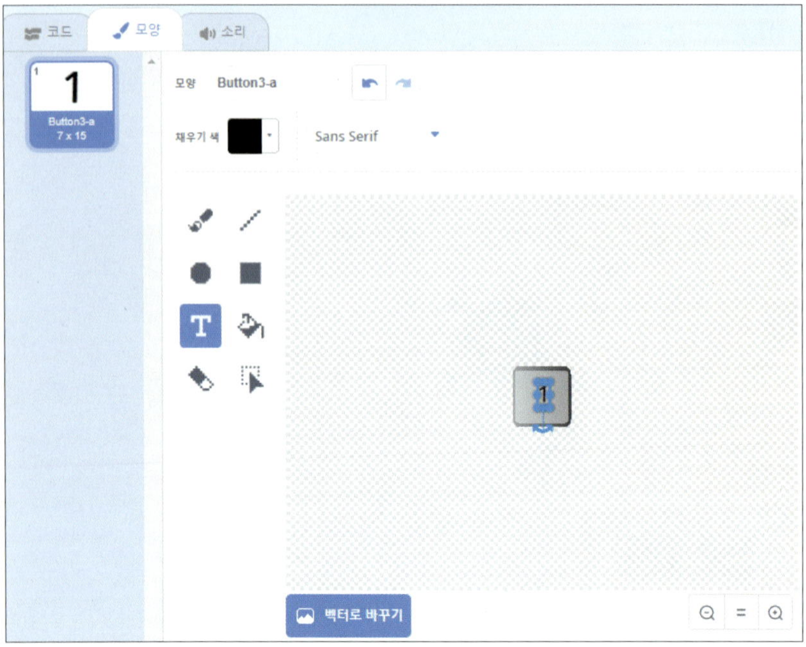

4단계 위 화면 왼쪽 상단에 있는 [코드] 저장소를 선택하고, [1단추] 상태에서 [변수] 창고에는 결과, 연산자, 입력1, 입력2 등 4개의 변수를 만들고, 코딩 작업을 시작한다.

[단추]의 코딩 화면

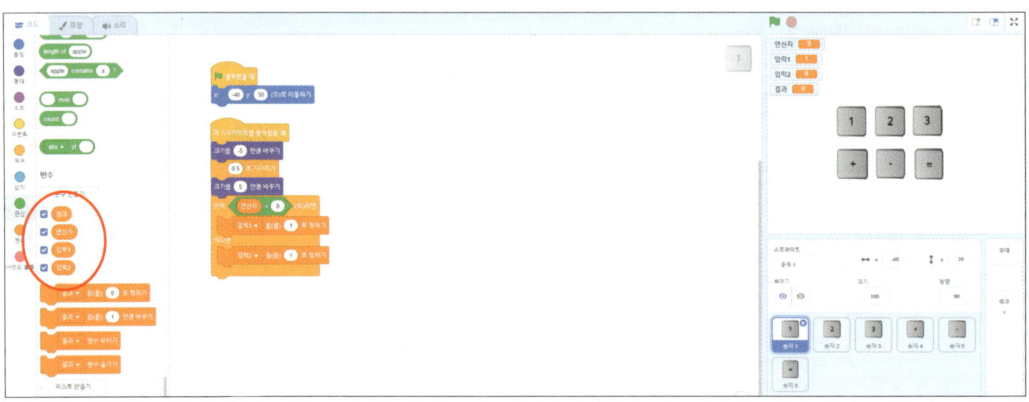

[1단추] 코딩

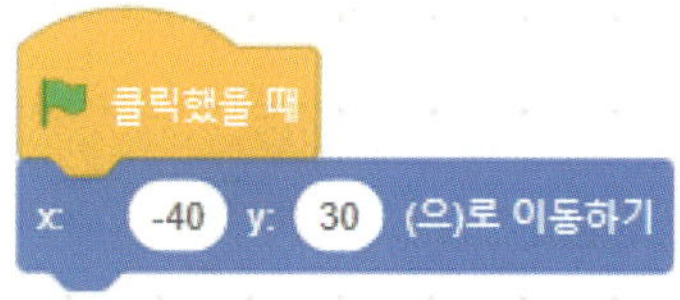

이 블록은 [1단추]의 위치를 뜻하며,

나머지 단추도 이에 맞추어서 정렬시킨다. 이를 위해서 각 단추의 [모양] 저장소의 [비트맵] 캔버스에서 위치를 조절한다.

5단계 나머지 단추도 동일한 방식이지만, 작업 시에 주의를 요한다.

① 우측 하단에서 [1단추] 스프라이트를 복사해 놓는다.

② 좌측 하단의 [모양 고르기]에서 [Button3 a; 버튼]을 선택한다. 그러면 아래 화면을 얻는다. [모양 고르기]의 스프라이트는 우측 [스프라이트 창]의 소속이 된다.

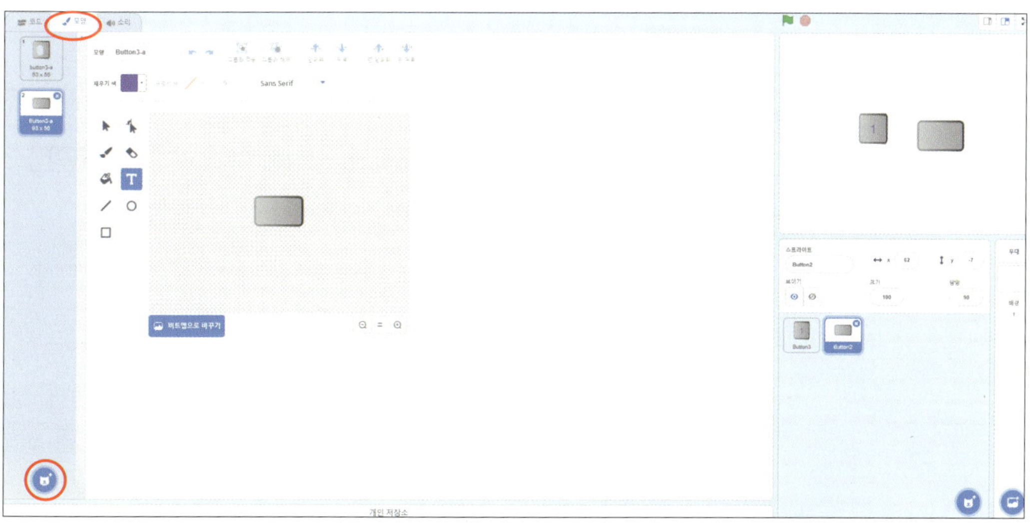

6단계 위에서 왼쪽 [모양] 저장소의 [1단추]를 제거하면 다음 화면이 나온다. [무대 창]의 [1단추]는 이미 존재하는 것이고, 빈 단추는 새로 만들 [2단추]가 된다.

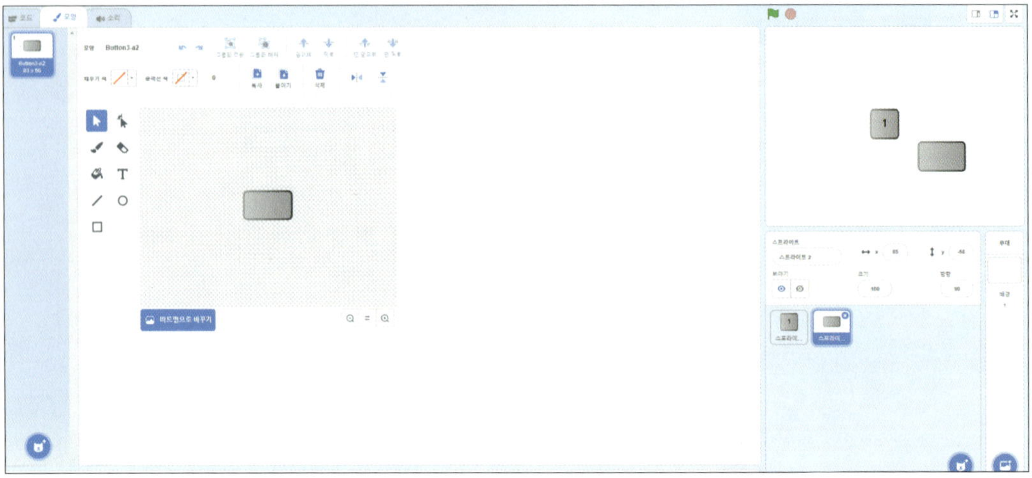

7단계 캔버스의 [비트맵] 모드에서 단추 크기를 조절하고 2를 넣는다. 다시 [벡터]로 돌아간다.

그리고 [코드] 저장소에서 코딩 작업을 한다. 다시 한번 강조하면, 코딩은 각기 지정된 단추의 [스프라이트]에서 작업해야 한다. 다음은 나머지 단추에 대한 코딩 모음이다.

[2단추] 코딩

[3단추] 코딩

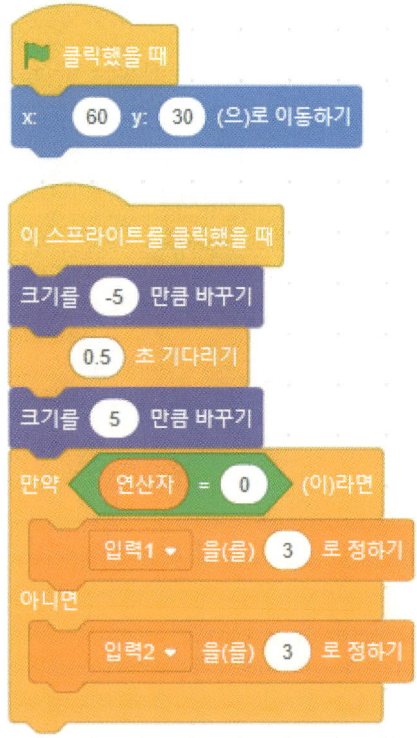

[+ 단추] 코딩

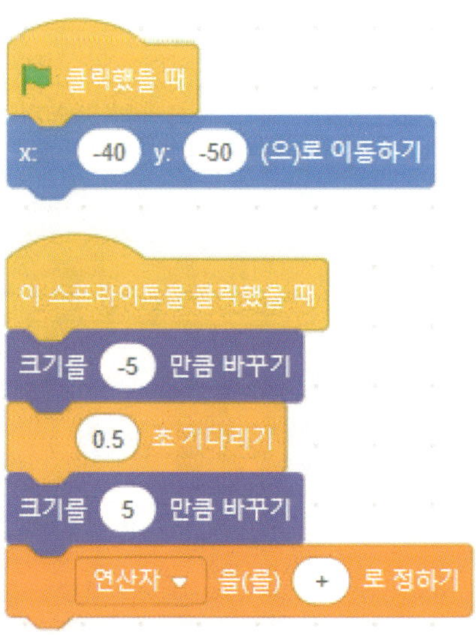

[– 단추] 코딩

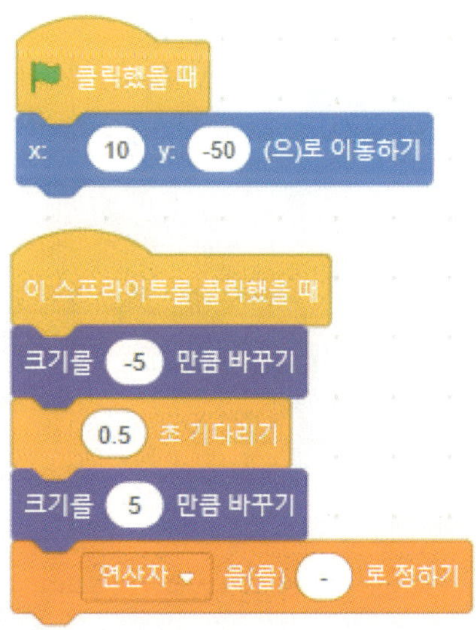

8단계 마지막으로 등호 [= 단추]와 "초기화"를 만든다.

마지막 실행 화면

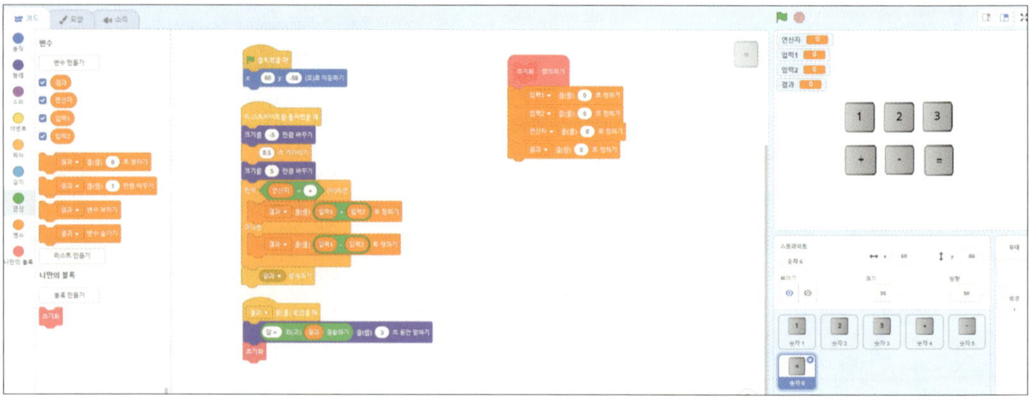

[= 단추] 코딩

"초기화" 코딩

 블록은 [코드] 저장소의 [나만의 블록] 창고에서 **블록 만들기** 를 누르면, 아래와 같은 창이 뜨고, "초기화"라고 입력하면 만들어진다.

9단계 이제 이렇게 되면 6개의 단추와 무대에서 근사한 계산기가 만들어졌다. 계산 실습을 해보자. 기능이 매우 초보적이지만 복잡한 계산기에도 도전이 가능하다. 숫자 단추를 늘이거나 곱하기 나누기 등의 셈도 해보자(자료: 연두에디션, 스크래치로 배우는 컴퓨팅 사고).

참고 [스프라이트 고르기]와 [모양 고르기]의 차이

스프라이트는 야옹이처럼 스크래치의 아이콘이다. 그런데 이 아이콘은 [스프라이트 고르기]뿐만 아니라 [모양 고르기]에서도 가능하다. 어디서나 동일한 아이콘을 구할 수 있지만 그 차이점을 살펴본다.

(1) [스프라이트 고르기]: 초기 화면에서 우하단의 [스프라이트 고르기]를 누르면, 스프라이트의 저장소가 나온다. 여기서 [Button 1]을 선택해 보자.

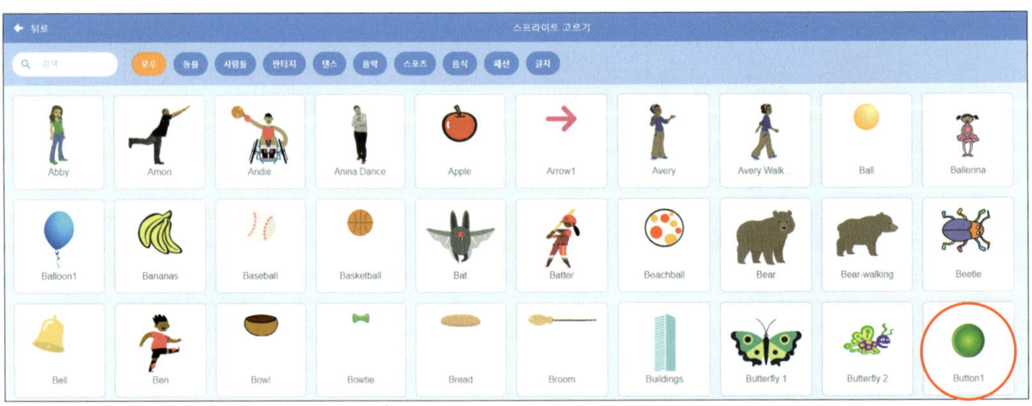

그러면 [무대 창]에 야옹이와 단추가 겹쳐서 나온다. 2개의 스프라이트가 존재하는 것이다.

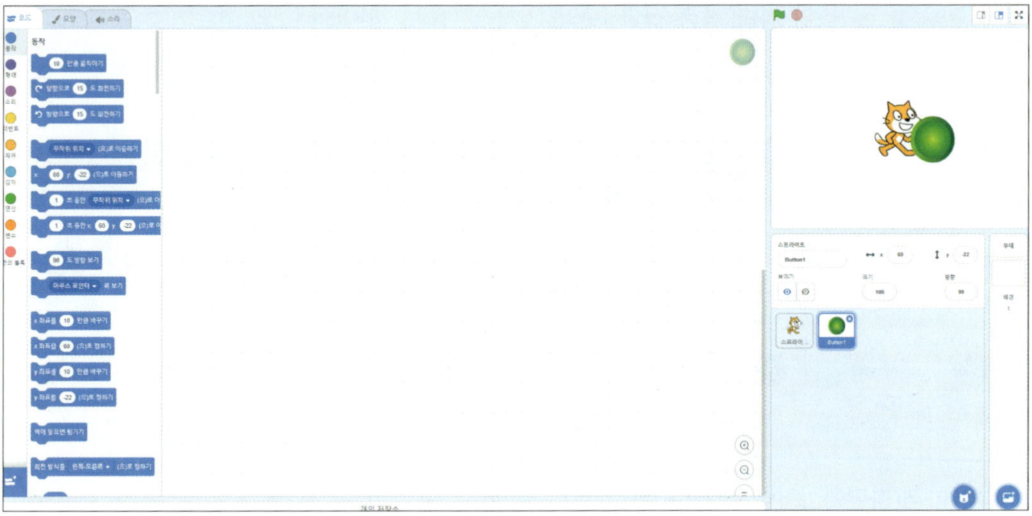

아래 [모양] 캔버스에도 초록 [단추]가 보인다.

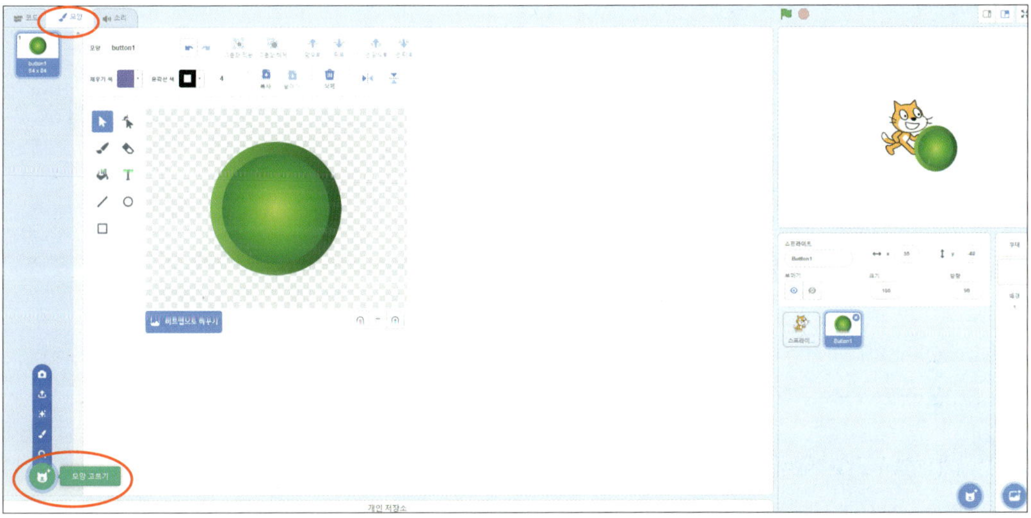

(2) [모양 고르기]: 위 화면 좌측 상단 [모양] 저장소 그리고 하단의 [모양 고르기]를 누르고 저장소에서 [Button_a]를 선택해 보자.

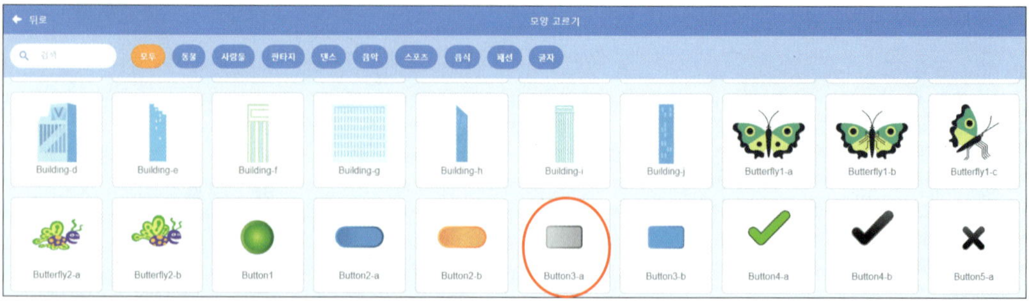

그러면 아래 화면에서처럼 [스프라이트 창]의 두 번째 스프라이트 자리에 초록 [단추]가 가려지고, 회색 [단추a]가 보인다.

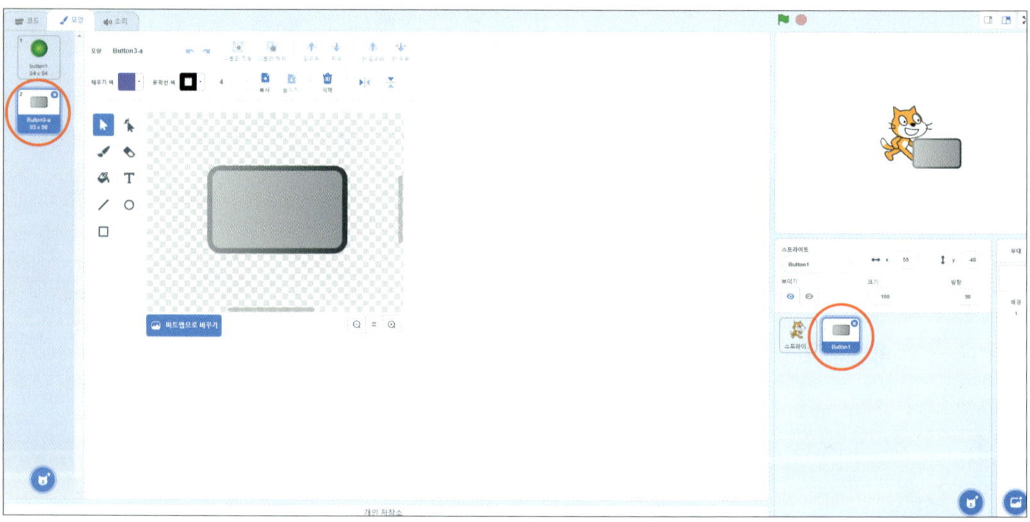

만일 [모양] 저장소의 초록 [단추]를 선택하면 캔버스와 [무대 창]에 초록 [단추]가 나타날 것이다.

(3) **복사하기:** [스프라이트 창]의 두 번째 스프라이트에서 마우스 우클릭하면 이와 동일한 상태의 스프라이트를 얻는다.

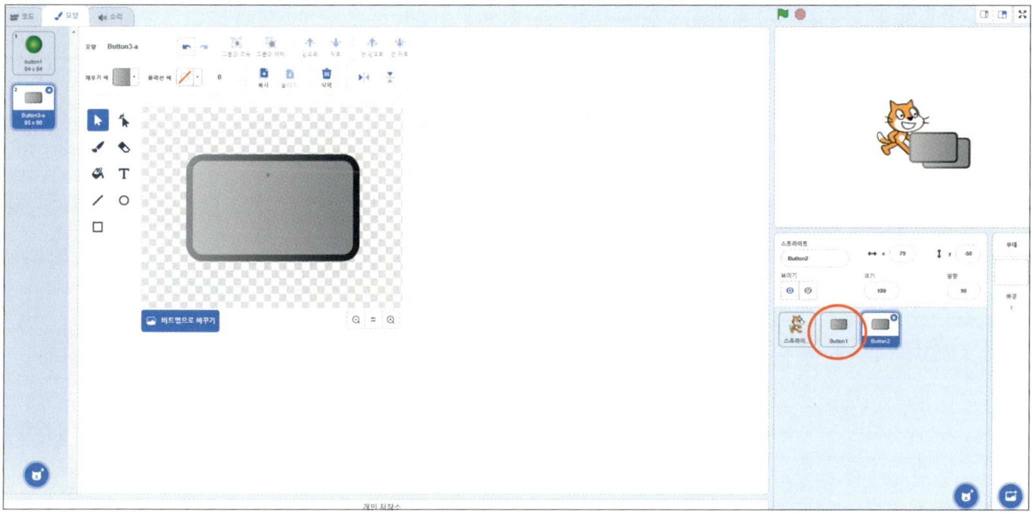

위 화면에서 보면, 3개의 스프라이트가 [스프라이트 창]에 만들어졌고 [무대 창]에 보여준다. 지금까지 내용을 요약하면 다음과 같다.

① 스프라이트는 [스프라이트 창], [모양 고르기], "복사하기" 등 세 가지 방법으로 만들 수 있다.

② [스프라이트 창]의 스프라이트가 우선적으로 맨 앞에 있으며, [모양 고르기]는 현재 상태에서 그 다음을 추가한다.

③ "복사하기"는 대상 스프라이트와 상황이 동일하게 복사한다.

④ 좌측 상단의 [모양]을 선택하면 캔버스가 나오고 스프라이트 크기나 색상 등을 조절한다.

3.5 예금 불어나기

돈은 생활에 유용하다. 교환가치를 가지고 있어 필요한 물건을 구매하고 지불할 수 있기 때문이다. 그런데 돈은 한정된 자원이기 때문에 잘 관리해야 한다. 돈을 집에 보관하면 화재, 도난, 기억 상실 등으로 분실 위험이 있다. 반대로 은행에 보관하면 안전하므로, 안심하고 잠을 잘 수 있다. 최근 이자율이 예전보다 많이 낮아졌지만 안전이라는 가치 때문에 예금한다.

현재 천 원이 있는데 연 이자율 2%로 예금하면 5년 후에는 얼마가 될 것인가를 계산해 보자. 예금은 원금과 이자로 구성된다. 예금 계산은 단리와 복리로 나눈다. 이것을 다음에서 비교해 본다.

연차	단리 계산	복리 계산(반올림)
1	$1000(1+0.02) = 1002$	$1000(1+0.02) = 1002$
2	$1000(1+0.02\times2) - 1004$	$1000(1+0.02)^2 = 1009$
3	$1000(1+0.02\times3) = 1006$	$1000(1+0.02)^3 = 1118$
4	$1000(1+0.02\times4) = 1008$	$1000(1+0.02)^4 = 1131$
5	$1000(1+0.02\times5) = 1010$	$1000(1+0.02)^5 = 1148$

5년 후 복리계산은 단리계산보다 금액에서 1,148 − 1,010 = 138(원) 차이가 나며, 비율로 보면 (1,148 − 1,010)/1,010 × 100 = 13.7(%) 더 많다. 예금 액수가 많아지면 많은 차이가 발생할 것이다. 현재 은행 적금은 복리로 계산해 준다.

이 과정을 코딩해 보면 다음과 같다.

단리 예금 코딩

클릭했을 때
현재 금액 의 항목을 모두 삭제하기
원금 을(를) 0 로 정하기
이자 을(를) 0 로 정하기
반복자i 을(를) 1 로 정하기
예금 액수는? 라고 묻고 기다리기
원금 을(를) 대답 로 정하기
이자율은? 라고 묻고 기다리기
이자율 을(를) 대답 로 정하기
예금 기간은? 라고 묻고 기다리기
기간 을(를) 대답 로 정하기
반복자i > 기간 까지 반복하기
이자 을(를) 원금 × 이자율 ÷ 100 만큼 바꾸기
원금 + 이자 을(를) 현재 금액 에 추가하기
반복자i 을(를) 1 만큼 바꾸기
1 초 기다리기
현재 단리 금액 = 와(과) 원금 + 이자 결합하기 말하기

복리 예금 코딩

복리는 이자에 이자가 붙는 셈이다. 내 돈이 이렇게 불어나면 기분이 좋을 것이다. 그러나 빚을 지고 있다면 문제는 심각해진다. 삶에서 돈 관리를 잘 하여 빚을 지지 않도록 해야 한다. 은행이나 남의 돈을 빌리는 경우에는 이자 계산을 어떻게 하는지 확인해야 한다. 이자율과 원금 상환 방식을 잘 살펴보아라. 그리고 남에게 돈을 빌려주는 경우에도 조심해야 한다. 잘 못하면 돈도 잃고 친구도 잃는 경우도 생긴다.

제4절 비례와 일차 함수

4.1 정비례

비례는 두 수를 비교할 때 발생하는 관계이며, 한 수가 증가하면 다른 수가 일정 비율로 증가하거나 감소하는 관계를 뜻한다. 증가하는 경우를 정비례, 감소하는 경우를 반비례한다고 말한다.

정비례의 예를 들어 보자. 길동이네 슈퍼마켓에서는 매일 과자와 과일이 각각 2만 원, 3만 원씩 팔린다고 한다. 6일 동안 매일 동일하게 반복한다면 누적 판매액은 다음과 같이 만들 수 있다.

표 2.2 누적 판매액 (단위: 만 원)

	1일차	2일차	3일차	4일차	5일차	6일차
과자	2	4	6	8	10	12
과일	3	6	9	12	15	18

과자 누적 매출: $y = 2x$ (여기서 x = 일차)

과일 누적 매출: $y = 3x$ (여기서 x = 일차)

위 식에서 3일차 될 때($x=3$), 누적 매출액은 과자의 경우 $2 \times 3 = 6$, 과일의 경우 $3 \times 3 = 9$가 된다. 두 품목의 매출액이 일차(x)에 정비례하고 있음을 함수로 보여준다.

이 함수 관계를 코딩으로 나타내 보자.

1단계 초기화면에서 우하단 [무대_배경]의 [배경 고르기]에서 [Xv-grid]를 선택한다.

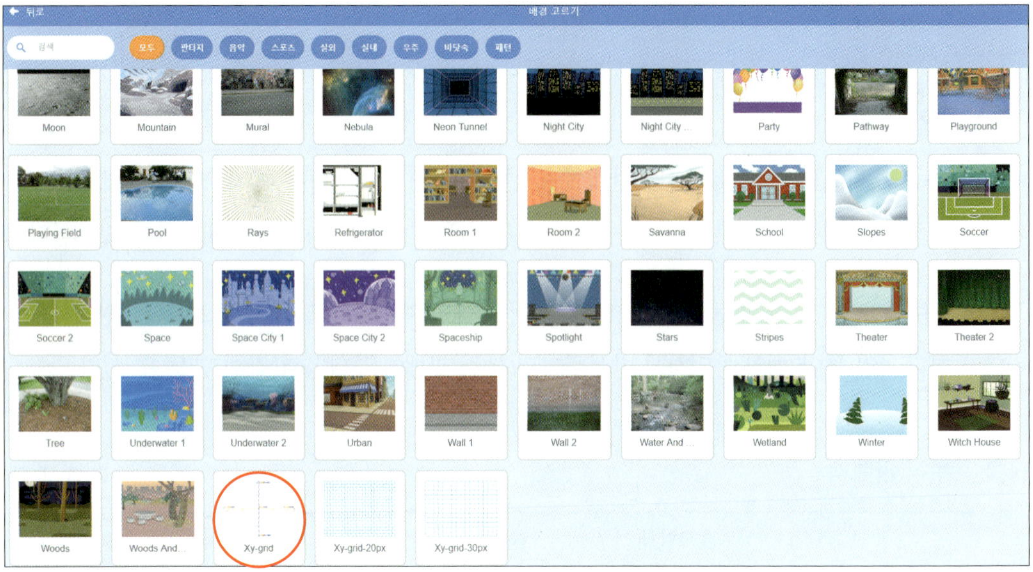

2단계 야옹이를 지우고, 화면 우하단 [스프라이트 창]의 [스프라이트 고르기]에서 [Button 1]을 선택한 후 크기를 30%로 줄인다. 다음은 최종 전체 화면이다.

최종 전체 화면

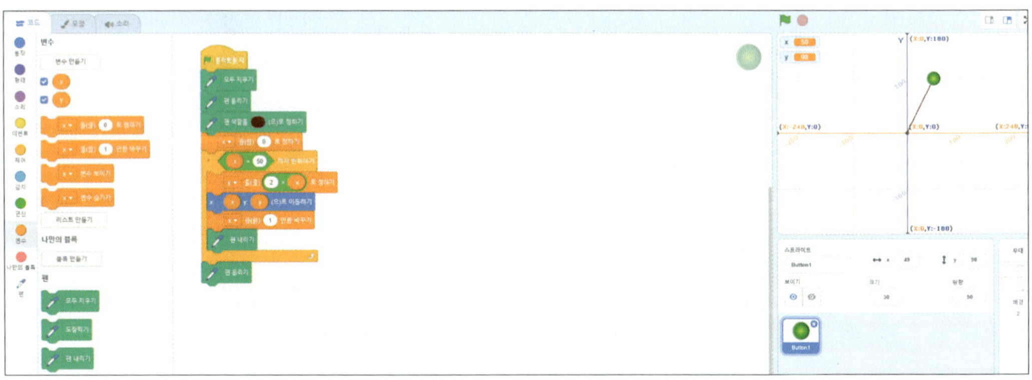

y = 2x 코딩

변수 x, y를 먼저 만들고 코딩을 작업한다.

대화식 일반 일차 함수 코딩

(주) [모두 지우기] 블록은 [무대 창]의 지우개 용이다.

과제 위 코딩을 이용하여 일차함수 y = ax + b 를 그라프로 그려보자(여기서 a = 기울기, b = y 절편). 그리고 각 상황에 맞는 이야기를 만들어 보자. 특히 기울기와 y절편의 특성에 대해 말해 보자.

① $y = 2x + 40$

② $y = 2x + 10$

③ $y = \frac{2}{5}x - 100$

④ $y = -2x + 30$

⑤ $y = -0.3x - 30$

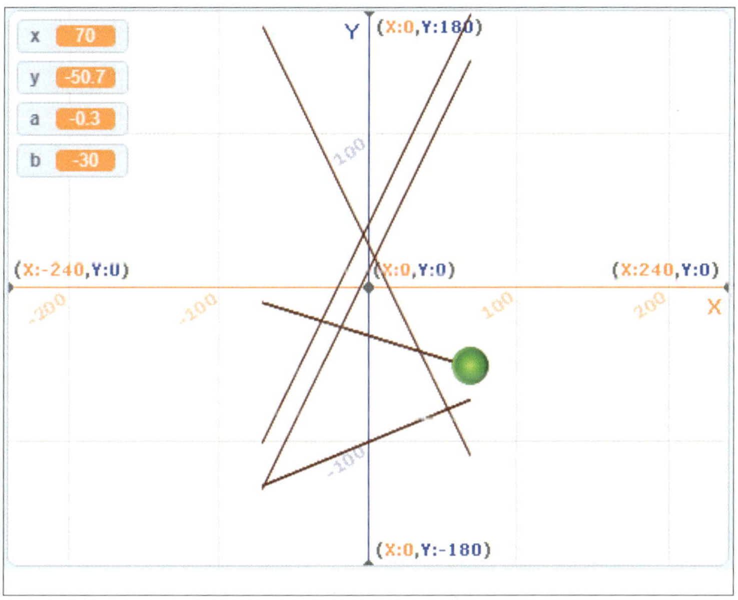

4.2 두 변수의 관계식

이 슈퍼마켓의 점장은 과자와 과일의 관계에 대하여 관심을 가지고 있다. 과자가 많이 팔리면 팔릴수록 과일도 더 많이 팔리고 있는데, 어떤 관계식을 만들 수 있을까 생각하였다. 여기서 간단히 비례식을 생각하였다.

$$\text{과자 매출액}(x) : \text{과일 매출액}(y) = 2 : 3$$

이다. 비율 계산은 내항끼리 곱셈과 외항끼리 곱셈이 같기 때문에

$$2y = 3x$$

이고, 이것을 함수로 나타내면

$$y = \frac{3}{2}x \quad (\text{또는 } y = 1.5x)$$

여기서 x는 원인변수(과자)라 하고 y는 결과변수(과일)라고 부른다. 점장은 과일 매출에 관심을 가지고 있으므로 그 변수를 y로 정했다. 위 식에서 과자가 1단위(만 원어치) 팔리면 과일은 1.5배씩 팔리는 셈이다(또는 과자가 2단위 팔리면, 과일은 3단위 팔린다). 만일 과자가 10만 원어치 팔린다면 과일은 얼마 팔릴 것인가를 예상하였다.

$$y = \frac{3}{2}(10) = 15(\text{만 원})$$

으로 계산하였다. 이것은 [도표 2.2]에서도 확인된다.

참고 앞의 길동이 용돈 지출도 함수로 나타내면 "y = 6x"로 표현할 수 있다. 왜냐하면 월평균이 6만 원이기 때문이다.

4.3 반비례와 역비례

반비례는 한 변수(x)가 증가하면 다른 변수(y)가 감소하는 것을 뜻한다. 다음은 100kg 체중의 사람이 매일 0.5kg씩 몸무게를 줄인다면 6일 후에는 어떻게 될 것인가를 나타낸다.

	1일차	2일차	3일차	4일차	5일차	6일차
체중	99.5	99	98.5	98	97.5	97.5

이 자료를 함수로 나타내면 다음과 같다.

$$\text{체중: } y = 100 - 0.5x$$

그런데 일반 수학 교과서에서는 다음의 예를 반비례로 설명한다. 예를 들어, 치즈 케익(1,000g)을 동일한 비율로 나누어 먹을 때 사람 수에 따라 1인당 몫이 감소한다.

인원	1명	2명	3명	4명	5명	6명
1인당 케이크 몫	1, 000	500	333.3	250	200	166.7

사람 수가 늘어남에 따라 1인당 먹는 양이 줄어든다. 그러나 위의 체중 문제처럼 일정한 비례로 감소하지는 않는다. 이 문제에서 흥미를 끄는 사항은 전체 케익의 양이 1,000g으로 정해져 있다는 사실이다. 다만 한 사람의 몫이 줄어들고 있다. 여기서 변수는 사람 수(x)와 1인당 양(y)이다. 그리고 관심있는 변수는 1인당 양의 결정 문제이므로 이것을 y(결과변수)로 정했다. 따라서 함수는 다음과 같다.

$$yx = 1000 \quad (\text{또는 } y = \frac{1000}{x})$$

이 된다. 이것은 정확하게 말하면 역(逆)비례이지만, "반비례" 용어로 설명하고 있으니 착오 없기 바란다. 저학년에서 반비례 개념은 일차적인 단순 감소보다는 비율 감소로 간주해야 할 것 같다.

정비례 개념을 이용하여 앞에서 배운 원의 둘레와 면적에 대해 다시 생각해 보자.

$$\text{원 둘레: } y = 2\pi r$$
$$\text{원 면적: } y = \pi r^2$$

원 둘레(y)는 반지름(r)과 일차적인 비례 관계이지만, 면적은 제곱함수(2차함수) 관계이다. 마치 정사각형의 면적은 한 변 길이의 제곱이므로, 한 변이 2배로 늘면 면적은 2배가 아니라 2^2=4배가 되는 것과 같다. 증가 개념에서 어느 경우는 정비례 관계이고 또 어느 경우에는 제곱비례 관계가 된다.

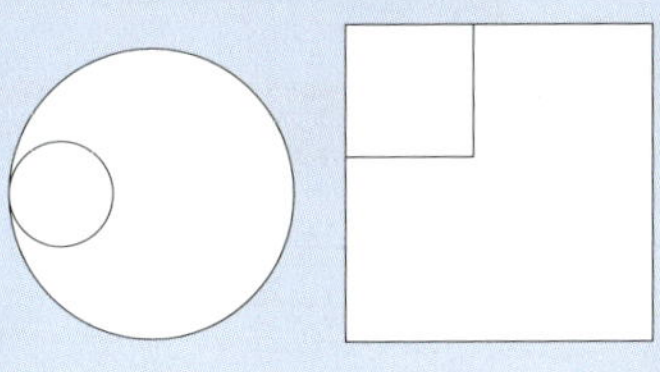

제5절 그림표 그리기

통계 숫자를 그림표로 나타내면 시각적으로 이해력을 높여준다. 그림표를 아름답게 그리면 독자들은 새로운 기분을 느낄 수 있다. 여기서는 원그림표와 띠그림표를 보여준다. 어느 콘서트에 모인 청중을 나이별로 보니 다음과 같았다고 한다.

연령대	인원(백 명)
10대	3
20대	4
30대	2
기타	1

5.1 띠그림표 그리기

띠그림표는 합계를 100%로 보고, 구성 항목이 차지하는 비율을 막대 길이로 보여 준다. 최종 결과는 아래와 같다.

결과 화면

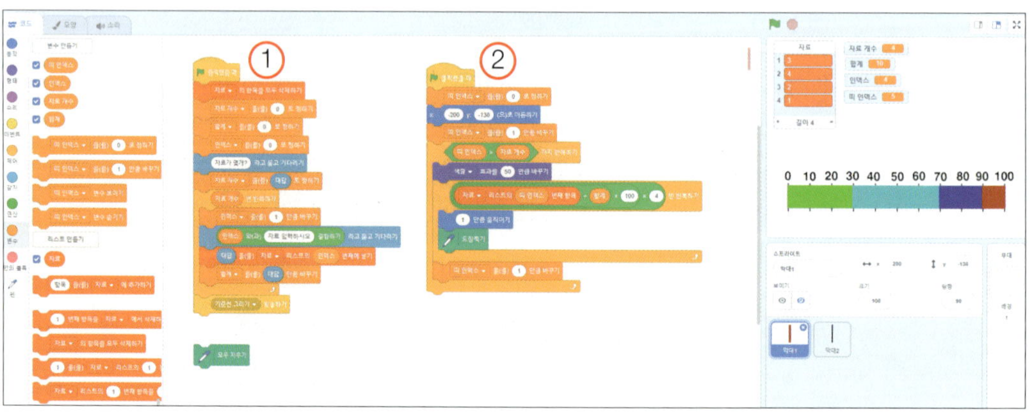

(주1) ① 자료 입력 코딩, ② 띠 그림표 코딩

(주2) 화면 하단에  블록을 예비한 것은 [무대] 내용이 계획과 달라질 때에 지우기 위한 것이다.

다음은 코딩 단계를 보여준다.

야옹이 제거	막대1 만들기	막대2 및 숫자 만들기	막대2 코딩하기	막대1 자료입력 코딩하기	막대1 띠 그림표 코딩하기	코딩 실행
[1~3단계]	[4~5단계]	[6단계]	[7단계]	[8~9단계]	[10단계]	[11단계]

1단계 초기 화면의 왼쪽 상단의 [모양] 단추를 누른다. 여기서 좌측의 등호 부호를 누르면 야옹이가 100% 비율 모습이 되고, [비트맵으로 바꾸기] 을 눌러 "벡터"에서 "비트맵" 모드로 전환한다.

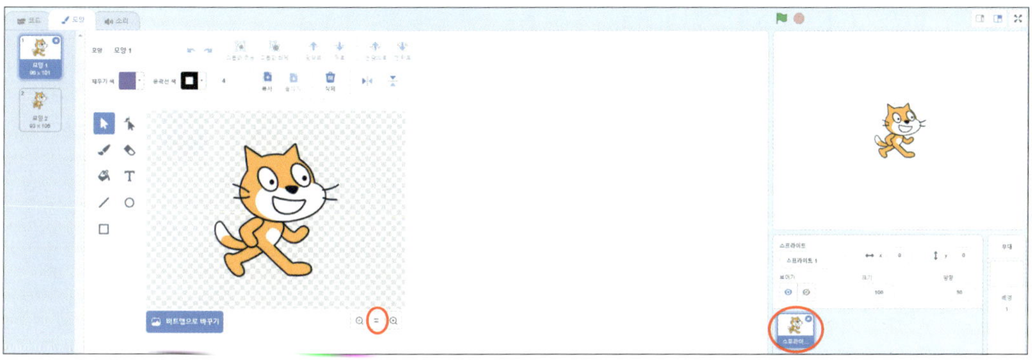

2단계 감싸기 상태에서 야옹이를 포획한 후 [삭제]를 누른다. 야옹이는 사라진다. 그리고 빈 캔버스에서 붓 을 선택한다. 초기 수준의 굵기는 10이다.

3단계 선의 색을 빨강으로 하기 위해 [채우기 색]에서 색상, 채도, 명도 등을 모두 100으로 한다.

4단계 **띠를 그리는 [막대1] 준비**

마우스로 막대기를 세로로 그려본다. 익숙하지 않아서 선을 곧바로 내려 긋기 어려울 것이다. 그래도 계속하다 보면 올바른 수직선 하나를 건지게 될 것이다. 나머지 것들은 (지우개 아이콘) 지우개로 지운다. 막대 길이는 1cm 정도로 하고 지우개로 조절한다.

5단계 (선택 아이콘) 으로 막대를 적당히 감싸서, 길이나 두께를 조절하고 나서, 막대 아래 끝이 중앙 점에 오도록 이동시킨다.

6단계 눈금 그리기용 [막대2] 준비

이를 화면 좌측 하단의 [스프라이트 고르기]에서 서프라이즈 를 눌러 스프라이트를 하나 선물로 얻는다. 이것을 버리고 [막대2] 작업을 진행한다. 새로운 스프라이트 [막대2]의 길이는 [막대1]보다 조금 길게 검은색으로 만든다.

이뿐만 아니라, 계속해서 숫자를 0~100까지 10단위로 11개 스프라이트를 추가한다. 이를 위해 왼쪽 하단의 [모양 고르기]에서 [서프라이즈]를 눌러 스프라이트를 추가한다. 현재 0과 10을 만들었고, 새로운 스프라이트 I가 보인다. 이것을 20으로 바꾸면 된다. 그리고 100까지 만든다.

7단계 계속해서 현재 검정 [막대2]의 [코드] 저장소에서 코딩 작업을 한다.

11개 눈금 띠 그리기 코딩

11개 숫자 넣기 코딩

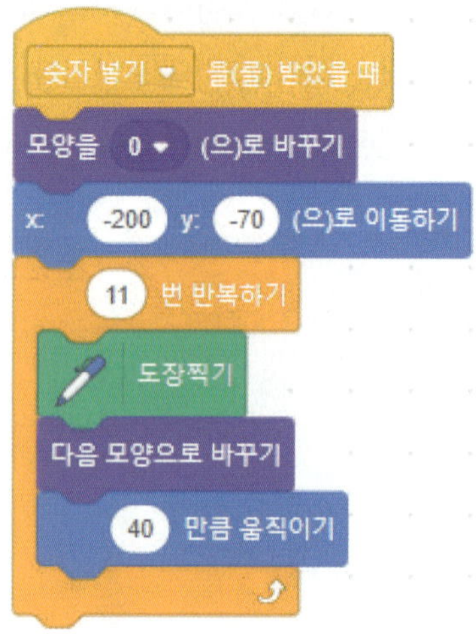

 블록은 [이벤트] 창고의  블록을 변형한 것이다.

8단계 이제 빨강 [막대1]의 [코드] 저장소에서 코딩하기 전에, [변수] 창고의 [변수 만들기]에서 "자료개수", "합계", "인덱스", "띠인덱스" 등 4개의 변수 그리고 [리스트 만들기]에서 "자료"를 만들어 놓는다.

9단계 자료 입력 코딩 작업을 한다.

① 자료 입력용 코딩

블록 설명[참고]

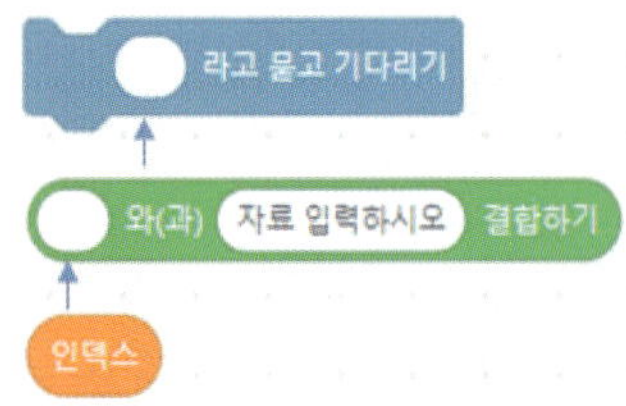

[감지]+[연산]+[변수]

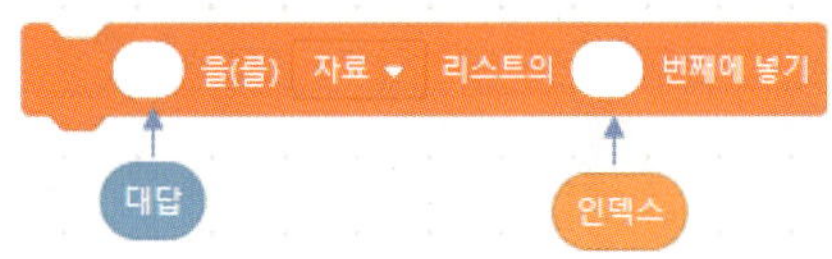

[변수, 리스트]+[감지]+[변수]

10단계 띠그림표 그리기

② 띠 그림표 코딩

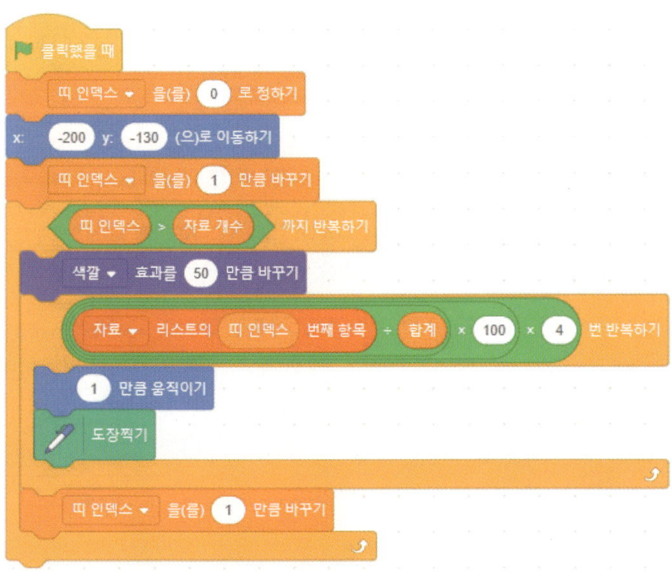

블록 설명[참고]

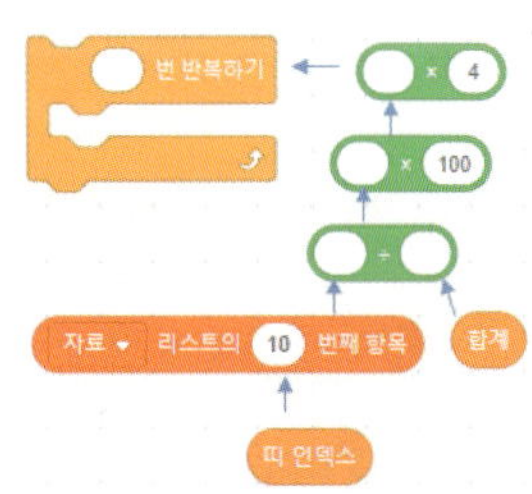

[제어]+[연산]+[연산]+[연산]+
[변수, 리스트]+[변수]+[변수]

10단계 스프라이트 [막대1]에서 ① 자료 입력용 프로그램(최종 화면 왼쪽)을 먼저 실행한다. 자료가 입력되고 나면 [무대]에서 합계 및 자료 항목의 값이 나온다. 그리고 눈금과 숫자가 나온다. 이것은 [막대1]의 [기준선 그리기 방송하기] 블록과 [막대2]의 [기준선 그리기를 받았을 때] 블록이 서로 통했기 때문이다. 최종적으로 [막대1]의 ② 띠 그림표 프로그램을 클릭한다. 끝이다.

5.2 원그림표 그리기

앞의 띠그림표를 이해하면 이것도 이해하기 쉬울지도 모르겠다. 최종 화면을 보면 다음과 같다.

전체 결과 화면

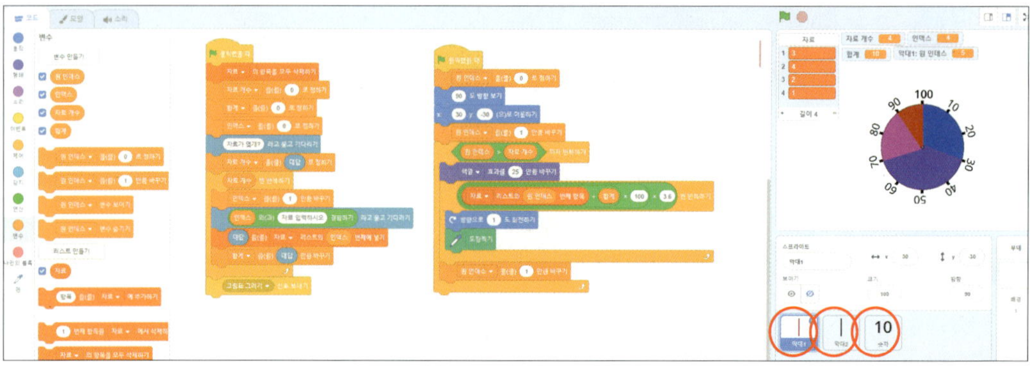

전체 프로그래밍 절차는 기본적으로 앞의 띠 그림표와 동일하다. 세 부류의 [스프라이트]에서 만들어진 코딩을 제시하면 다음과 같다.

1단계 [막대1] 스프라이트에서 [변수] 코딩하기

자료 입력 코딩

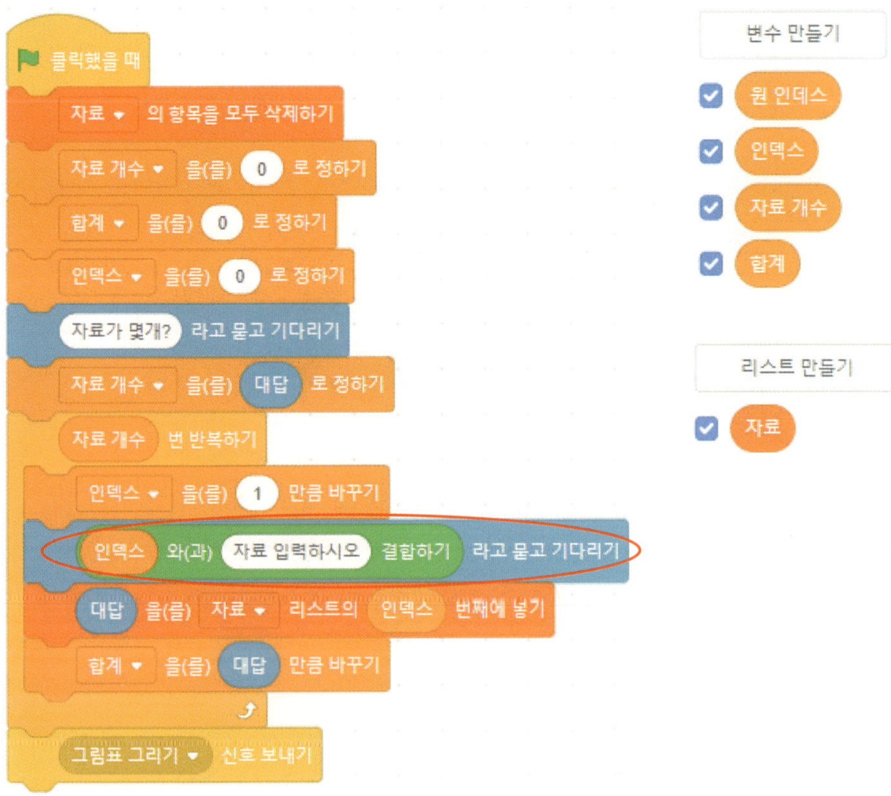

(주) 자료 개수는 4개이며, 대답은 3, 4, 2, 1로 한다.

블록 설명[창고]

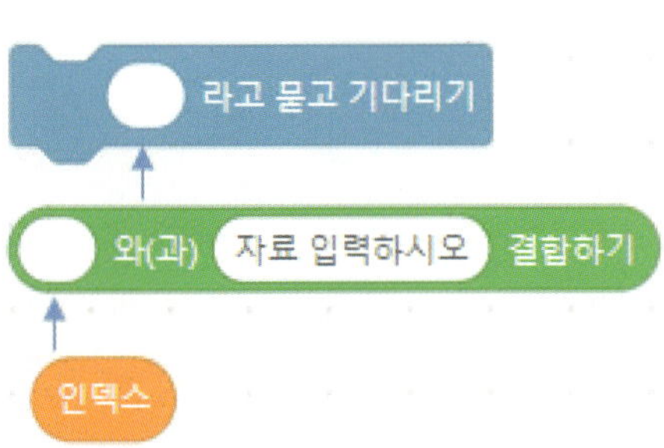

[감지]+[연산]+[변수]

원 그림표 코딩

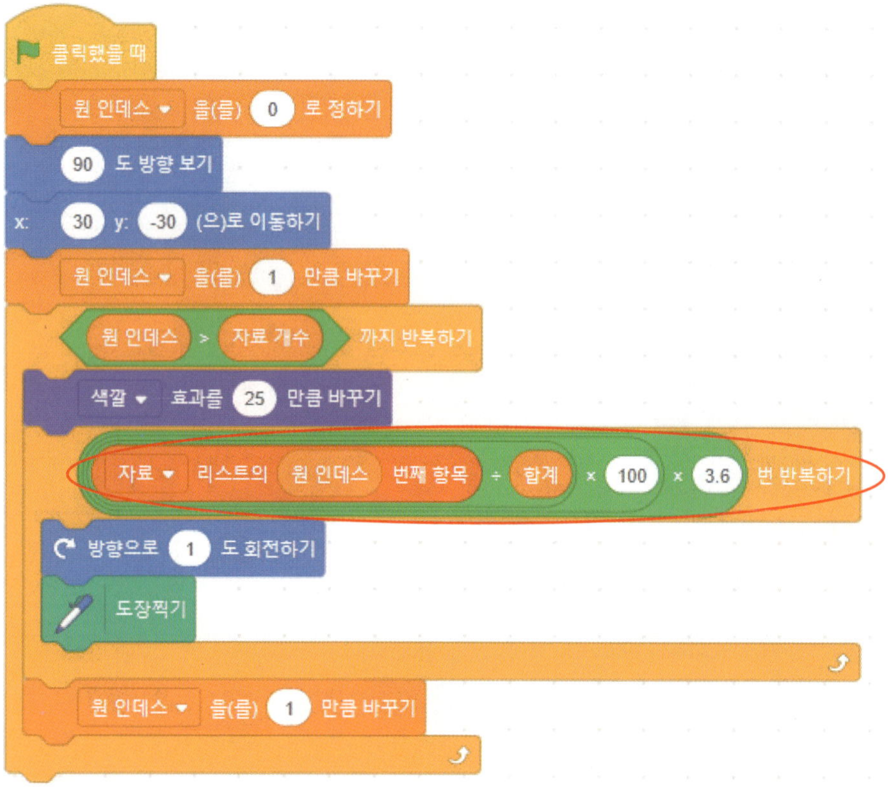

블록 설명[참고]

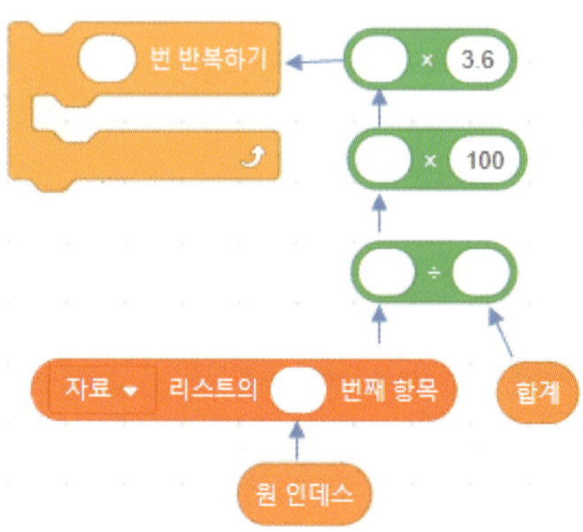

[제어]+[연산]+[연산]+[연산]+[변수, 리스트]+[변수]+[변수]

2단계 [막대2] 스프라이트에서 눈금선 코딩하기

눈금선 코딩

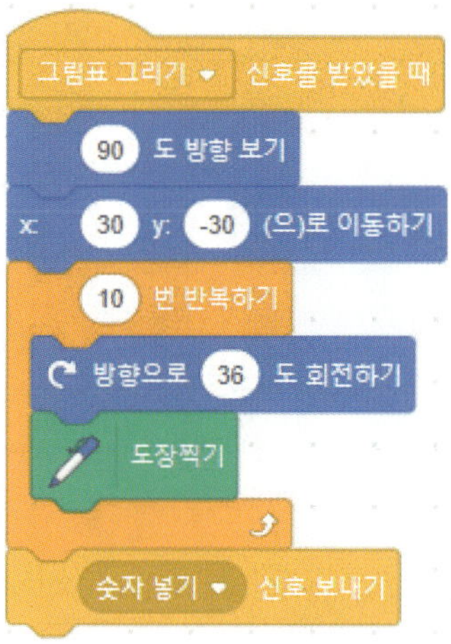

3단계 [숫자] 스프라이트에서 숫자 코딩하기

숫자 코딩

여기서 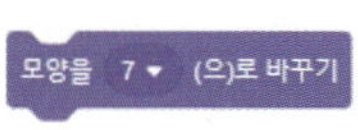 에서 모양이 7번인 것은 다음에서 보는 바와 같이 첫 번째 모양 10의 번호가 7로 명시되어 있기 때문이다. 그리고 캔버스에서 [숫자 10]의 위치는 검은 [막대2] 보다 길고 위에 있다.

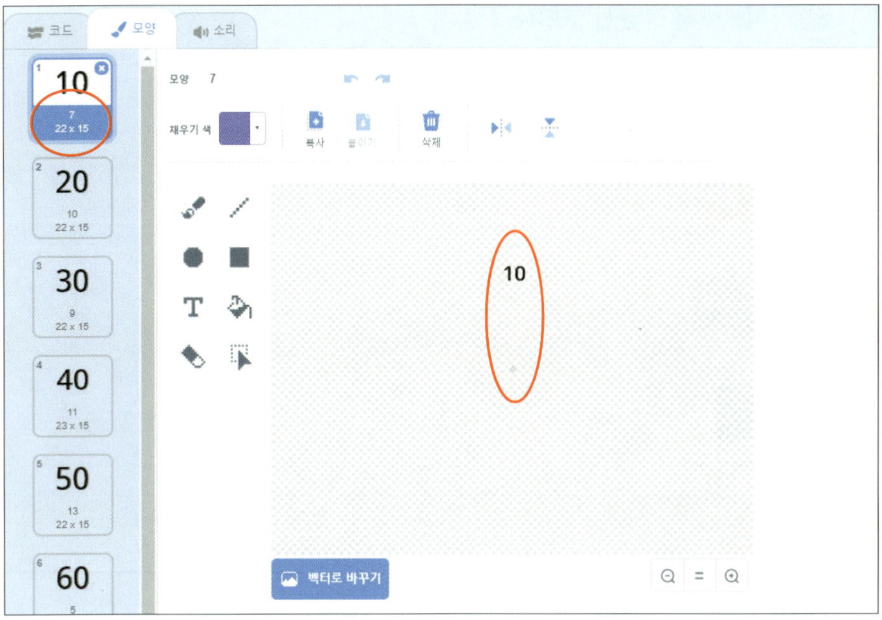

4단계 결과로서 [무대 창]에서 원 그림표를 얻는다.

(자료: 김종훈 외, 스크래치로 배우는 STEAM 교육)

제6절 확률

6.1 확률의 개념

확률(probability)은 어떤 사건이 일어날 가능성을 뜻한다. 확률 값은 0과 1 사이에 있어, 그 값이 0이면 사건이 절대 일어나지 않으며, 1이면 반드시 일어난다는 뜻이다. 그리고 사건 발생 확률 0.2는 0.8보다 더 불확실하다는 의미이다. 예를 들어, 아침 하늘이 잔뜩 찌푸려 있고 무더운 기운이 있으면 비가 올 가능성이 상당히 높다. 그리고 일기예보에서 비올 확률이 0.7 또는 70%라고 하면, 아마도 집을 나서기 전에 우산을 준비하는 것이 마음 편할 것이다. 확률 값이 1에 가까울수록 사건이 일어날 확실성이 높아지기 때문이다.

그러면 이 확률은 어떻게 측정하는 것인가? 첫째, 주사위처럼 발생 가능성이 동등한 환경인 경우, 예를 들어 주사위 던지기에서 3이 나올 확률은 $\frac{1}{6}$이 된다. 공식은 다음과 같다.

$$\text{확률 } P(A) = \frac{\text{A가 일어날 경우의 수}}{\text{가능한 모든 경우의 수}}$$

짝수가 나올 확률은 $\frac{3}{6}$이므로 50%가 된다. 그리고 우리나라 사람 100명 중 행복을 느끼는 사람이 90명이라고 하자. 길가는 한 사람을 선택했을 때, 그 사람이 행복해 할 확률은 90%가 된다.

확률은 객관적으로 측정이 가능하지만, 주관적으로도 가능하다. 어떤 사업가가 자신의 사업에서 성공할 확률이 50%라고 믿으면 가지고 있는 돈을 어느 정도 투자할 것인가? 그것은 전적으로 개인의 믿음 정도에 달려 있을 것이다. 복권의 경우, 당첨 확률이 매우 낮아서 아마도 주관적인 믿음 또는 막연한 행운에 의지해서 구매할지도 모른다. 확률은 객관적인 자료가 없어도 개인의 신념 정도를 나타내기도 한다.

6.2 난수 만들기

난수는 컴퓨터 프로그램 안에 내장되어 있는 숫자를 무작위(random)로 뽑아낸 결과의 숫자다. 다음 예에서는 1~100 사이에서 숫자 5개를 뽑아 제시한 난수표이다. 이 숫자는 실행할 때 마다 달라진다. 그리고 5개 난수에서 특정 숫자가 몇 번째 있는지 알아보자

전체 결과 화면

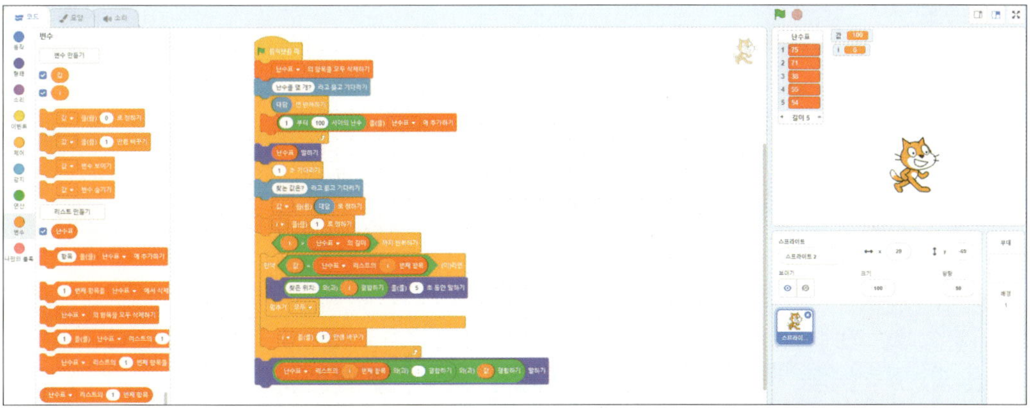

위 코딩을 위해 [변수] 창고의 [변수 만들기]에서 "값"과 "i"를, [리스트 만들기]에서 "난수표"를 각각 만든다. 여기서 "i"는 인덱스를 뜻한다.

숫자의 위치 찾기 코딩

마지막 블록 설명[창고]

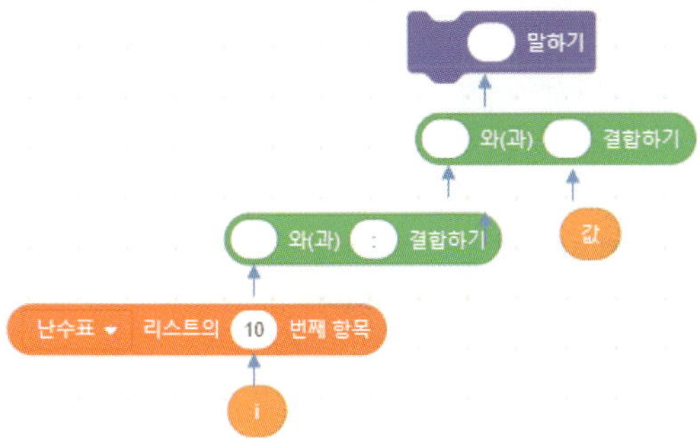

[형태]+[연산]+[연산]+[변수]+[변수, 리스트]+[변수]

위 숫자의 위치 찾기 코딩에서 첫 번째 질문인 몇 개의 난수를 원하는가 대해 5를 입력하고 엔터를 치면, 5개의 난수를 제시한다. 이 중에서 81 숫자는 어디에 위치하는가에 대해 i=4로 답한다.

그런데 이 5개 난수 중에서 99를 찾는다면, 답이 없다. 이 상황을 어떻게 코딩하면 좋을까? 프로그램 맨 아래에 다음 코딩을 첨부하면 된다.

6.3 동전 던지기 실험

동전 던지기를 실험하고자 한다. 앞면이 나오면 1, 뒷면이 나오면 2로 정하였다. 앞면이 나올 확률은 당연히 $\frac{1}{2}$로 예상할 수 있다. 그러나 실제로 던져 보면서 얼마나 차이가 나는지 알아보자. 일단 4개를 던져 보기로 하자.

변수 만들기와 동전 던지기 코딩

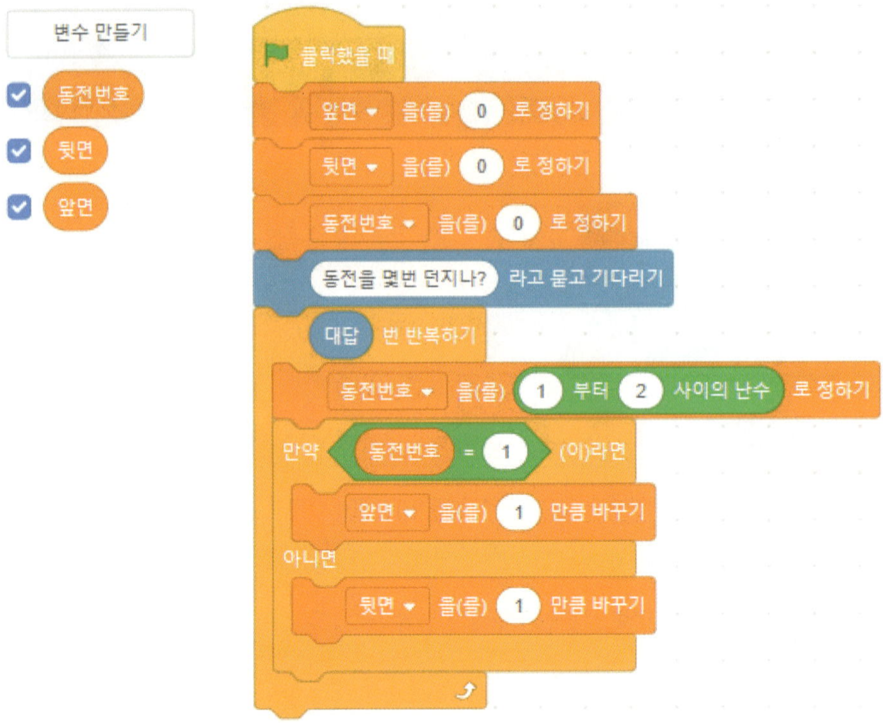

다음으로 10개의 동전을 6번 던져 보면서 전체 확률을 구해 보자.

전체 결과 화면

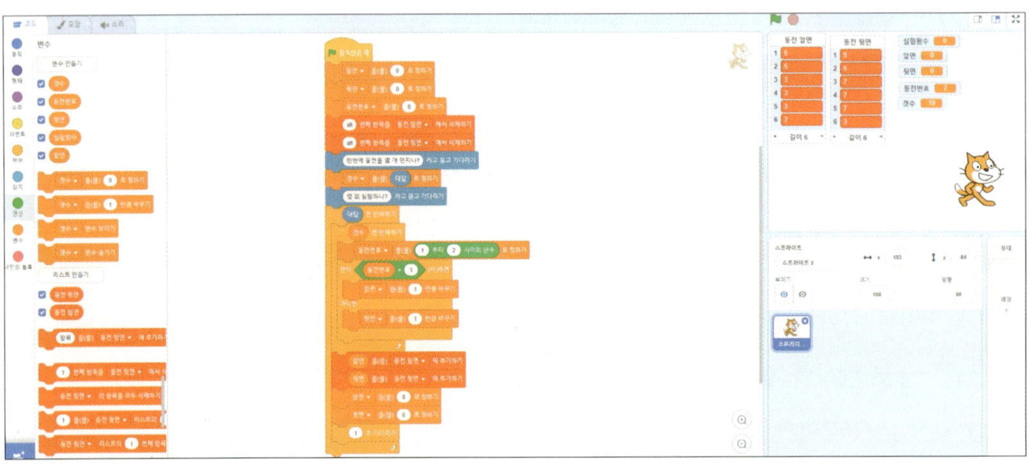

변수 만들기와 여러 번 동전 던지기 코딩

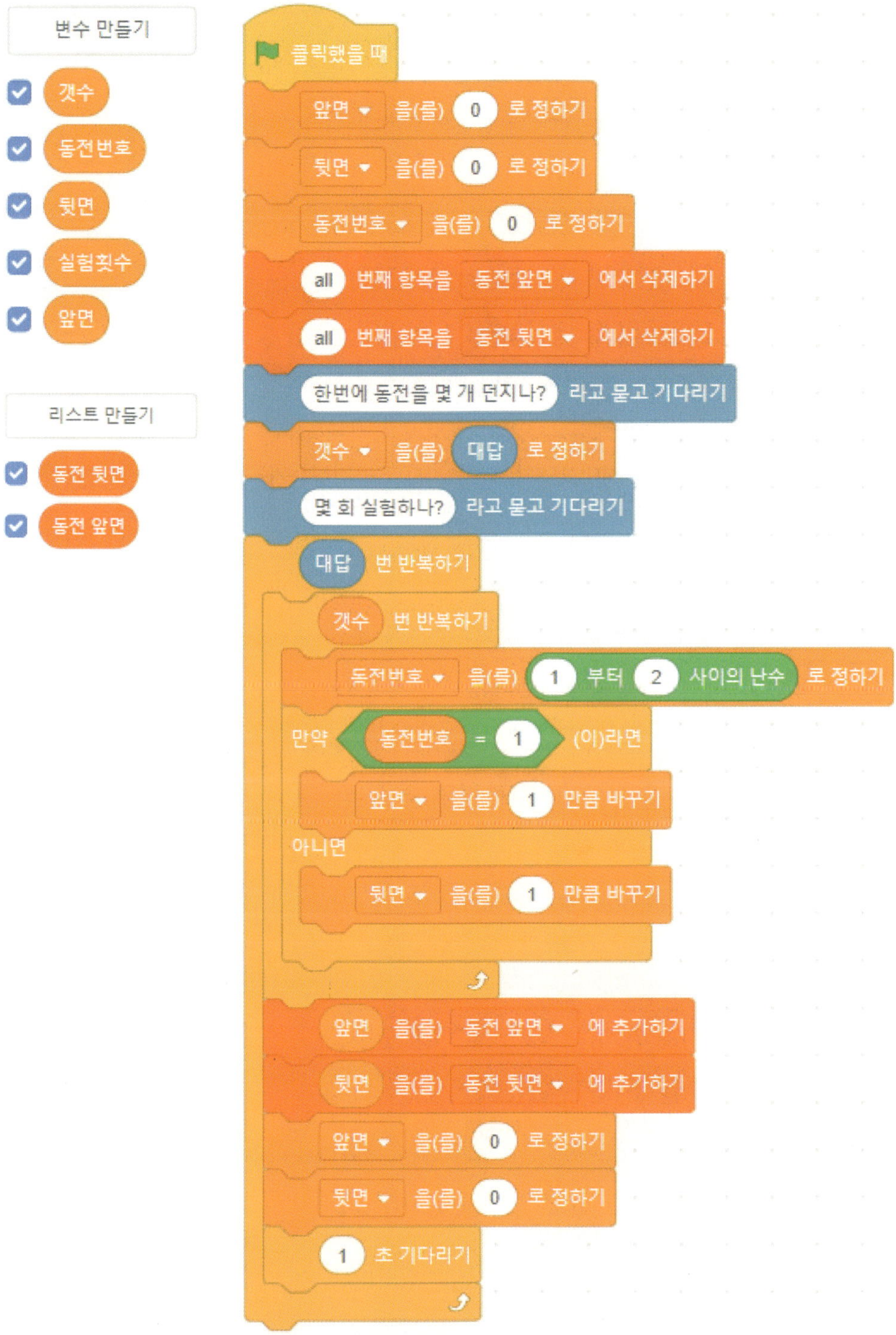

위 결과를 놓고 서로 토의해 보자. 기댓값인 $\frac{1}{2}$에 어느 정도 근접했는가?

6.4 세 종류의 탁구공 뽑기

주머니에 1~100의 번호가 적힌 탁구공이 다음과 같이 담겨져 있다.

종류	난수 번호	개수	뽑힐 확률
빨강 공	1 ~ 30	30	0.3
초록 공	31 ~ 60	30	0.3
파랑 공	61 ~ 100	40	0.4

(1) 하나씩 뽑기 코딩

이 주머니에서 하나씩 5번을 뽑는다면 다음과 같다.

5번 탁구공 뽑기 코딩

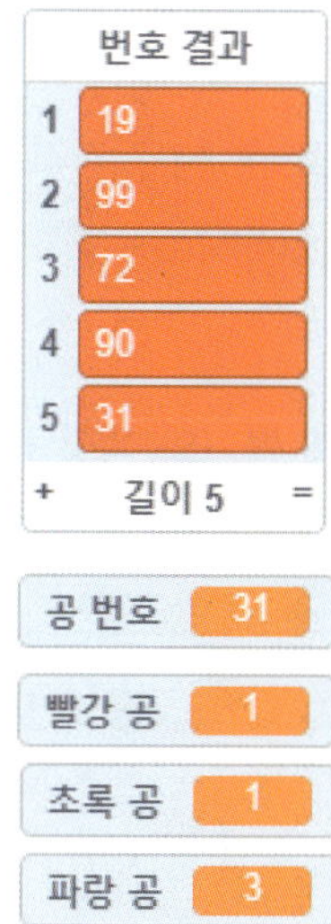

100개의 탁구공 중에서 10개 뽑기를 3번 시행해 보자. 다음은 색깔별 공 개수를 나타낸다.

종류	1차 실험	2차 실험	3차 실험
빨강 공	4	2	0
초록 공	4	4	5
파랑 공	2	4	5
합계	10	10	10

각 색깔의 공은 매번 실험 때마다 결과가 다르게 나오겠지만, 수많은 반복 실험을 한다면 평균값이 0.3, 0.3, 0.4의 확률에 근접할 것이다.

다음으로 코딩을 좀 더 시각적으로 낫게 표현하기 위해서 [번호 결과] 리스트 옆에 [색깔 판정] 리스트를 추가하려면 어떻게 하여야 할까? 색깔 위치에 따라 아래와 같이 세 문장을 넣으면 된다.

한 번에 5개 뽑기와 색깔 판정 코딩

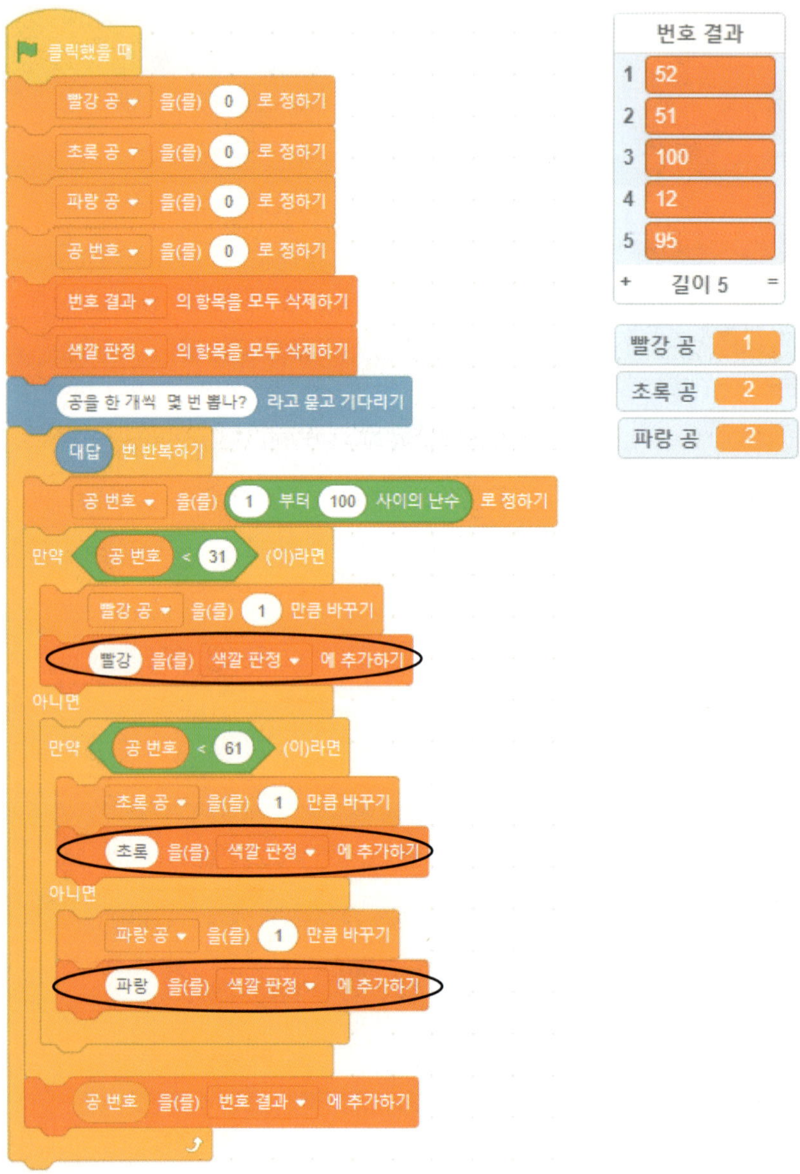

참고 조건문에 대하여

"만약"의 ㄷ자 혹은 ㅌ자형 블록의 "조건문"은 코딩에서 매우 중요한 개념이다. 길동이가 다니는 학원에서는 시험 성적을 기준으로 학생들을 분류하고자 한다. 학생들을 분류하여 각 집단에 알맞은 수준의 교육을 실시하려고 한다.

조건이 하나인 경우:

만약, 점수가 80점 이상인 학생들

조건이 두 가지 경우:

만약, 점수가 80점 이상인 학생들
아니면, 미만인 학생들

조건이 두 가지 경우:

만약, 점수가 80점 이상인 학생들
만약, 60점 미만인 학생들

조건이 세 가지 경우:

만약, 점수가 80점 이상인 학생들
아니면, 80점 미만인 학생들 중
만약, 60점 이상인 학생들
아니면, 60점 미만인 학생들

(2) 한꺼번에 여러 개의 공을 여러 회 반복해서 뽑기

다음은 10개씩 5회를 반복한 결과이다.

10개씩 여러번 뽑기 코딩

이 5회 실험에서 빨강의 전체 합은 16번, 초록은 12번, 파랑은 22번이며, 평균은 각각 3.2, 2.4, 4.4번이 된다. 이 숫자는 실험을 거듭할수록 주머니 속의 탁구공 개수 (10개당 빨강 = 3, 초록 = 3, 파랑 = 4)와 비슷해진다.

확률은 과학적 사고와 함께 행동을 결정하는데 도움을 준다. 확률을 배우면 경우의 수를 따져서 행동을 결정할 수 있기 때문이다. 예를 들어, 어떤 야구선수의 작년 타율이 3할2푼이라고 하면 0.32가 된다. 작년 경기 타석에서 100번당 32번의 안타를 쳤다는 뜻이다. 그런데 올해 시즌 시작 후 한 달 동안 2할대를 치고 있다면, 감독은 그 선수를 얼마나 믿을 수 있을까? 신생아의 경우 남아와 여아의 비율은 각각 50%인가? 첫째 아이와 둘째 아이는 성별이 같은가? 혹은 다른가? 학급에서 각 경우의 수를 따져서 확률을 계산해 보자. 어느 지역에서 카페를 개업하려는데 어떤 자료들을 수집하고 분석해야 하는지 확률 관점에서 토론해 보자.

제7절 정렬과 검색

정렬(sort; 쏘트)은 자료를 일정한 기준에 따라 순서대로 나열하는 것을 말한다. 예를 들어, 학생들의 생년월일(숫자) 순으로, 이름(가나다)순으로 등과 같은 것이다. 그리고 개인의 생활 속에서 정리정돈은 중요한 습관이다. 가지고 있는 책이나 옷을 어떻게 보관하면 좋을까 하는 것이 정렬에 속한 과업이다. 질서를 잡아야 하기 때문이다. 어떻게 보면 컴퓨터는 정렬을 위해 태어난 것처럼 보인다. 컴퓨터는 어쩜 그렇게 정렬을 잘 하는 것일까? 여기서 그 알고리즘을 배워 보자.

예를 들어, 30, 40, 10, 20이라는 숫자가 있어, 값이 제일 작은 것부터 시작하여 점점 커지는 오름차순 정렬을 한다고 하자. 그러면 10, 20, 30, 40처럼 결과를 보여 줄 것이다. 그리고 내림차순으로는 40, 30, 20, 10처럼 될 것이다. 여기서는 오름차순에 대해 생각해 본다. 여러 정렬 방식이 있으나 선택 정렬과 거품(버블) 정렬에 대해 설명한다.

7.1 선택 정렬

오름차순 선택 정렬 방식의 알고리즘은 기본적으로 정렬 대상의 숫자 중에서 제일 작은 값을 맨 앞에 놓는 식이다. 이 방식의 알고리즘 순서는 다음과 같다.

(1) 30, 40, 10, 20의 네 숫자 중에서 제일 작은 값(최솟값)을 찾아 첫 번째 위치에 놓는다. 먼저 10을 선택하여 첫 번째 위치에 놓는다. 10이 세 번째에 있기 때문에 첫 번째 숫자 30과 맞바꾼다. 그러면 숫자 배열은 10, 40, 30, 20이 될 것이다. 만일 10이 맨 앞에 있다면 그대로 두고 다음 2단계로 가면 된다.

(2) 첫 번째 숫자는 정해졌고, 두 번째 놓을 숫자를 찾는다. 나머지 숫자들 중에서 제일 작은 숫자(다음 최솟값)는 20이다. 그러면 4번째의 20을 선택하고 두 번째 순서에 놓고, 두 번째 위치에 있던 40은 4번째에 놓는다. 그러면 숫자 배열은 10, 20, 30, 40이 된다.

(3) 세 번째 위치에 놓을 숫자를 찾는다. 세 번째 숫자인 30은 나머지 숫자인 40과 비교하여 더 작으므로 그 자리에 놓아두면 된다.

(4) 마지막 숫자만 남게 되므로 알고리즘은 끝이다.

이를 코딩 작업하면 다음과 같다. 이 프로그램은 원래 하나로 연결해서 사용하여야 하지만, 이해를 돕기 위해 두 부분으로 나누어서 설명한다. 만일 여기서 하나로 합쳐서 보고 싶다면 화면의 (-) 을 눌러 축소시키면 된다.

전체 결과 화면

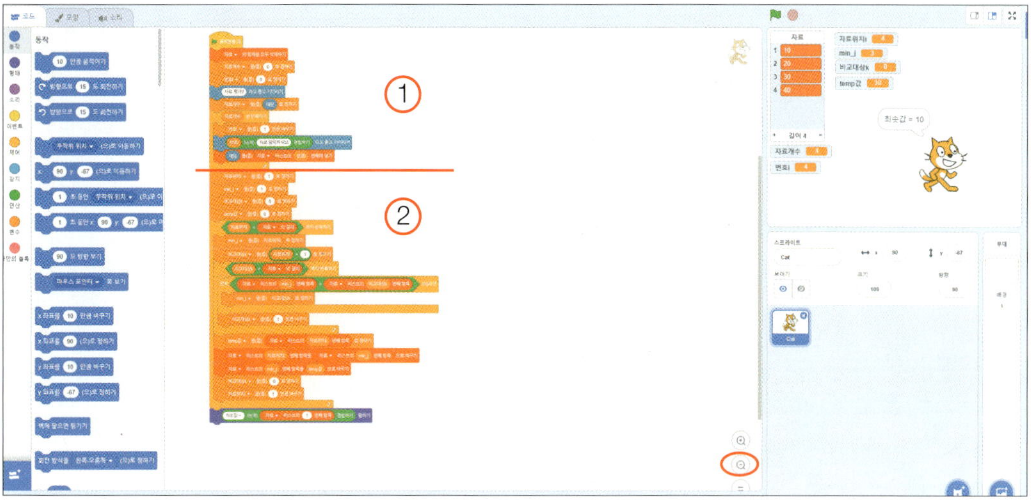

위 프로그램은 너무 길어서 상부의 ①은 자료입력 코딩, 하부의 ②는 선택 정렬 코딩으로 나누어 설명한다.

① 자료입력 코딩

② 선택 정렬 코딩

이 두 프로그램을 결합한 것이 최종결과 화면의 코딩이다. 첫 질문 "자료 몇 개?"라고 물어 보면, 빈 칸에 4라고 입력하고 [엔터]한 다음에, 계속해서 해서 30, 40, 10, 20을 각각 입력하고 [엔터]한다. 그러면 순식간에 답을 내보낸다. 그리고 야옹이가 "최솟값 = 10"이라고 말한다.

이렇게 되면 코딩이 올바르게 작업되었다는 것을 보여주지만 그 내부에서 일어나는 일을 인식할 수 없다. 이 코딩의 이해력을 증진시키기 위해 중간 중간에 [5초 기다리기]와 [자료 말하기] 블록을 삽입하면 도움이 된다.

자료위치i 을(를) 1 로 정하기
min_j 을(를) 1 로 정하기
비교대상k 을(를) 0 로 정하기
temp값 을(를) 0 로 정하기
자료위치i = 자료 의 길이 까지 반복하기
min_j 을(를) 자료위치i 로 정하기
비교대상k 을(를) 자료위치i + 1 로 정하기
5 초 기다리기
자료 말하기
비교대상k > 자료 의 길이 까지 반복하기
만약 자료 리스트의 min_j 번째 항목 > 자료 리스트의 비교대상k 번째 항목 (이)라면
min_j 을(를) 비교대상k 로 정하기
5 초 기다리기
자료 말하기
비교대상k 을(를) 1 만큼 바꾸기
5 초 기다리기
자료 말하기
temp값 을(를) 자료 리스트의 자료위치i 번째 항목 로 정하기
5 초 기다리기
자료 말하기
자료 리스트의 자료위치i 번째 항목을 자료 리스트의 min_j 번째 항목 으로 바꾸기
5 초 기다리기
자료 말하기
자료 리스트의 min_j 번째 항목을 temp값 으로 바꾸기
5 초 기다리기
자료 말하기
비교대상k 을(를) 0 로 정하기
자료위치i 을(를) 1 만큼 바꾸기

알고리즘에 따른 숫자변화를 여기에 정리하면 다음과 같다.

번호	숫자위치i	min_j	비교대상k	temp값	자료 정렬 (결과)				비교
1	1	1	2	0	30	40	10	20	30 > 40 ?
2	1	1	3	0	30	40	10	20	30 > 10 ?
3	1	3	3	0	30	40	10	20	mini_j 바꾸기
4	1	3	4	0	30	40	10	20	10 > 20 ?
5	1	3	5	0 30	10 10	40 40	10 30	20 20	30과 10의 위치 바꾸기
6	2	2	3	30	10	40	30	20	40 > 30 ?
7	2	3	3	30	10	40	30	20	mini_j 바꾸기
8	2	3	4	30	10	40	30	20	30 > 20 ?
9	2	4	4	30	10	40	30	20	min_j 바꾸기
10	2	4	5	30 40	10 10	20 20	30 30	20 40	40과 20의 위치 바꾸기
11	3	3	4	40	10	20	30	40	40 > 30 ?
12	3	3	5	40	10	20	30	40	
13	4	3	0	40	10	20	30	40	종료

(주1) i, j, k는 인덱스 번호를 의미한다.

(주2) min_j는 초기에는 숫자위치i와 동일하나, 두 숫자의 비교 후에는 작은 값의 인덱스 번호로 바뀐다.

과제 네 숫자 30, 40, 10, 20을 40, 30, 20, 10의 내림차순으로 한다면 어떻게 하면 좋은가?

[풀이] 프로그램 중에서 아래 ㄷ자형 조건문을 찾아서 다음으로 갈아 끼우면 된다.

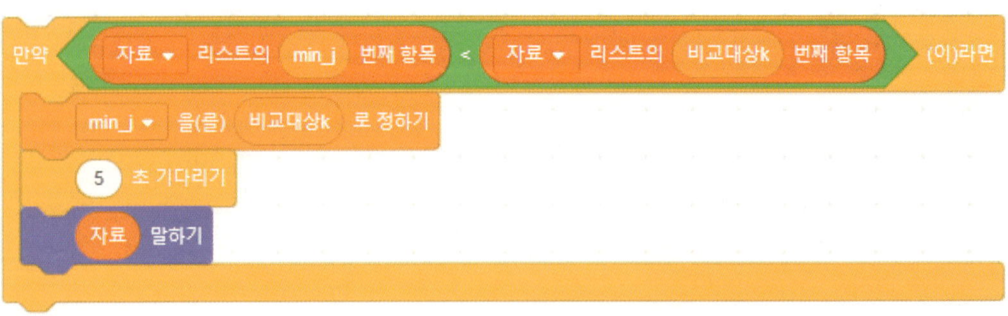

7.2 거품 정렬

거품(bubble: 버블) 정렬은 문자 그대로 두 수를 비교하는 데에서 거품이 일어난다고 하여 붙인 이름이다. 이 방법의 알고리즘은 다음과 같다.

(1) 첫 번째 수와 두 번째 수를 비교하여 작은 값을 택한다. 이것을 다음 번째 수와 비교하여 작은 값을 택한다. 이 비교가 끝나면 승자(최솟값)를 처음 위치에 놓는다.

(2) 두 번째 숫자도 그 이하 숫자와 계속 비교해 나가면서 결정한다.

(3) 마지막 번째 숫자까지 오면 끝이다.

여기서는 난수를 생성하여 정리하는 방식을 보여준다.

전체 결과 화면

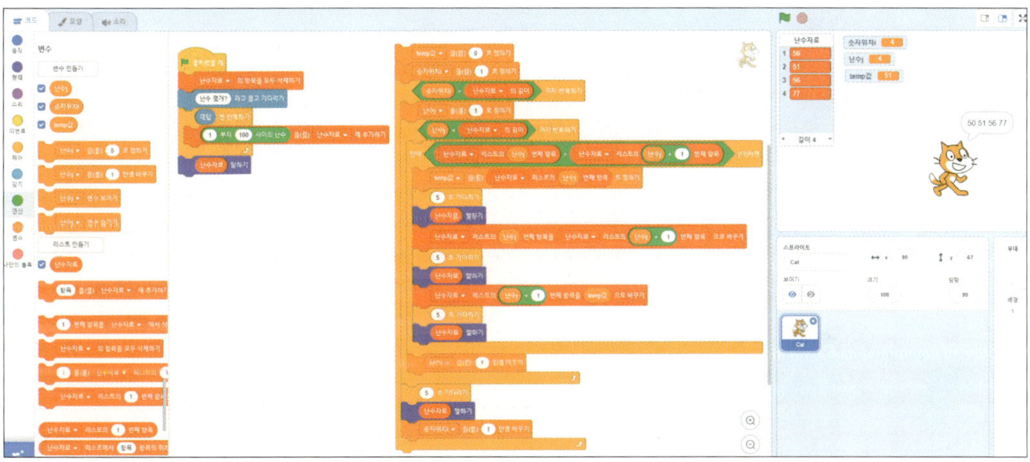

먼저 좌측의 난수 생성 코드는 다음과 같다.

난수 생성 코드

다음은 우측의 본격적인 정렬 프로그램이다.

거품 정렬 코딩

완성된 프로그램에서 [5초 기다리기]와 [난수 자료 말하기] 블록을 제거한 후에 두 프로그램을 하나로 결합해서 사용하면 된다.

과제 숫자 배열 30 40 10 20을 거품 정렬로 실행해 보자.

[풀이] 앞에서 설명한 선택 정렬의 자료 입력 프로그램을 가져와서 사용하면 된다. 아래 표에서 첫 번째 비교인 30 > 40이 아니므로 다음 단계인 난수 j = 2부터 시작하였다.

번호	숫자위치i	난수j	temp값	자료 정렬 (결과)				비교
1	1	2	40	30	40	10	20	40 > 10 ?
2	1	2	40	30	10	10	20	바꾸기
3	1	2	40	30	10	40	20	
4	1	3	40	30	10	40	20	40 > 20 ?
5	1	3	40	30	10	20	20	바꾸기
6	1	3	40	30	10	20	40	
7	1	4	40	30	10	20	40	
7	2	1	30	30	10	20	40	30 > 10 ?
8	2	1	30	10	10	20	40	바꾸기
9	2	1	30	10	30	20	40	
10	2	2	30	10	30	20	40	30 > 20 ?
11	2	2	30	10	20	20	40	바꾸기
12	2	3	30	10	20	30	40	30 > 40 ?
13	2	4	30	10	20	30	40	
14	3	3	30	10	20	30	40	
15	3	4	30	10	20	30	40	
16	4	3	30	10	20	30	40	종료
17	4	4	30	10	20	30	40	종료

우리는 두 정렬 방식을 공부하였다. 계산 과정을 보면 선택 정렬은 13회, 거품 정렬은 17회가 진행되었다. 따라서 전자가 후자보다 더 효율적인 것으로 보인다. 정렬의 목적은 사람들이 자료나 물건을 혼란 없이 사용하는 데에 있다. 정렬은 거의 모든 정보에서 필수적이다. 고객의 생년월일, 최댓값이나 최솟값 찾기, 가장 많이 읽은 뉴스 기사의 제목 같은 것을 찾을 때에 정렬부터 시작한다. 컴퓨터에는 검색 엔진보다 정렬 엔진이라는 단어가 더 적합하다.

CHAPTER 3

국어 · 영어 · 사회

CONTENTS

쓸데없는 생각이 자꾸 떠오를 때는 책을 읽어라.
쓸데없는 생각은 비교적 한가한 사람들이 느끼는 것이지 분주한 사람들은 느끼지 않는다.
우리는 한가한 시간이 생길 때마다 유익한 책을 읽어 마음의 양식을 쌓아 두어야 한다.
— 처칠

독서는 지식의 자료를 공급할 뿐이다.
읽은 것을 내 것으로 만들려면 생각이 필요하다.
— 로크

제1절 이야기 짓기

여기서는 글쓰기에 대해 강조하며, 이야기를 그림으로 표현하는 것에 대해 공부하기로 한다. 먼저 짜임새 있게 이야기를 쓰려면 기승전결(起承轉結)의 틀을 이해하여야 한다. 기(起; 일어날 기)는 이야기를 시작하는 도입부, 승(承; 이을 승)은 그것을 이어받아 일반화시키고, 전(轉; 구를 전)은 장면과 사상을 특별하게 전환시키고, 결(結; 맺을 결)은 전체를 묶어서 끝맺는 과정을 말한다. 이 구조는 시, 소설, 시나리오 등 어떤 종류의 글을 쓰든지 알아두어야 할 알고리즘이다.[1]

다음 예에서 공부해 보자. 노래 "나의 살던 고향은(이원수 작사, 홍난파 작곡)"의 가사를 살펴보면 기승전결이 잘 나와 있다.

(기) 나의 살던 고향은 꽃피는 산골
(승) 복숭아꽃 살구꽃 아기 진달래
(전) 울긋불긋 꽃 대궐 차리인 동네
(결) 그 속에서 놀던 때가 그립습니다

도표 3.1 기승전결 도식화

알고리즘	설명
기	나의 고향은 꽃이 피는 산골이라고 소개한다(도입 단계).
승	여러 종류의 꽃이 피어난다면서 자기 고향을 일반적이지만 구체적으로 설명한다(일반화 단계)
전	그런데 나의 고향 전체는 하나의 아름다운 대궐이라면서 고향에 대해 특별히 웅장하며 아름답다고 환기시킨다(특별화 단계).
결	고향이 그립다는 여운을 남기면서 전체 구절을 맺는다(공감 단계).

1 방탄소년단(BTS)의 노래인 "러브 유어 셀프"는 기승전결의 탄탄한 구조를 가지고 있어 세계적인 히트를 쳤다. 노래 제목은 "유포리아: 테마 오브 러브 유어 셀프 기 원더(Euphoria: Theme of LOVE YOURSELF 起 Wonder)", "러브 유어 셀프 승 허(LOVE YOURSELF 承 Her)", "러브 유어 셀프 전 티어(LOVE YOURSELF 轉 Tear)", "러브 유어 셀프 결 앤써(LOVE YOURSELF 結 Answer)" 등이다. 노랫말은 각자 찾아보기 바란다.

이와 같이 기승전결은 작가의 이야기에서 독자의 공감을 무리 없이 이끌어내는 특별히 고안된 틀다. 이야기를 지어서 [무대 창]에서 발표해 보자.

1단계 이야기를 만들기

① 기: 소재의 제시	② 승: 일반적인 인식
어느 마을에 꽃을 유난히 좋아하고, 독립심이 강한 길순이라는 아이가 살고 있었다.	그녀는 방과 후 시간이 나면 도서관에 가거나 마을 주변을 돌아다니곤 했다.
③ 전: 작가의 특별한 인식	**④ 결: 작가와 독자가 함께 하는 공감**
산이나 들에 나갈 때마다 자연 생태계를 관찰하고, 공책에 메모를 하였다. 그리고 집에 와서 책과 비교해 보았다.	학교 졸업 후 그녀는 그 마을의 지킴이가 되었다. 그곳이 우리나라에서 가장 아름다운 마을이 되리라는 꿈을 가지고 있었다.

2단계 초기화면에서 [무대_배경] 선택하기

화면 우하단의 [무대_배경]의 [배경 고르기]를 누른다.

3단계 [배경 고르기]에서 Farm[f팜] 선택하기

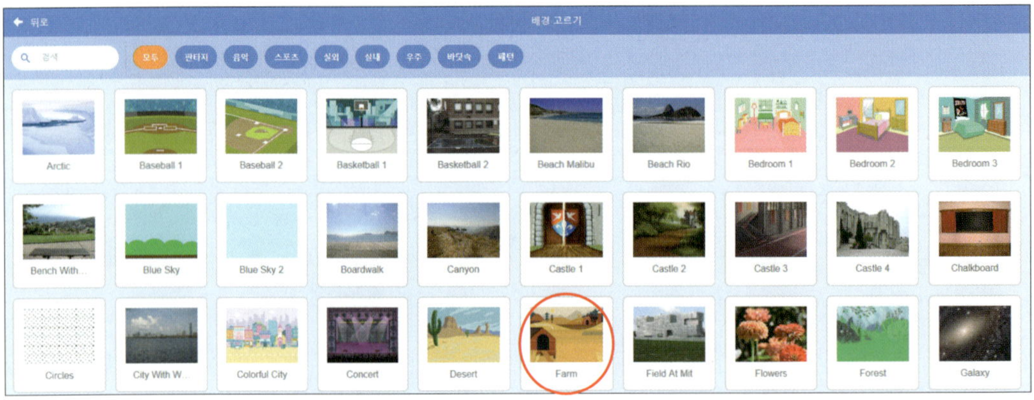

4단계 [무대_배경]의 [배경 고르기]에서 나머지 3개의 배경 고르기

Farm에 이어서 Hill[힐; 언덕], Room 1[룸 완; 방1], Flower[f플라우어; 꽃] 등 네 배경을 선택한다. 이제 화면 우상단의 [모양] 저장소는 [배경] 저장소로 바뀌고, 이것을 클릭한다. 여기서 [배경1]을 제거하면 4개의 배경이 마련된 셈이다.

5단계 [Farm] 배경에서 코딩작업을 시작하기

블록 설명 [참고]

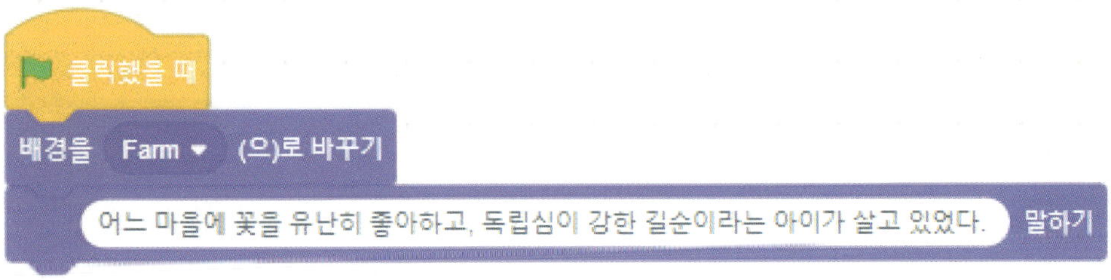

① [이벤트]

② [형태] 

에서 Farm 선택

③ [형태] 

에서 내용 입력하기

6단계 나머지 코딩 완성하기

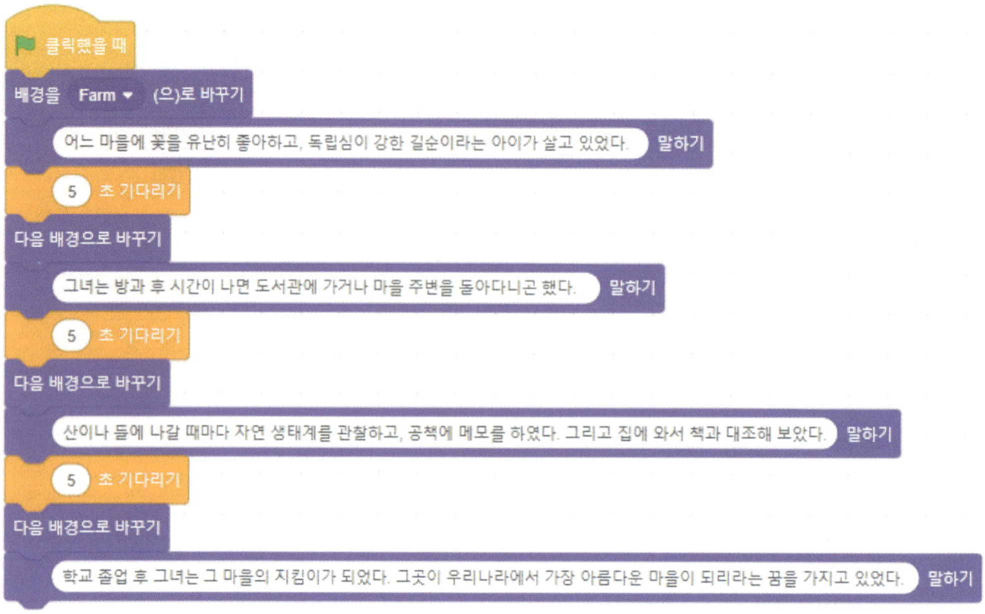

최종 실행 결과 화면

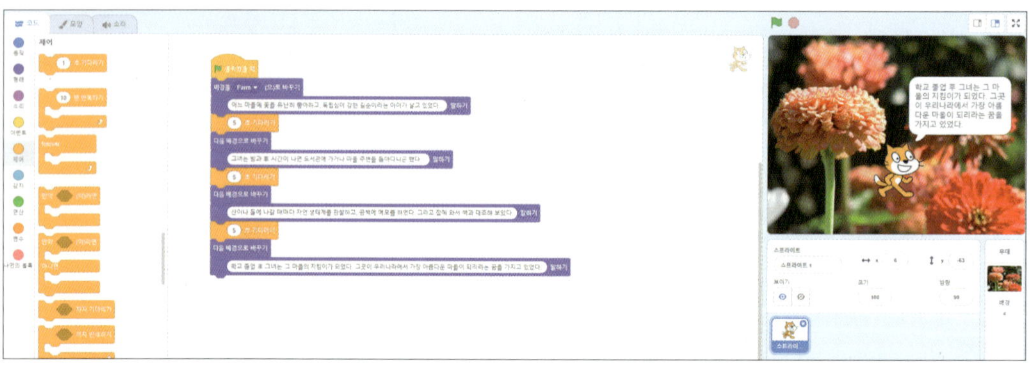

만일 배경 그림이 이야기 소재에 적절하지 않은 경우에는 그림을 직접 그리거나(제5장 미술 참조) 또는 자신의 컴퓨터에 내장된 사진을 사용해도 좋을 것이다.

과제 사자성어를 이용하여 기승전결의 사행시를 만들어 보자.

예: 십시일반(十匙一飯), 임전무퇴(臨戰無退), 측은지심(惻隱之心) 등

과제 속담을 이용하여 기승전결의 이야기를 만들어 보자.

예: 세살 버릇이 여든까지 간다. 백지장도 맞들면 낫다.

과제 우리나라 전래 동화를 읽고, 기승전결의 창작 아야기를 만들어 보자.

예: 견우와 직녀, 나무꾼과 선녀

제2절 국어와 영어

여기에서도 인덱스의 중요성을 배운다. 인덱스는 목록의 번호로서 두 그룹의 내용이 일치하는지 여부를 확인하는 역할을 한다. 예를 들어, 우리말 목록과 영어 단어 목록이 있다고 하자. 그러면 두 단어의 뜻이 일치하는지 여부는 인덱스로 확인한다. 아래에서 보는 바와 같이 "책"은 영어의 "book"과 일치하는데 이것은 2번째 인덱스를 통해서 알게 된다.

우리말	영어
책상	desk(데스크)
책	bool(북)
의자	chair(체어)
노트	notebook(노트북)
컴퓨터	computer(컴퓨터)

다음은 우리말을 영어로 알아맞추기 게임이다. 먼저 단어장을 마련하고 코딩 작업을 한다.

전체 결과 화면

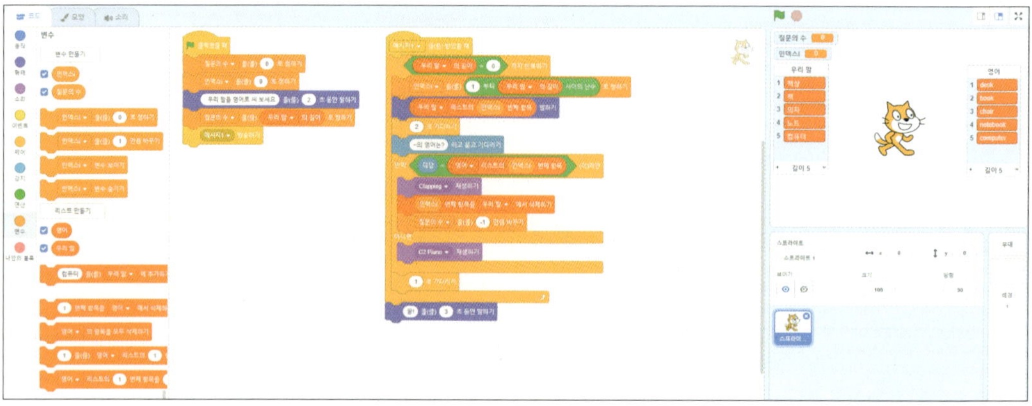

위 화면을 완성하기 위해 단계적으로 진행해 보자.

1단계 [변수] 창고에서 변수와 리스트 만들기

[변수] 창고의 [변수 만들기]를 누르고, 여기에서 "인덱스i"와 "질문의 수"를 각각 입력한다. 그리고 [리스트 만들기]를 누르면, 창이 뜨고 "우리말"과 "영어" 목록(리스트)를 만든다.

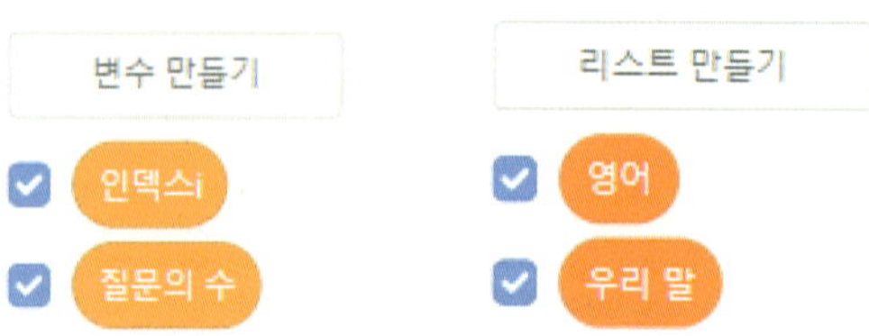

2단계 단어장 만들기

우리말 단어 5개(책상, 책, 의자, 노트, 컴퓨터)를 차례로 입력한다.

우리말에 상응하는 영어 단어 5개(desk, book, chair, noteboo, computer)를 차례대로 입력한다.

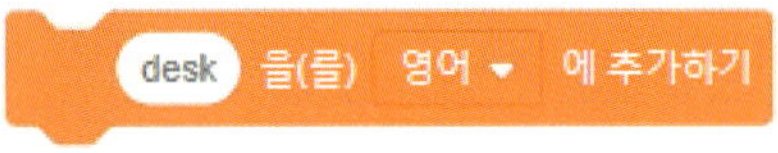

만일 입력하다가 실수한 경우에는 다음 블록을 클릭하면 된다. 우리말 대신에 영어도 선택할 수 있다.

입력을 마치면 화면 오른쪽 [무대 창]에 다음이 생성된다.

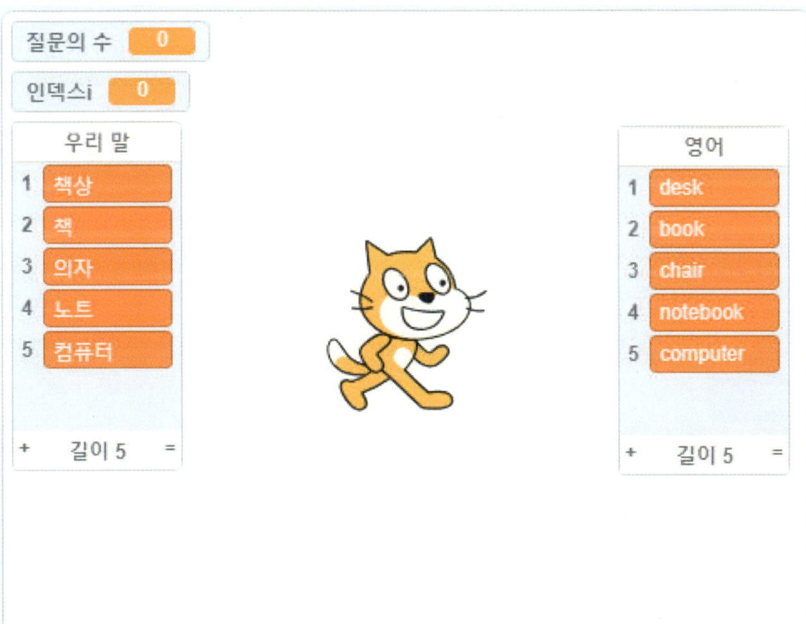

3단계 질문하기와 알아맞히기의 두 코딩작업을 한다.

아래의 두 프로그램은 [메시지1 신호보내기] 블록과 [메세지1 신호받았을 때] 블록 덕분에 연결된다.

질문하기 코딩

단어 알아맞히기 코딩

위 블록의 ①은 시험문제 번호인 인덱스i가 1~5 사이에서 임의로 변한다는 뜻이다. ②는 만약 대답이 영어 리스트와 동일하면 박수를 쳐주고 우리말 항목에서 그 단어를 제거한다. 그러나 답이 틀리면 피아노 소리가 나고 다시 질문하게 된다. 이렇게 해서 답을 모두 알아맞히면 상황이 종료된다.

블록 설명

①

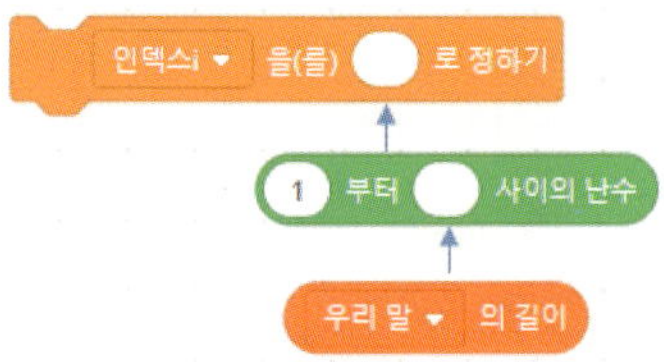

[변수]+[연산]+[변수, 리스트]

②

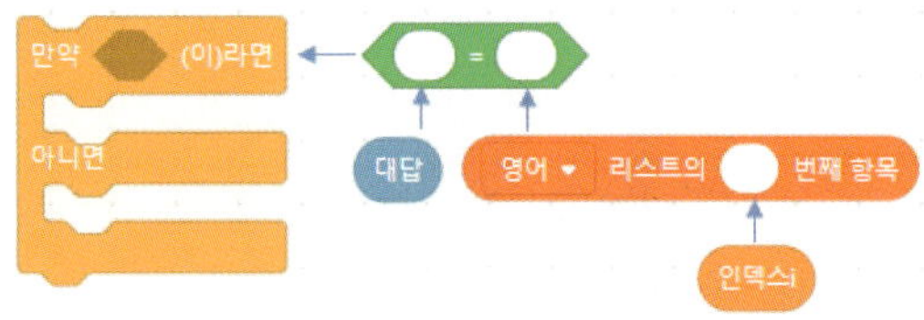

[제어]+[연산]+[감지]+[변수, 리스트]+[변수]

4단계 깃발을 눌러보자. 첫 질문으로 인덱스i가 5인 컴퓨터가 영어로 무엇인지 아래 빈칸에 써 보라고 한다. 여기서는 computer라고 입력하고 엔터를 친다. 그러면 박수를 받게 되고 우리말 리스트의 항목 수는 4개로 줄어들 것이다.

맞추기 게임을 시작하기 전에 [영어 ▾ 리스트 숨기기] 를 누르면 영어 리스트(해답집)는 무대에서 사라진다. 또는 우리말 리스트도 숨긴 채 게임할 수도 있다.

5단계 계속해서 답을 다 맞추면 프로그램은 끝이 된다.

과제 만일 2번 이상 틀리면 불합격한다고 할 때, 어떻게 코딩하면 좋을까? 다 함께 생각해 보자.

과제 빛의 삼원색은 빨강, 초록, 파랑이다(RGB). 여기서 두 색을 동일한 비율로 섞으면 노랑(빨초), 자홍(빨파), 청록(초파)이 나오며, 세 색을 모두 섞으면 흰색이 된다(제5장 미술 참조). 색깔 이름을 영어로 익혀보자. 코딩 작업을 해보자.

우리말	영어
빨강	red(레드)
초록	green(그린)
파랑	blue(블루)
자홍	magenta(마젠타)
청록	cyan(싸이언)
노랑	yellow(옐로우)
흰색	white(화이트)

과제 우리말 과일 이름에 대해 영어로 알아맞히기 게임을 만들어 보자.

예: 사과, 배, 복숭아, 바나나, 망고

과제 다음은 건강에 관련된 단어다. 이를 영어로 바꾼 후에 단어 맞추기 게임을 만들어 보자.

예: 건강, 질병, 비만, 당뇨, 고혈압

우리나라에서 영어는 공용어가 아니므로 개인적으로 매일 노력해야 한다. 영어 단어 외우기는 여러 방법이 있다. 그 중에서 단어장을 만들어서 반복해서 외우면 좋다. 이 때 순서를 "우리말 먼저 영어단어 나중" 식으로 배열해 보자. 왼쪽의 우리말 단어를 보고 오른쪽 영어 단어를 가린 채로 말해 보는 것이다. 이렇게 하면 영어 단어를 생각하는데 도움을 주지만, 무엇보다도 우리말의 뜻을 더 깊게 생각하는 이점이 있다. 예를 들어, "책상"하면 먼저 자기 집에 있는 책상이나 학교 교실의 책상 모습을 떠올리면서 영어 단어를 말하게 된다. 그리고 생각나는 책상의 모양을 영어로 묘사할 수 있다. 영어에는 뭐니 뭐니 해도 국어 실력이 먼저다.

제3절 사회

다음은 우리나라 도시(都市)와 도(道)의 목록이다. 도시가 속해 있는 도를 말해 보고 그 도시의 특성을 말해 보자. 알아맞히기 코딩을 작업해 보자.

도시	도
이천	경기도
의성	경북
서귀포	제주
나주	전남
삼척	강원

다음으로 동남아시아 국가의 수도(首都: capital; 캐피털) 이름 알아맞히기 코딩을 해보자. 그리고 그 도시들의 특성을 서로 말해보자.

국가	수도
라오스	비엔티안
베트남	하노이
미얀마	네피도
태국	방콕
말레이시아	쿠알라룸프르
필리핀	마닐라
인도네시아	자카르타
캄보디아	프놈펜

과제 유럽 국가에 대해서도 수도 이름 알아맞히기를 해보자.

국어·영어·사회를 익히는 데에는 공통점이 있다. 이런 과목들은 교양 상식에 속하며 또한 끊임없는 독서를 통하여 실력이 늘어난다. 다시 말해서 시간이 오래 걸린다. 매일 조금씩 노트에 적어가면서 익히는 올바른 습관을 가졌으면 좋겠다.

CHAPTER 4

음악

CONTENTS

노래는 무거운 근심걱정을 가볍게 해줄 것이다.
— 호라티우스

마음속 깊이 파고들며 걱정을 없애 주는 음악은 원기를 북돋우는 언어다.
— 에머슨

모든 일 가운데 가장 좋은 것은 작곡이고
그 다음은 노래를 부르는 것이다.
— H. 벨록

제1절 소리의 4요소

사운드오브뮤직(Sound of Music)이라는 유명한 영화가 있다. 이 영화를 보면 노래하는 것이 얼마나 즐겁고 행복한 것인지 알게 해준다. 음악(音樂)이란 소리(음: 音)를 재료로 하여 생각이나 감정을 표현하는 예술이다. 한자에서 보는 바와 같이, 소리(音)를 즐기는 것(樂)이 음악이다. 이 음악은 태고에서부터 전해온다. 우리가 태어나기 전부터 있었다. 우리 음악 속에는 우리 조상의 영혼이 담겨 있는 것이다.

음악을 알려면 소리의 물리학적 속성을 알아야 한다. 소리는 음량, 음고, 음색, 장단 등 네 가지 요소를 가지고 있다. 첫째, 음량(音量)은 소리의 세기를 나타내며 v볼륨(volume)이라고도 한다. 소리의 세기는 dB(데시벨) 단위로 나타낸다. 사람이 들을 수 있는 가장 작은 소리를 0dB로 하고, 숫자가 클수록 소리의 세기가 크다. 진동의 폭(진폭, amplitude: 앰플리튜드)에 따라 소리 세기가 달라진다. 진폭이 높으면 큰 소리, 낮으면 작은 소리를 낸다.

도표 4.1 소리의 진폭

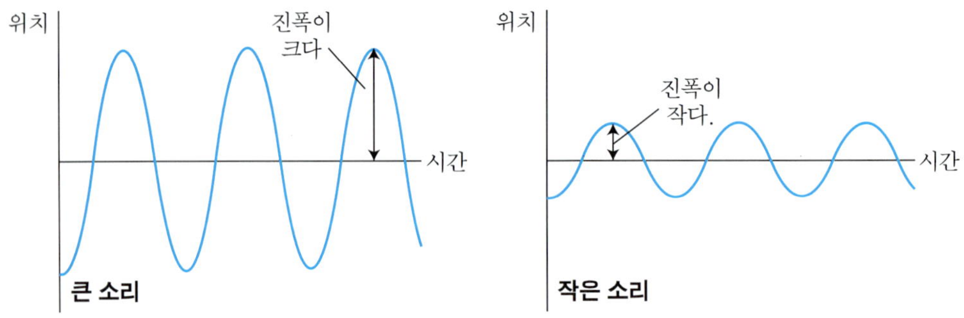

둘째, 음고(音高)는 소리의 높낮이(높고 낮음)이다. 피아노의 왼쪽 건반은 낮음을 내며, 오른쪽으로 갈수록 높아진다. 오케스트라는 여러 악기 소리가 동시에 나는데, 이 중에서 주선율(일반적으로 가장 크게 들리는 소리)을 음의 높이로 인지한다. 그러나 음에 대해 조금 더 민감한 사람은 여러 악기 소리를 분리하여 개별적으로 인지하기도 한다. 소리의 높고 낮음은 파형의 수로 결정된다. 다음은 4초 동안 발생한 소리의 파형을 보여준다.

도표 4.2 소리의 파형

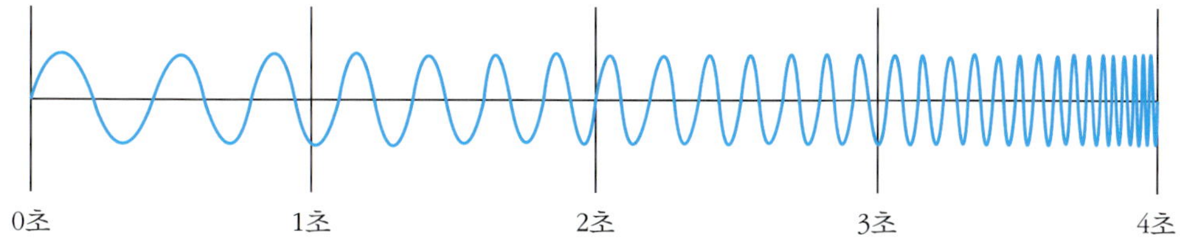

시간이 지나면서 1초당 진동수가 점점 많아진다. 여기서 진동수가 적으면 낮은 음, 많으면 높은 음을 낸다. 그림에서 소리가 점점 높아지고 있다. 아마도 누군가가 "도레미파"를 피아노로 치는 것 같다. 1초에 진동하는 수를 주파수라고 하며, 헤르츠(Hz)로 표시한다. 예를 들어 20Hz는 1초에 20번 진동한다는 뜻이다. 사람이 들을 수 있는 가정 주파수는 20~20,000Hz이다.

셋째, 음색(音色)은 소리의 밝고 어두움을 나타낸다. 동일한 음(예컨대, 솔)을 낸다 해도, 통기타와 전기기타의 소리는 다르게 들린다. 전자는 수동적이고 맑은 소리이지만, 후자는 공격적이고 날카로운 소리를 낸다. 이것은 동일한 음고와 음량을 가지고 있어도 파형이 다르기 때문이다.

도표 4.3 음색 차이

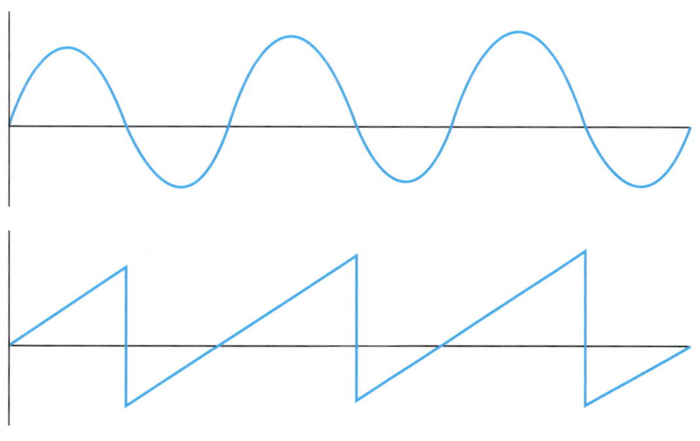

둥근 곡선은 부드러운 소리를 내고, 톱니처럼 뾰족한 파형은 날카로운 소리를 낸다. 흥미있는사실이지만, 파형만 보고 음색을 구분하기는 쉽지 않다.

넷째, 장단(長短)은 진동 시간이 길면 음이 길어지고, 짧으면 음이 짧아지는 것을 말한다. 소리의 길고 짧음이다. 동일한 음을 얼마나 오랫동안 내는가에 달려 있다. 음악적으로 말하면, 1박자와 2박자의 차이이다(자료: 네이버 지식백과).

제2절 음악의 3요소

앞에서 말한 바와 같이, 음악이란 소리를 재료로 하여 생각이나 감정을 표현하는 예술이다. 그런데 모든 소리가 음악은 아니다. 특정 소리를 즐겁게 듣는 사람이 있는가 하면, 반대로 익숙하지 않아 괴로워하는 사람도 있다. 음악의 선호 경향은 시대마다 지역마다 다르다. 음악은 문화적 공유물이기 때문이다. 음악에는 리듬, 멜로디(가락, 선율), 하모니(화성) 등 3요소가 있다. 이 3요소를 체계적으로 결합하여야 좋은 음악이 된다.

첫째, 리듬은 길고 짧은 그리고 세고 약한 음이 순차적으로 결합되어 있다. 박자나 빠르기(tempo) 등으로 표현되는 리듬은 음악의 기본적인 구조를 나타낸다. 리듬은 심장의 박동(1분당 80회 정도)에서 비롯되었다고 한다. 악보에서 세로줄로 나뉜 한 칸을 마디라고 하는데, 한 마디 안에 들어가는 박자 수는 일정하다. 박자란 일종의 묶는 작업이라고 할 수 있는데, 대부분 2~3박자다. 4박자도 2박의 두 묶음으로 듣게 된다.

둘째, 멜로디는 여러 음이 연결되어 있어 시각적인 윤곽을 느끼게 한다. 마치 깜박거리는 회전 조명 아래에 서있으면 무대가 빙빙 돌아가는 것처럼 느끼는 것과 같다. 연속되는 음들이 올라가고 내려가는 패턴을 멜로디 윤곽이라고 한다. 음악을 들으면 어떤 장면이 떠오르는 것은 이 윤곽 때문이다. 사람들은 리듬이나 하모니보다는 멜로디를 쉽게 기억한다. 어떻게 보면 노래는 잘하지 못해도 작곡이 더 쉬울 수도 있다.

셋째, 하모니(harmony: 화음)는 2개 이상의 음이 동시에 울리는 것을 말한다. 멜로디가 음의 순차적 연결이라고 하면 하모니는 음의 수직적 연결이다. 하모니는 삼차원 공간으로 가는 소리와 같다. 우리 귀에 평온하게 들리면 어울림 음정(협화음)이라고 하고, 불쾌하게 들리면 안어울림 음정(불협화음)이라고 한다. 피아노의 C코드는 도미솔 세 건반을 한번에 치면 협화음이되고, 인접한 건반 도레미를 한번에 누르면 불협화음(안 어울림 음정)이 나온다(자료: [네이버 지식백과] 음악의 요소).

제3절 생활 일기를 소리로 표현하기

길동이는 지난 주말 동안 기억에 남은 것 세 가지를 그림과 함께 소리를 첨가하려고 한다. 토요일 바닷가에 갔었고, 일요일에는 집에서 책을 읽은 다음에 근처 공원에서 운동하러 나간 일이 생각났다. 이를 위해 먼저 무대를 만들고 그리고 각 상황에 맞는 소리를 넣기로 한다.

3.1 무대 만들기

1단계 아래 화면은 초기화면이다. 비록 이 초기화면에는 보이지 않지만 하단 우측 [무대_배경]에서 [배경 고르기]를 찾아 누른다.

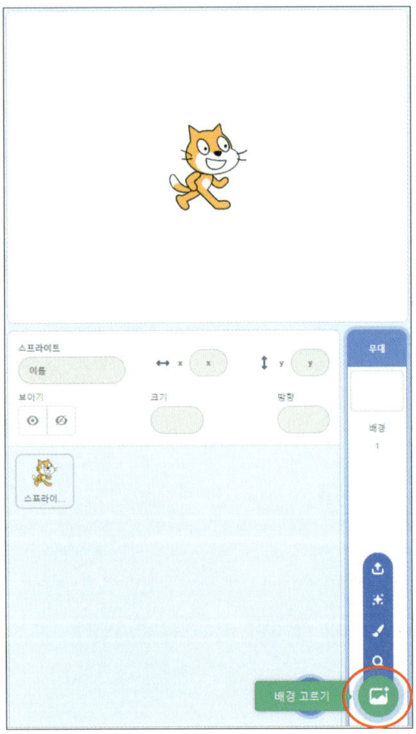

2단계 그러면 [배경 고르기]에서 여러 배경을 보여 준다. 여기에서 [Boardwalk; 보드워크], [Room 1; 룸], [Playing Field; 플레잉 f필드] 등 3개의 배경을 하나씩 선택한다. 그리고 왼쪽 상단의 **← 뒤로** 를 누르면 화면은 원상 복귀한다.

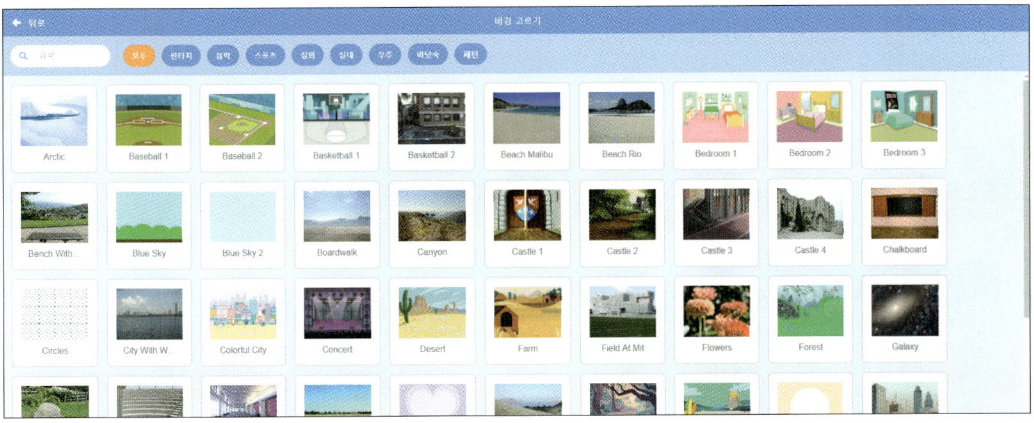

3단계 아래 [스크립트 창]의 [모양]은 [배경]으로 바뀌어 있다. 여기서 무대 배경의 이름을 각각 Board Walk ⇒ 바닷가, Room 1 ⇒ 방, Playing Field ⇒ 공원 등으로 바꾼다. 아래 화면은 세 배경 중 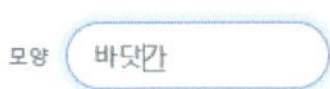

로 변환시키고 있다.

4단계 이제 코딩 작업을 위해, 화면 좌측 상단의 [코드]를 선택하면 초기화면이 나오고, 다음과 같이 작업한다. 화면의 노란 메모지는 마우스 우클릭하고 [주석 넣기]를 선택하면 나온다. 간단한 메모를 위해서 유용하다.

주말 생활 코딩

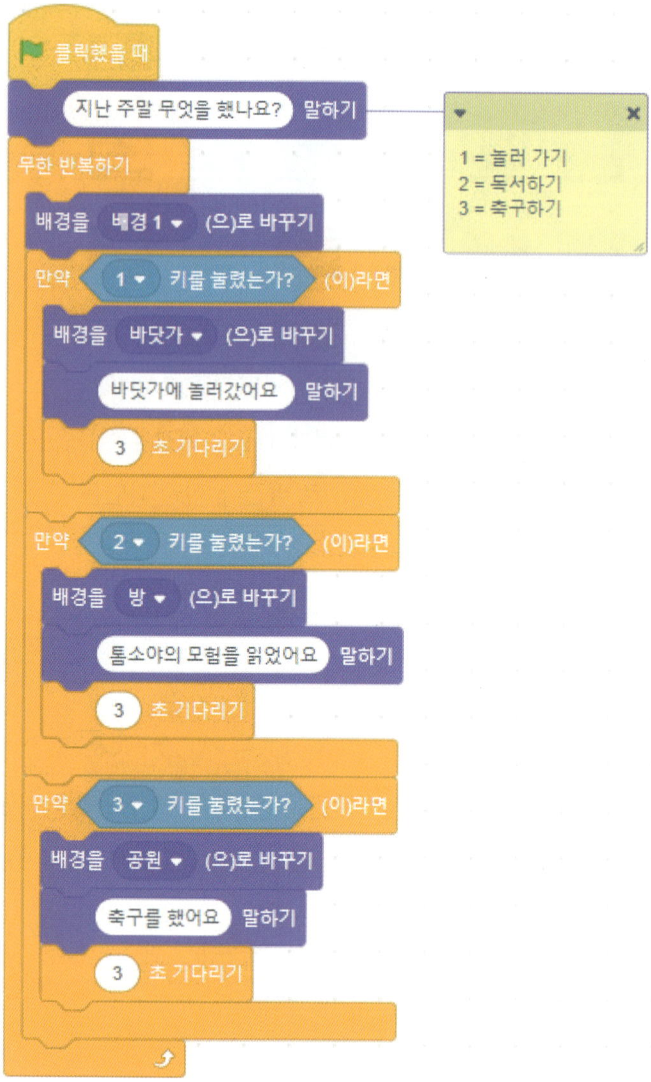

(주) 여기에는 ㄷ자형 무한반복하기 블록이 있다. 프로그램이 계속 돌아간다는 뜻이므로 이를 정지시키려면 화면 상단의 빨강 마크를 누른다.

5단계 프로그램을 실행하면 야옹이가 묻는다. "지난 주말 무엇을 했나요?" 그러면 자판의 번호 1을 누르고 바닷가에 간 야옹이를 볼 수 있다. 계속해서 2, 3을 눌러본다. 프로그램을 정지시키려면 빨강 마크를 누른다.

주말 생활 전체 화면

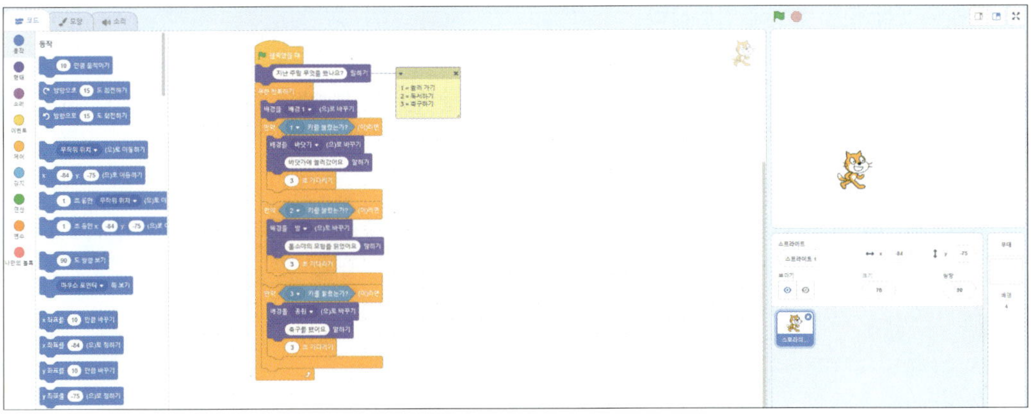

3.2 소리 넣기

소리를 넣기 전에 무대를 정리한다. 바닷가 배경에서 스프라이트 야옹이의 위치가 어색하다. 야옹이를 마우스 왼쪽으로 잡아서 적절하게 아래로 내린다. 그리고 모양이 너무 크다고 생각하면 100 ⇒ 70으로 줄인다.

그리고 방이나 공원에서 적절한 위치에 야옹이를 위치시키려면 별도의 작업이 필요하다. 여기서는 그 설명을 생략하고 소리에 집중한다.

1단계 현재 화면의 [소리] 저장소에서 [소리 고르기]를 선택하면 여러 소리가 있다. 여기서 적절한 음향을 고른다.

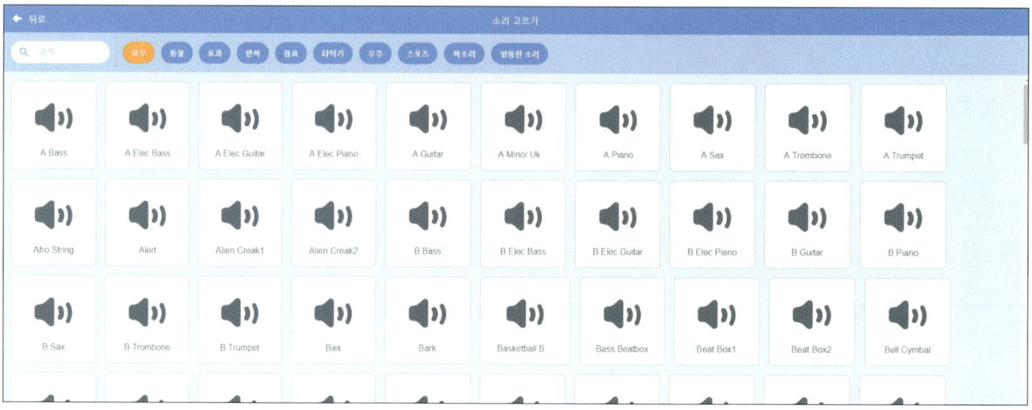

2단계 여기서는 Clapping(클래핑, 박수치기), Laugh 1(래f프, 웃음), Triumph(트라이엄f프, 승리)의 소리를 선택한다.

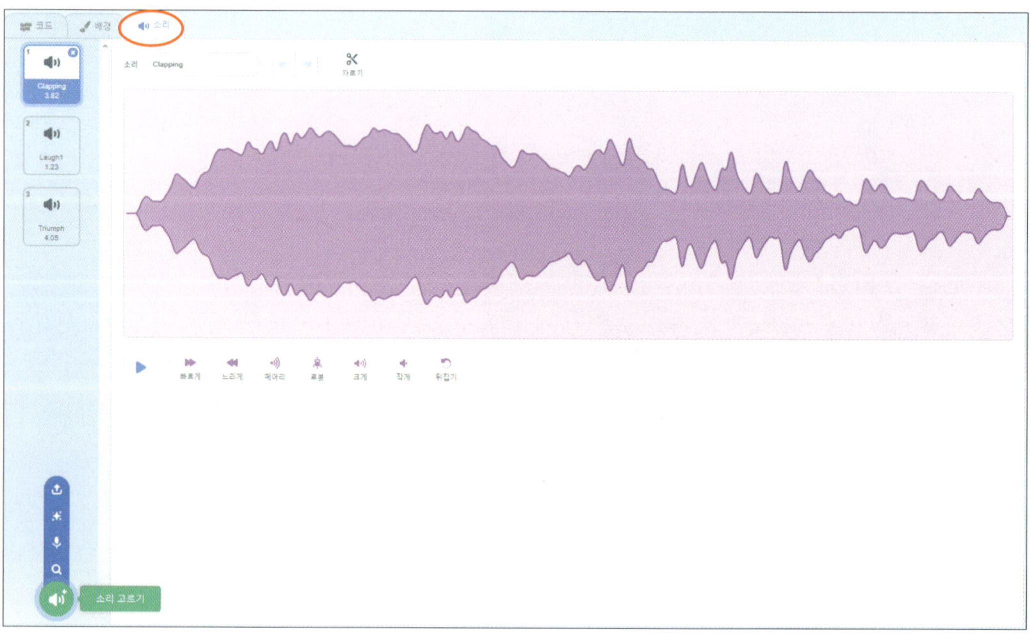

3단계 다음으로 우상단 코드 모양 소리 에서 [코드]를 선택하고, 첫 프로그램 오른쪽 위치에서 두번째 코딩 작업을 한다.

소리 코딩

2단계 화면의 깃발을 누르면 두 프로그램이 동시에 진행된다. 그리고 나서 천천히 번호키 중에서 1, 2, 3을 누르면서 지난 주말을 다시 즐기게 된다. 멈추려면 빨강 신호 를 누른다.

최종 전체 화면

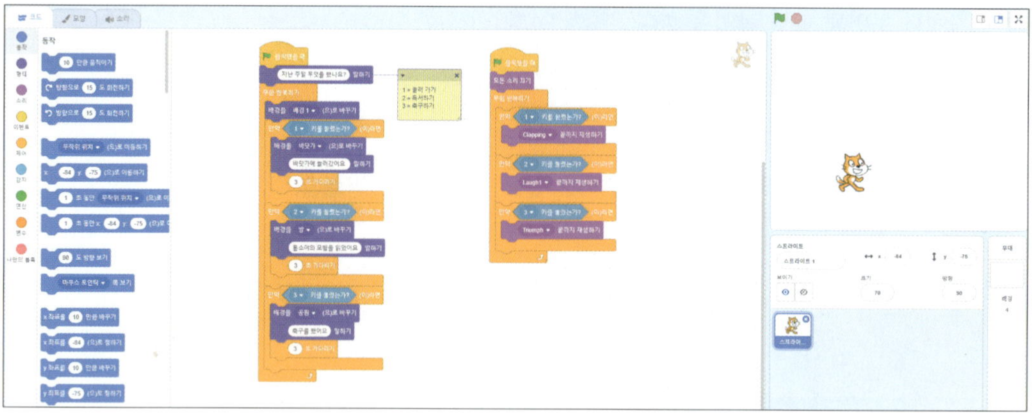

제4절 멜로디 연주하기

4.1 음계

음계는 음이름과 계이름으로 되어 있다. 음 이름은 "다라마바사가다"로 표기하며 조표와 상관 없이 그 위치가 고정되어 있다. 계이름은 "도레미파솔라시도"이며 조표에 따라 변한다. 음악의 한 옥타브는 7개의 음계로 되어 있음은 누구나 다 아는 사실이다. 음고는 주파수(frequency: f프리퀀시)에 따라 달라진다. 이것의 측정 단위는 앞에서 서도 설명한 바와 같이 헤르츠(Hz)이다. 다음은 평상적인 7음계의 주파수를 나타낸다.

도표 4.4 음계 주파수(Hz)

음계	주파수
C(도)	262
C#	277
D(레)	294
D#	311
E(미)	330
F(파)	349
F#(파)	370
G(솔)	392
G#	415
A(라)	440
A#	466
B(시)	494

이 음계의 기준은 라(A)이며, 반음마다 $2^{1/12}$의 비율이 곱해져서 이루어진다. $2^{1/12}$의 값은 대략 1.059463이다.

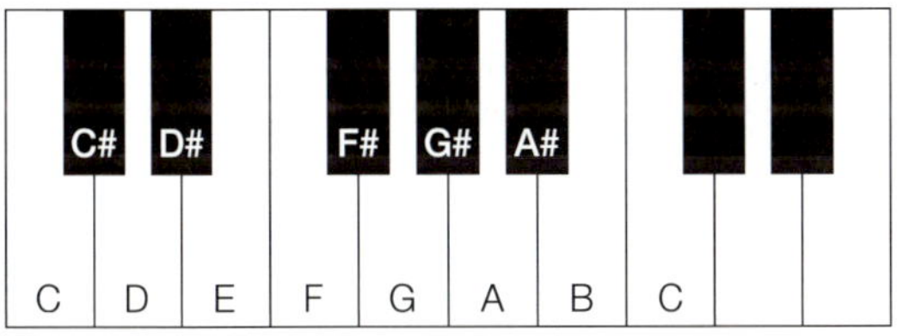

$$G = 440 \times 2^{-2/12} = 392$$
$$G\# = 440 \times 2^{-1/12} = 415$$
$$A = 440$$
$$A\# = 440 \times 2^{1/12} = 466$$
$$B = 440 \times 2^{2/12} = 494$$
$$C = 440 \times 2^{3/12} = 523$$

조표가 없는 다장조의 7음계를 살펴보자. 이것은 3~4(미~파) 사이, 7~8(시~도) 사이가 반음으로 이루어진 장음계이다.

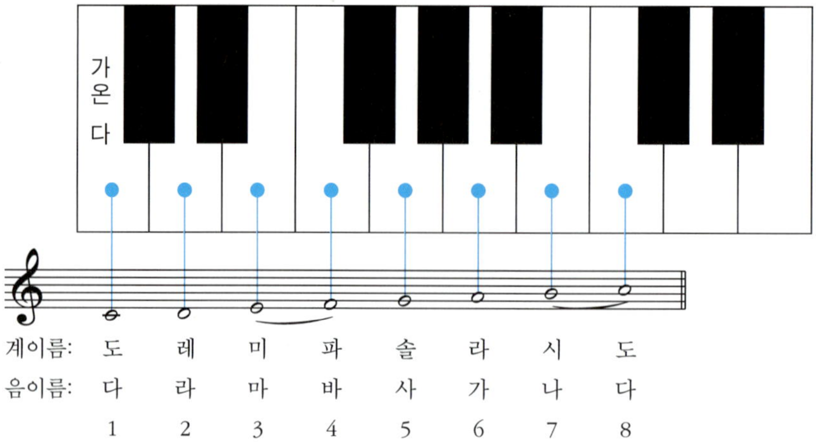

다음 표는 보통 빠르기(메트로놈 = 88)일 때 음표 박자들의 출력 시간을 나타낸다.

음표	이름	박자	길이
𝅝	온음표	4박자	3000
𝅗𝅥.	점2분음표	3박자	2250
𝅗𝅥	2분음표	2박자	1500
♩	4분음표	1박자	750
♪.	점8분음표	$\frac{3}{4}$박자	562.5
♪	8분음표	$\frac{1}{2}$박자	375
𝅘𝅥𝅯	16분음표	$\frac{1}{4}$박자	187.5

4.2 멜로디 연주하기

여기서는 "학교종(김메리 작사·작곡)"을 연주하기로 한다. 이 노래는 1945년 해방 당시 초등학교 입학식 날 등교하는 학생들의 모습을 떠올리면서 만들어졌다고 한다.

스크래치에서는 기본 도(C)는 60번이며 반음은 1씩 증가한다. 한 옥타브의 피아노를 보면, 흰 건반 7개 검은 건반 5개가 있다. 기본 도(60)에서 높은 도(72)까지의 음계 차이는 12인 셈이다.

도표 4.5 스크래치 번호와 음계

스크래치 번호	음계
60	C(도)
61	C#
62	D(레)
63	D#
64	E(미)
65	F(파)
66	F#(파)
67	G(솔)
68	G#
69	A(라)
70	A#
71	B(시)
72	C(도)

멜로디를 연주해 보자. 음표를 가져오려면 초기화면 왼쪽 하단의  기능 추가하기를 누르면 다음의 메뉴가 뜬다. 여기서 [음악]을 선택하면 [코드] 저장소에 이 생성되고, 음표 블록을 가져온다.

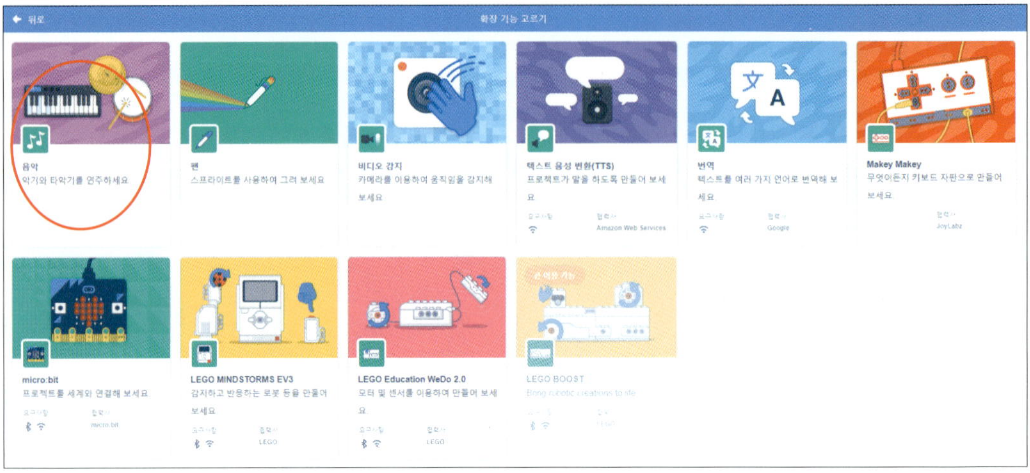

이 노래의 계명은 "솔솔라라/솔솔미/솔솔미미/레/솔솔라라/솔솔미/솔미레미/도"이고, 이에 대응하는 스크래치 음표의 숫자는 "67 67 69 69/ 67 67 64/ 67 67 64 64/ 62/ 67 67 69 69/ 67 67 64/ 67 64 62 64/ 60"이다.

멜로디 코딩

학교종 코딩은 컴퓨터 화면이 제한적이라서 두 부분으로 나누었다. 그리고서는 [이벤트] 창고의 [학교종 방송하기] 블록과 [학교종을 받았을 때] 블록으로 연결하였다.

참고 두 프로그램을 하나로 연결하려면 앞의 두 블록을 제거하고 서로 붙이면 된다. 이 때 [스크립트 창]의 우측 하단에 있는 줄이기를 (Q) 누르면 전체 코딩 블록들이 작아져서 한눈에 들어온다.

제5절 화음 이해하기

5.1 음악 코드

앞에서 연주한 학교종은 다장조(C Major; 메이저) 노래다. 화성(harmony)이 간단하지만 잘 이루어져 있어 누구나 편하게 부를 수 있다. 화성은 여러 음을 수직적으로 배치한 것으로서 코드(chord)라고 부른다.[1] 일반적으로 노래는 세 종류의 주요 화음 코드로 구성된다. 조표가 없는 다장조의 경우 주요 3화음은 C코드(도미솔), F코드(f화라도), G코드(솔시레)로 구성된다.

도표 4.6 다장조 코드

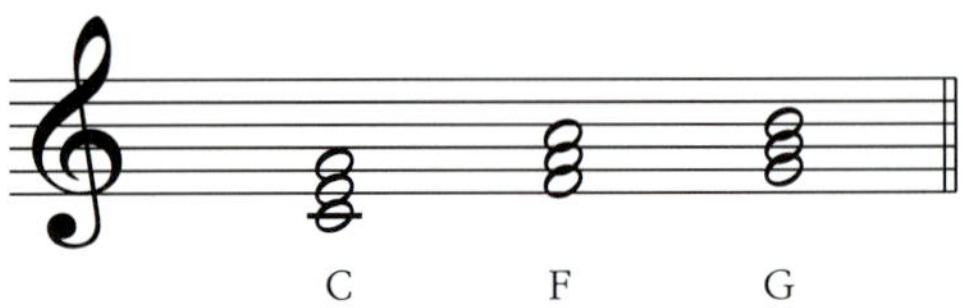

주요 3화음은 1도 화음, 4도 화음, 5도 화음이다(7음계에서 1-4-5 체계). 다장조에서 C코드는 첫번째 "C음" 위에 두 음을 쌓아 올린 1도 으뜸화음(Tonic; 토닉)이다. F코드는 4번째 "F음" 위에 음을 쌓아 올린 4도 버금딸림화음(Subdominant; 서브도미넌트)이며, G코드는 5번째 "G음" 위에 음을 쌓아 올린 5도 딸림화음(Dominant; 도미넌트)이다. 요컨대, 다장조는 다(도, C)가 으뜸(대표)이 된다. 다음 그림 피아노에서 건반을 짚으면서 잠시 기분을 내보자.

1 컴퓨터 코딩(coding)의 코드(code)는 암호라는 뜻을 가지고 있다.

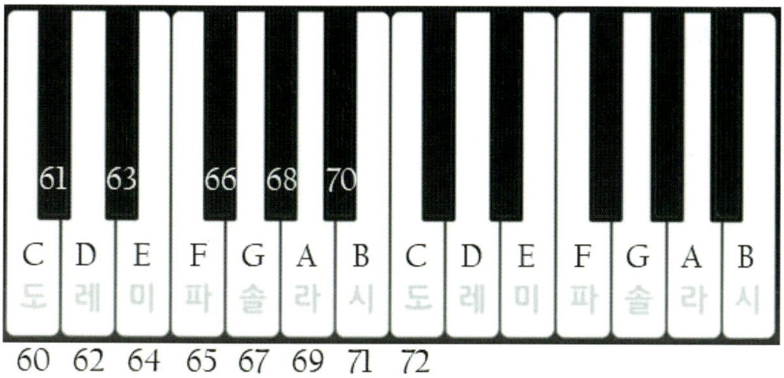

학교종의 코드(chord) 화음을 코딩해 보자.

C코드, F코드, G코드

자판의 숫자 1을 누르면 C코드 화음, 2를 누르면 F코드 화음, 3을 누르면 G코드 화음이 아름답게 들린다. 각 코드 화음에는 특징이 담겨있는 것 같다. C는 앞으로 달리고, F는 가끔 화려하게 고조시키고, G는 잠시 마무리 지으려는 듯한 느낌의 소리가 난다. 그리고 G7 코드는 G음을 기준으로 1, 3, 5음인 (솔시레)에 7번째 "파"음을 더해준 코드이므로 "솔시레파"가 된다. 이 7코드는 긴장감을 주는 느낌이 있다.

5.2 멜로디와 화음 코드 함께 연주하기

이제는 학교종 노래를 피아노에서 왼손과 오른손을 이용하여 연주하는 기분을 내 보자. 왼손은 화음 코드, 오른손은 멜로디를 동시에 치는 방식이다. 멜로디 왼쪽에 화음 코딩한 것을 놓았다. 이제 깃발을 누르면 동시에 연주가 된다.

전체 코딩 화면

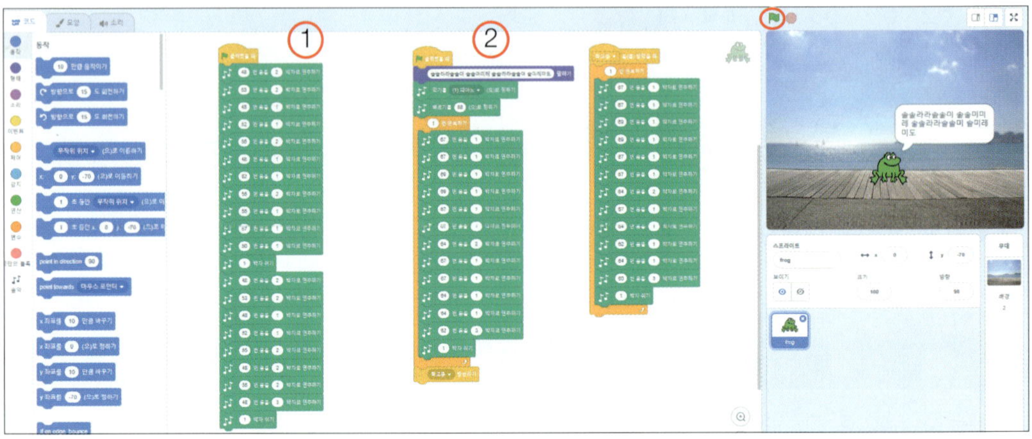

(주) ① 왼손 화음 + ② 멜로디

왼손 화음 코드는 한 옥타브를 내려서 작성하였다.

왼손 화음 코드

(주) 다시 한번 설명하면, 각 코드의 대표 음은 첫 번째 음이다. C코드(도미솔)의 대표음은 "도(C)", F코드(파라도)는 "파(F)", G코드(솔시레)는 "솔(G)" 등이다.

과제 다음은 모차르트 작곡의 "작은별"이다. 각자 이 노래 코딩에 도전해 보자.

과제 2개의 노래를 이해하고 나니, 아마도 다장조의 노래를 하나 작곡하고 싶은 생각이 들지도 모르겠다. "나의 인생 찬가" 또는 "자연의 찬가" 노래를 만들어 보자. 이를 위해서 단계적으로 생각해보자.

[1단계] 주제 혹은 제목을 정한다.

[2단계] 적절한 노랫말로서 시를 한 수 지어 보자(잊지 말자! 기승전결).

[3단계] 노랫말을 발표한다. 수정할 것이 있으면 수정하고 확정짓는다.

[4단계] 작곡을 위해서 세 화음 코드를 노랫말에 붙여본다. 앞의 "학교종"은 C-F-C-C-G7-C-F-C-G7-C의 순서로 만들어져 있다. "작은별"도 각자 살펴보자.

[5단계] 박자와 멜로디를 결정한다.

[6단계] 반주하면서 혼자 노래를 불러본다.

[7단계] 그룹 토의에서 발표하고 수정 후 확정짓는다.

[8단계] 최종적으로 전체 앞에서 발표한다.

참고 작곡에서 C(도미솔) 코드라면 도-솔-미-솔 식으로 진행할 수 있다.

5.3 복잡한 음악으로 나아가기

잘 아는 바와 같이 노래는 다장조만 있는 것이 아니다. 샵(sharp; #, 반올림표)이나 f플랫(flat; b, 반내림표) 때문에 점점 복잡해진다. 그러나 기초(다장조)를 잘 이해하면 별로 어려움이 없을 것이다. 마치 수학처럼. f플랫이나 샵의 개수가 늘어날 때, 장조 이름이 바뀐다. f플랫이 하나, 둘, 셋이 있는 경우 각각 바장조, 내림나장조, 내림마장조라고 한다. 샵의 경우, 샵이 늘어남에 따라 각각 사장조, 라장조, 가장조라고 한다. 복잡하게 생각하지 말고, 한꺼번에 하면 "바나마 사라가"이므로 "바나나 시러기"자로 외치면 홀가분해질 것이다. 여기서는 샵(#)이 하나인 사장조(G Major) 경우만 간단히 설명한다.

사장조는 "사(G, 솔)"음이 으뜸음이 된다. 그러니까 다장조의 "솔"이 사장조에서는 "도"가 되면서 음들이 모두 "5단계" 올라가는 셈이다. 7음계에서 3~4(미~파)음, 7~8(시~도)음 사이에서 반음이 되도록 5번째 줄에 샵(#)을 붙이는 것이다.

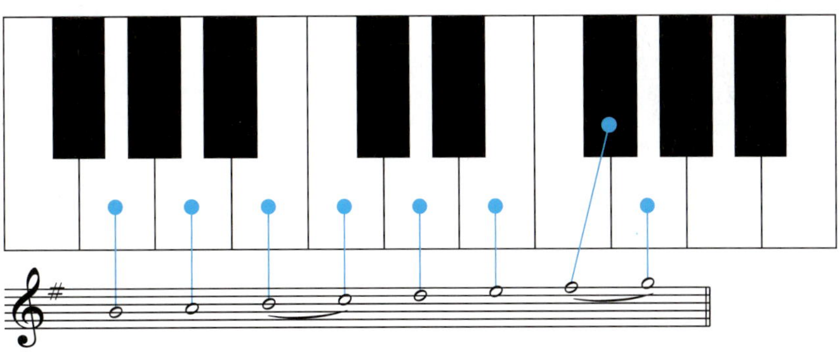

계이름:	도	레	미	파	솔	라	시	도
음이름:	사	가	나	다	라	마	올림바	사

주요 3화음은 G코드(솔시레), C코드(도미솔), D코드(레파#라)가 된다. 이것도 역시 G(솔) 기준의 7음계에서 1-4-5 체계다. 그리고 D7 코드는 D음을 기준으로 1,3,5 음인 (레파#라)에서 7번째 음인 "도"를 더해준 코드이다.

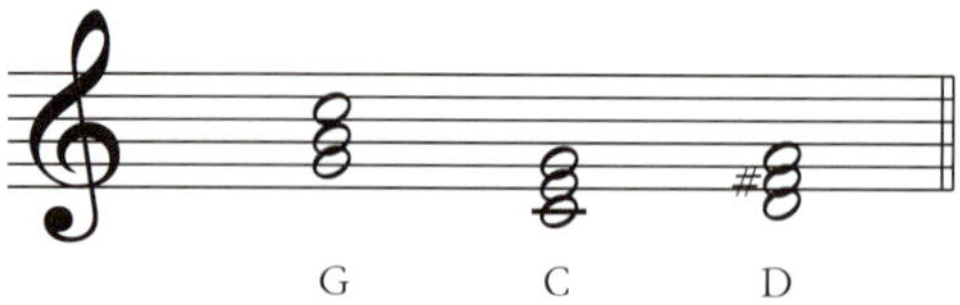

아래 옹달샘에서 보는 바와 같이, 샵의 위치는 오선지의 맨위 끝줄인 5번째에 걸쳐져 있다. 다장조 기준에서 "파"음이 나는 곳이다. 옹달샘 노래에서는 파음을 반올림하라는 뜻이다.

오선지(사장조)에서 보이는 옹달샘 계이름은 다음과 같다.[2] 파#은 파를 반음 올리라는 뜻이다. 스크래치에서 이것을 숫자로 바꾸고 박자를 넣으면 노래가 된다. 그리고 화음 코드를 추가하면 완성된다. 한번 해 보자.

시레솔시레 도미미/ 레파#라도시라솔/ 시레솔시레 도미미/ 레파#라도시라솔/
솔시레 도시라/ 레파#라도 시라솔/ 시레솔시레 도미미/ 레파#라도시라솔

뇌과학자들은 언어와 수학은 왼쪽 뇌가, 음악과 미술 같은 예술은 오른쪽 뇌가 담당한다고 말한다. 비록 예술적 지능이 떨어진다 해도 왼쪽 뇌로 보충하면 예술을 즐길 수 있다. 음을 숫자로 알고 이론을 이해하면 작곡이 가능하다. 전문 음악가들은 멜로디를 그저 통일된 윤곽으로 듣기보다는 세밀하게 분석하고 인식한다고 한다. 이런 분석 능력은 왼쪽 뇌의 특징이다. 음악을 수학적으로 인식할 수 있다면 훌륭한 음악을 만들어 낼 수 있을 것이다. "광학이 빛의 기하학이듯 음악은 소리의 계산이다(드뷔시)"의 말을 잘 기억하기 바란다.

2 이 노래를 다장조 계이름으로 바꾸어 부르면 다음과 같다. 미솔도미솔 파라라/ 솔시레파미레도/ 미솔도미솔 파라라/ 솔시레파미레도/ 도미솔파미레/ 솔시레파 미레도/ 미솔도미솔 파라라/ 솔시레파미레도

CHAPTER 5

미술

CONTENTS

미술은 손과 머리와 가슴이 함께 움직이는 것이다.

— 러스킨

창작의 고통은 사라지지만 미는 남는다.

— 르누아르

제1절 빛의 삼원색

우리가 가지고 있는 물감이나 크레용 색의 삼원색은 빨강(Red: 레드), 노랑(Yellow: 옐로우), 파랑(Blue: 블루)이다. 이 색들을 혼합하여 여러 가지 색을 만들 수 있다. 그러나 반대로, 다른 색을 혼합해도 이 삼원색을 만들 수는 없다. 이 삼원색을 일차색 또는 기본색이라고도 한다. 삼원색을 동일한 비율로 섞으면 검정색이 나온다.

그런데 눈에 보이지 않는 빛의 삼원색은 이와 다르다. 빛이 프리즘을 투과하면 무지개색이 나오며, 빛의 삼원색은 빨강(Red), 초록(Green: 그린), 파랑(Blue), RGB라고 부른다. 이 삼원색을 여러 비율로 섞으면 다양한 색상을 얻을 수 있다. 컴퓨터에 나타나는 색은 빛에서 나오는 것이므로, 빛의 삼원색을 이해하는 것이 중요하다.

다음은 빛의 삼원색을 나타낸다.

도표 5.1 빛의 삼원색

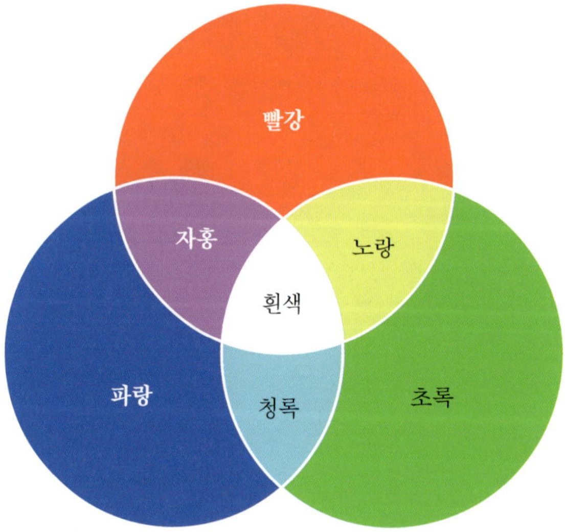

빨강과 초록에서 노랑(Yellow), 초록과 파랑에서 자홍(Magenta: 마젠타), 빨강과 파랑에서 청록(Cyan: 싸이언),[1] 그리고 삼원색을 모두 섞으면 흰색(White: 화이트)이 나온다.

색은 다양한 기준으로 분류한다. 마치 음악의 멜로디, 박자, 하모니처럼 세 가지 기준이 있듯이 색에는 세 가지 속성인 색상, 명도, 채도가 있다(자료: 네이버 지식백과).

① 색상(色相, hue; 휴): 앞에서 이미 설명한 빨간색, 파란색, 녹색이라는 이름 등으로 서로 구별되는 특성이다. 색조와 거의 같은 뜻으로 쓰이는데, 색상의 변화를 계통적으로 고리 모양으로 배열한 것이 색상환(色相環)이다.

② 채도(彩度, saturation; 쌔처레이션): 색의 선명도를 말한다. 색의 순수함(purity; 퓨리티) 또는 포화도라고도 한다. 동일한 빨간색이라도 새빨간색이 있고 검붉은색이 있듯이 맑거나 탁한 색감을 준다. 삼원색은 채도가 높으며, 이것에 다른 색이 섞이면 채도가 낮아진다. 빛의 경우 특정한 파장만이 선택되면 채도가 높고, 다른 파장이 섞이면 채도가 낮아진다.

③ 명도(明度, brightness; 브라이트니스): 색의 밝기 정도를 뜻한다. 검정 회색 흰색은 동일한 계열의 무채색이며, 검정이 가장 어둡고 회색은 중간 어둡고, 흰색은 가장 밝다. 명도의 차이는 빛의 반사율에 따라 결정되는 것이며, 흰색은 반사율이 가장 높아 눈이 부시다. 검은 색은 반사율이 낮아서 눈이 부시지 않다. 그리고 명도는 주변의 색에 따라 더 강하게 느낀다. 예컨대 검은 색 배경에 흰색 글씨는 더 또렷이 보인다.

제2절 색의 특성과 조합

빛의 삼원색은 기본적으로 RGB(Red Green Blue)이며, 이것들을 적절히 조합하면 다음과 같이 다양한 색상을 얻는다. 색상은 크게 따뜻한 색과 차가운 색으로 나누어 볼 수 있다. 파우어 포인트 프로그램에 들어가면 이 색상을 볼 수 있으며, 필요한 대로 자유롭게 색을 선택할 수 있다. 색상은 각기 다른 느낌을 준다.

1 cyan의 영어 발음은 싸이언이지만, 우리나라에서는 시안색이라고도 한다.

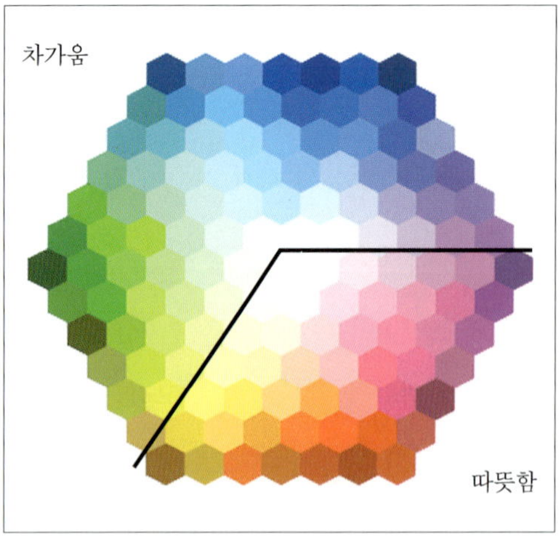

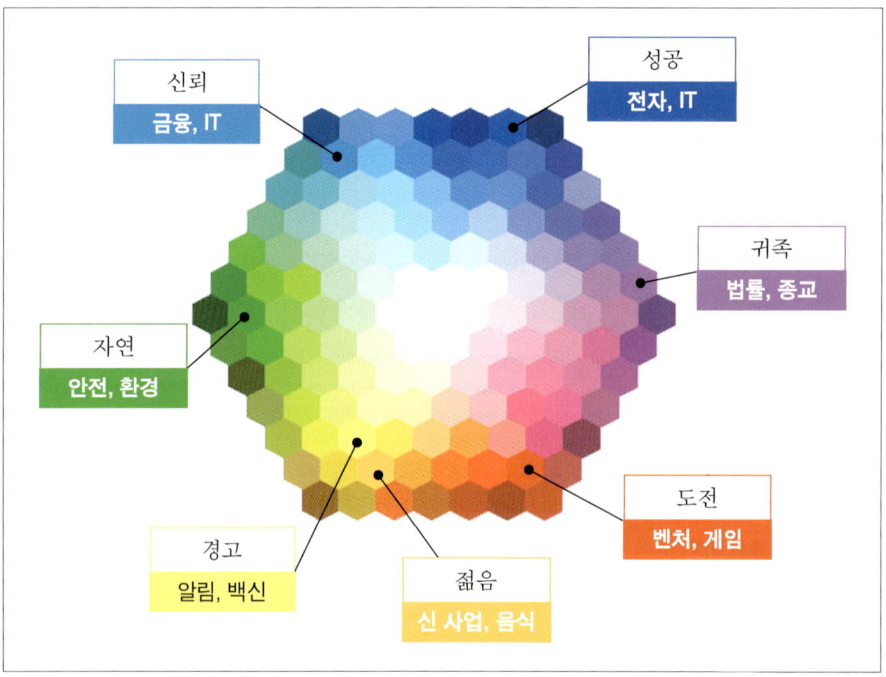

다음은 음식 맛에 대한 색상 표현이다. 색의 맛을 느껴보기 바란다.

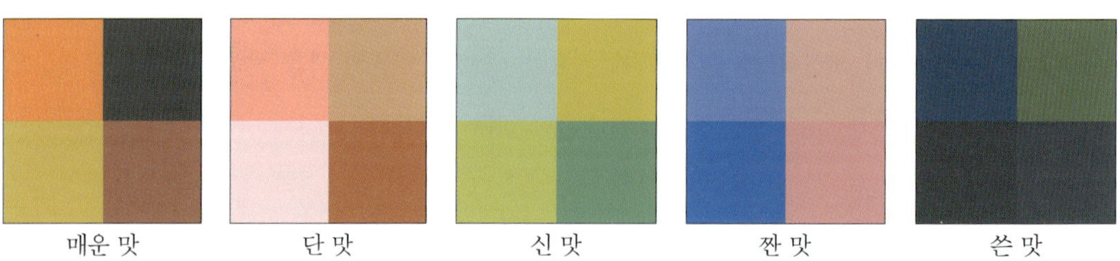

이와 같이 색은 색상, 채도, 명도에 따라 분위기를 연출하므로, 그 느낌을 잘 기억할 필요가 있다. 색은 단독적으로 특성을 보여주지만, 배합에 따라 다른 느낌을 주기도 하다. 아래 그림의 10색상환(十色相環, ten color circle; 텐 칼러 써클)은 빛을 10개로 분할하여 보여준다. 색의 배합에는 유사대비와 보색대비가 있다. 유사대비는 색상환에서 서로 인근에 있는 비슷한 색으로 분위기를 만든다. 보색대비는 색상환의 반대편에 있는 색과 뚜렷하게 대조를 보이는 방법이다. 예컨대, 빨강의 보색은 청록이다. 보색관계의 두 색을 섞으면 회색 또는 검정색이 된다.

도표 5.2 10색상환

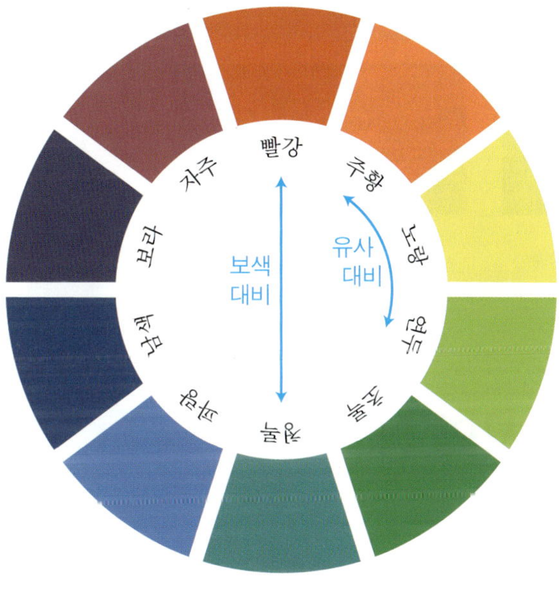

이 대비 개념을 이용하여 다음을 살펴보자. 여기서는 옷을 선택하는 경우에 특별한 인상을 주는 색깔의 조합을 제시하였다.

제3절 스크래치의 삼원색

스크래치는 빛의 삼원색을 색상, 채도, 명도 등으로 나누어서 [펜] 창고에서 정교하게 나타내고 있다. [펜] 창고는 [스크립트 창] 좌측 하단의 [확장 기능 추가하기] 에서 접근할 수 있다. 여기서는 색깔을 "색"과 "숫자"로 나타내고 있다. 다음 두 블록을 비교해 보자.

좌측의 블록은 색깔을 색상, 채도, 명도를 숫자로 나타내고 0~100으로 숫자화하고 있다. 현재 색을 "72"로 표현하면 동일한 색상을 종합적으로 표현한다.

다음에서는 딱정이가 자유롭게 추상화를 그리는 코딩을 소개한다. 아래 화면의 세 프로그램을 동시에 작동하게 하려면 깃발을 누르고, 어느 정도 완성되었나 싶으면 빨강 정지마크를 누르면 된다.

전체 완성 화면

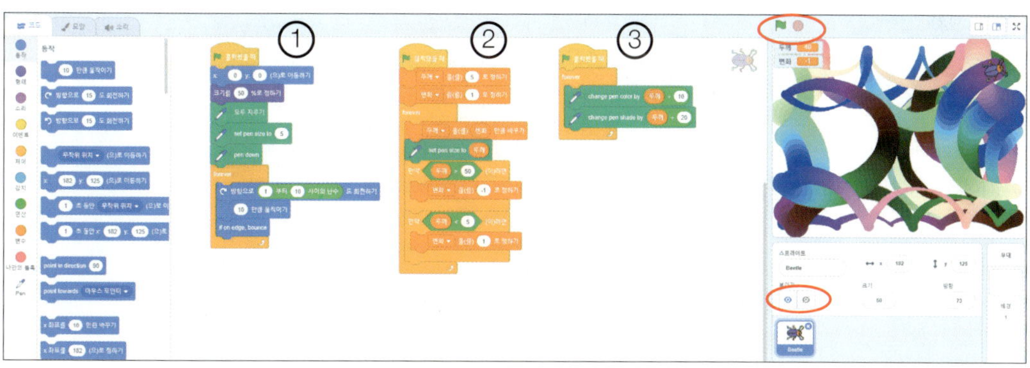

(주) ① 그리기 코딩, ② 펜 두께 조절 코딩, ③ 색깔 변화 코딩

그림을 그리려면 준비가 필요하다. 화가와 붓(펜) 그리고 물감이 필요하다. 먼저, 화가로서 딱정이(Beetle)를 초대한다. 좌상단의 [모양] 창고를 선택하고 하단의 [모양 고르기]를 누른 후 딱정이를 모신다(크기를 50% 조절). 그리고 야옹이를 제거한다. 다음으로, [코드] 저장소 하단의 [확장 기능 추가하기] ⇒ [펜]을 선택하면 아래와 같이 [펜] 창고가 만들어진다.

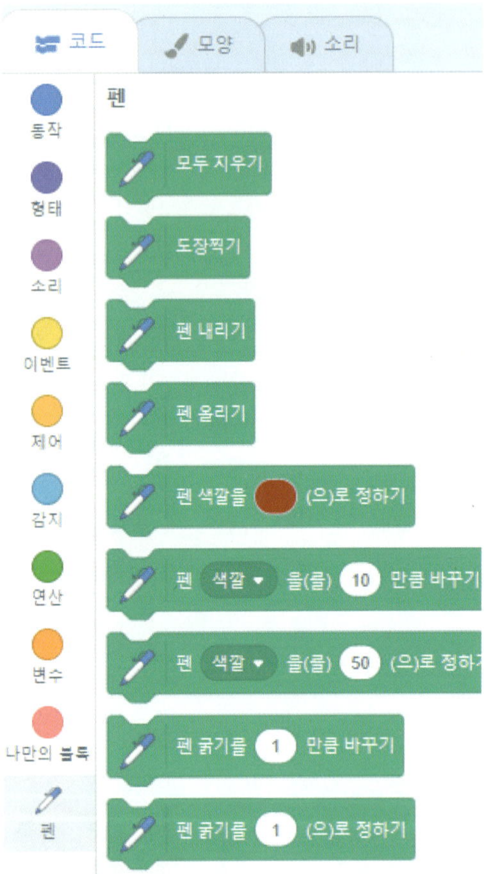

여기에서 펜의 굵기와 색깔을 선택할 수 있다.

이제 준비되었고, 변수를 만든 후 코딩을 해 보자.

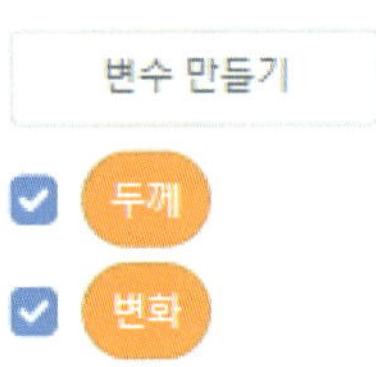

① 그리기 코딩

② 펜 두께 조절 코딩

③ 색깔 변화 코딩

위 그림을 별도로 저장하려면, 그림이 있는 [무대 창]에서 마우스 오른쪽을 누른 다음 [이미지를 다른 이름으로 저장하기]를 선택한다. 그리고 적절한 디렉토리에 PNG 파일로 저장하면 된다. 나름대로 하나의 작품이 되었다(자료: 탁연상, 스크래치 프로그래밍).

참고 딱정벌레 없는 그림을 원하면 전체 화면 우중간 [스프라이트 창]의 [보이기]에서 오른쪽 단추를 누른다.

제4절 배경과 스프라이트의 그림

4.1 기존 배경 이용하기

여기서는 스크래치의 기존 배경을 이용하여 야옹이가 바닷가에서 공놀이하는 모습을 그림으로 나타낸다. 먼저 야옹이 스프라이트를 모셔오자.

1단계 스크래치 초기화면에서 [만들기] 선택하여 새 화면을 만든다. 오른쪽에서 야옹이가 반갑게 인사를 한다.

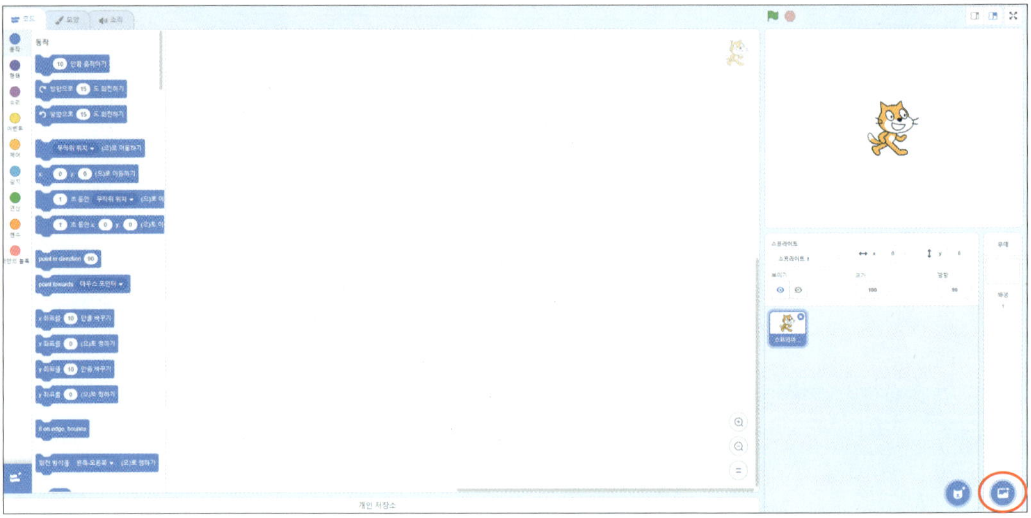

2단계 무대를 만들기 위해 우하단 [무대_배경]의 [배경 고르기]를 누르고, [배경] 저장소에서 [Beach Malibu; 비치 말리부]를 선택하면 아래 화면이 나온다.

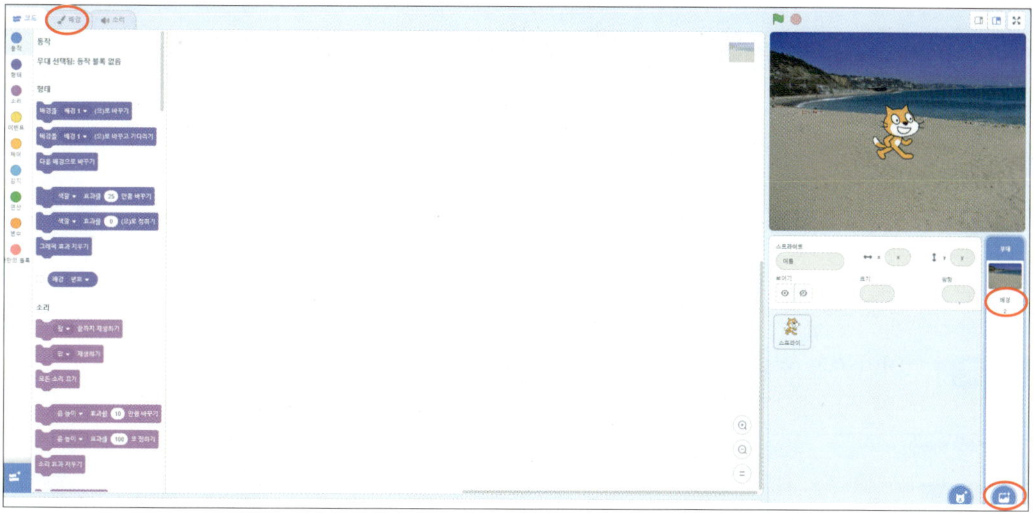

3단계 위 화면에서 왼쪽 상단의 [배경] 저장소를 눌러보면 2개의 화면 목록이 나온다.[2] 이제 야옹이에게 공을 하나 주어 보자. 다시 말해서, 공 스프라이트를 하나 더 추가하자. 아래 화면 하단 오른쪽 [스프라이트 창]의  [스프라이트 고르기]를 누르고, 저장소에서 공(Ball, 볼)을 선택한다.

2 초기 화면에서는 [모양]이었으며, [무대_배경]을 클릭하면 [배경]으로 바뀐다.

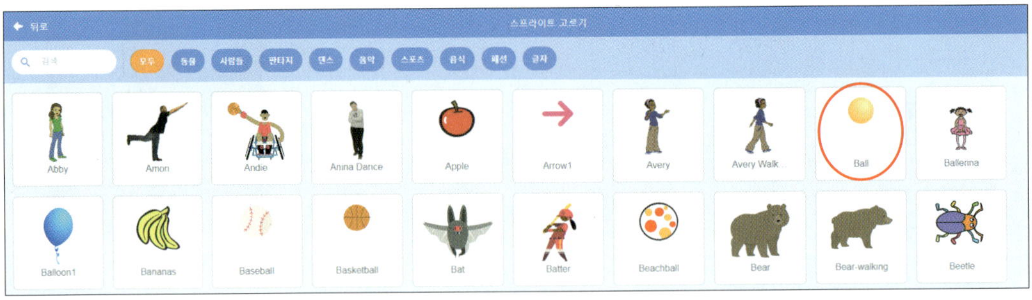

4단계 그러면 오른쪽 [무대 창]에 공이 추가된다.

5단계 위 화면 왼쪽의 [모양]을 선택하면 "캔버스"에 공이 떠오른다(이전 화면에서는 [배경]이었다). [모양]에서 공은 5개 색깔이 한 세트로 나와 있다. 만일 공이 너무 크다고 생각하면 = 를 눌러 동일한 비율로 만든다.

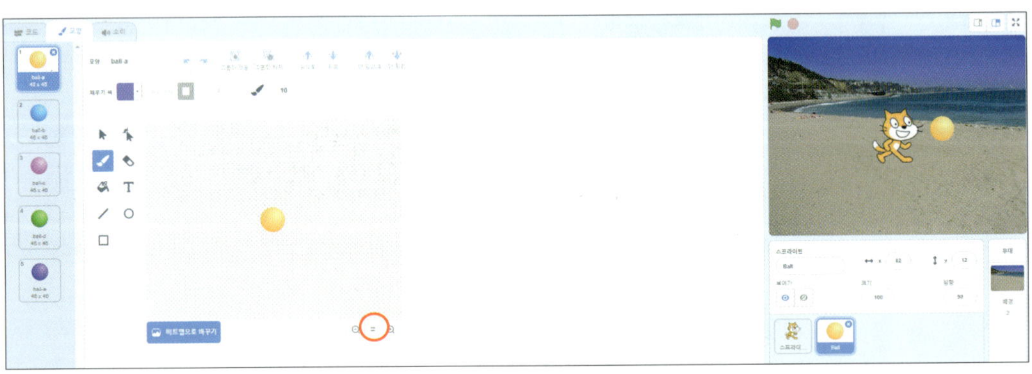

[무대 창]의 공은 마우스를 이용하여 야옹이 앞에 적절하게 놓는다.

> **주의** 그런데 약간 당황스러운 것은 좌(캔버스) 우(무대)의 배경 그림이 다르다는 사실이다. 그리고 왼쪽 상단의 [배경]은 [모양]으로 바뀌었고 오른쪽 하단의 야옹이 이외에 공 스프라이트가 하나 더 생성되었다.

만일 좌우를 동일한 배경으로 보이고 싶으면, 화면 우하단 [무대_배경]의 [무대] 단추를 누르면 가능하다. 그러나 야옹이나 공은 안 보인다. "캔버스"의 역할은 그림을 그리는 장소이며, [스프라이트]는 [무대 창] 용이기 때문이다.

6단계 위 화면은 완성된 모습이다. 오른쪽 무대의 현재 그림은 마우스 오른쪽을 눌러 [이미지를 다른 이름으로 저장]을 선택하면 파일 저장이 가능하다.

4.2 화가의 배경 이용하기

여기서는 누구나 화가가 되어 배경을 직접 그려보기로 한다. 위의 바닷가를 모사하여 그림을 그려보자.

1단계 스크래치 초기화면에서 [만들기] 선택하여 새 화면을 만든다. 오른쪽에서 야옹이가 반갑게 인사를 한다. 그리고 오른쪽 하단의 [스프라이트 창]에서  [스프라이트 고르기]를 누르고, 저장소에서 공(Ball, 볼)을 선택한다.

2단계 먼저 아래 화면 우하단의 [무대_배경]을 선택한다. 그러면 좌상단의 [모양]이 [배경]으로 바뀌고, 이것을 누르면 새 "캔버스"가 나온다.

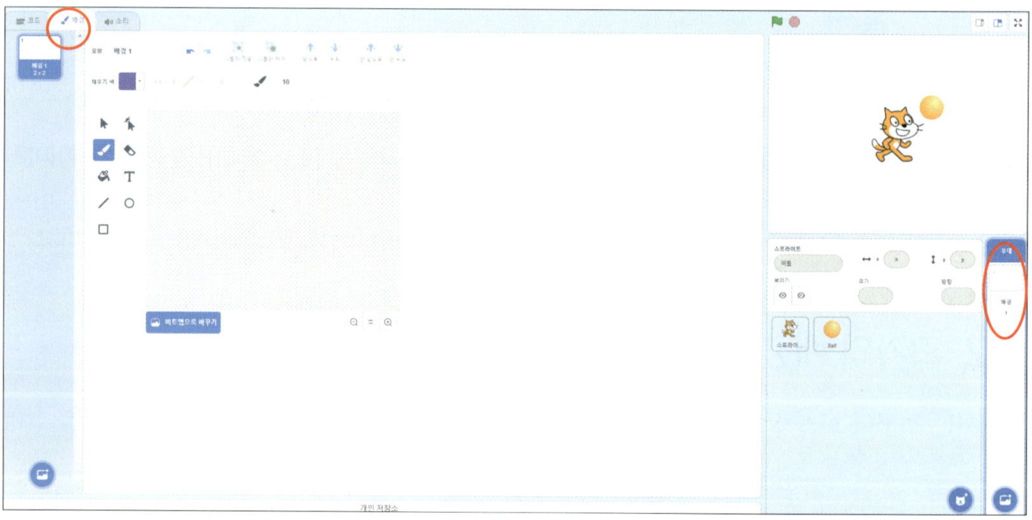

3단계 캔버스를 [비트맵] 모드로 한다. 좌측의 도구를 이용하여 솜씨를 내어 보자. 완성되면 [벡터] 모드로 되돌아온다.

이것 또한 작품이 될 수도 있다.

제5절 미술 작품 그리기 1

5.1 연필로 그리기

앞의 제3절에서 추상화의 우연적인 즐거움을 맛보았을 것이다. 그러나 우연적 효과는 예술이라고 볼 수 없다. 여기서는 의도적으로 계획을 세워서 그림을 그려보자. 먼저 야옹이를 연필로 대체하고, 이 연필로 그림을 그려본다.

1단계 초기 화면에서 [야옹이]가 푸른 사각형을 그린다.

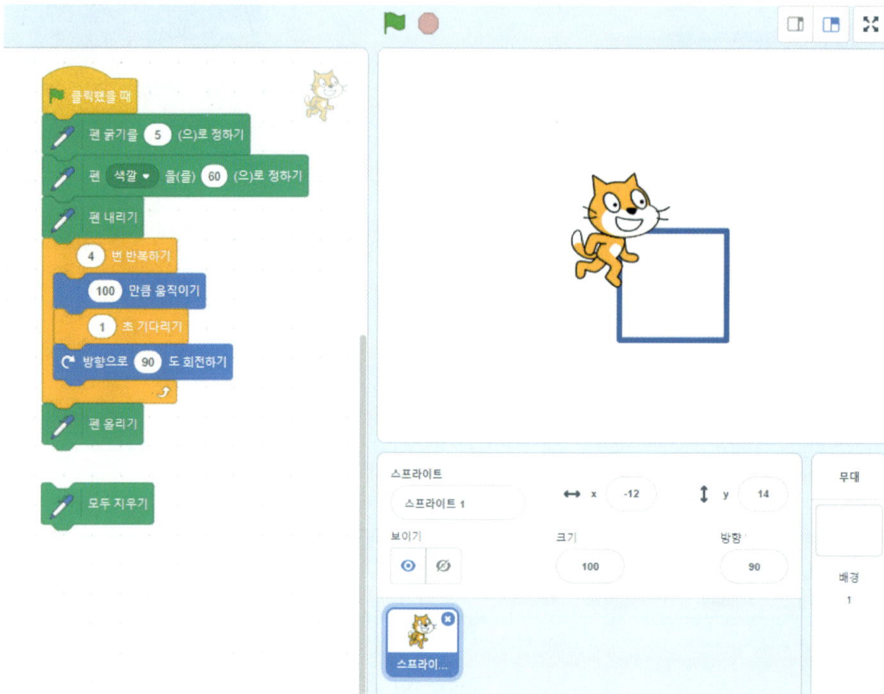

2단계 초기화면에서 [연필(Pencil; 펜슬)]을 추가한다. 좌상단 [스크립트 창]의 [모양] 저장소 ⇒ 좌하단의 [모양 고르기]를 선택하여 저장소에서 [Pencil]을 선택한다. [야옹이] 무대에서 [Pencil]을 추가한 셈이다. 여기서 등비율 마크 = 를 눌러서 크기를 안정시킨다.

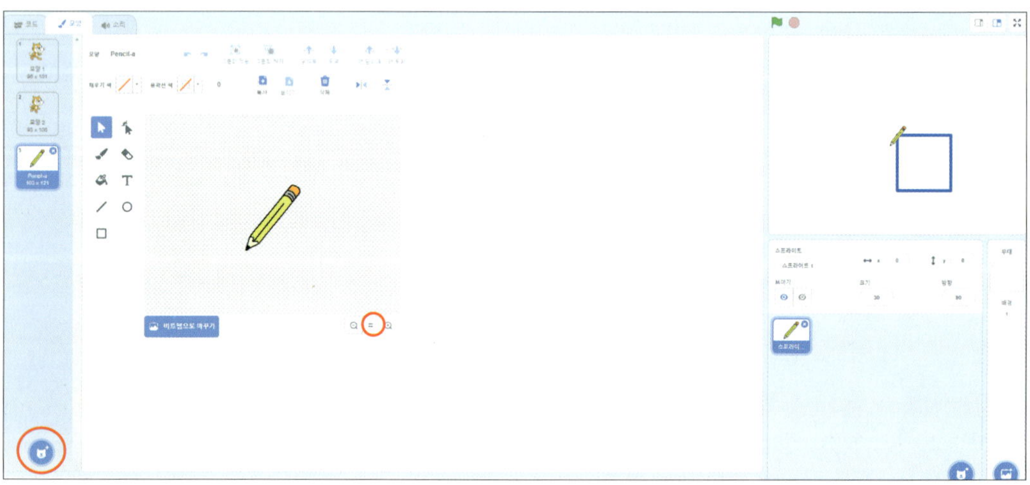

주의 오른쪽 [스프라이트] 창 하단에도 마크가 있다. 그러나 이것은 [스프라이트 고르기]로서 새로운 무대 설치용이므로 선택하면 안 된다. 다시 말해서, 좌하단은 [모양], 우하단은 [무대 창]용이다.

3단계 현재 상태에서 사각형을 그리면 연필 옆구리에서 선이 나오는 우스꽝스러운 모습이 발생한다. 연필심에서 선이 나오는 것처럼 보이게 하려면 위치를 조절해야 한다. 위 화면에서 비트맵으로 바꾸기 를 눌러서 [비트맵] 모드로 전환한다.[3] 화면의 메뉴에서 [선택] 을 취한 후에 연필을 선 안쪽에 포함시킨다.

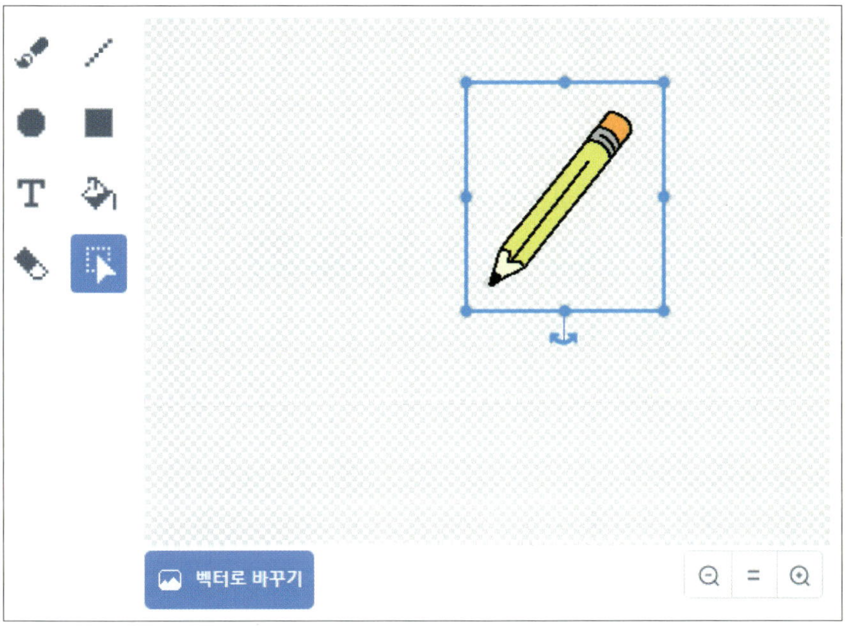

4단계 연필 끝을 화면의 중심(아래 빨강 원으로 표시한 부분)에 끌어다 놓는다. 그리고 다시 벡터로 바꾸기 를 누른 후 [벡터]로 돌아간다. 현재 연필심의 좌표 위치는 (0, 0)이다.

3 비트맵(Bitmap)은 객체(대상)를 좌표 상에서 점(화소, 픽셀) 단위로 나타낸다. 일반적으로 래스터 그래픽스(Raster graphics; 점방식)라고 한다. 벡터 그래픽스(Vector graphics)는 수학 방정식을 기반으로 하여 기하학적인 점, 직선, 곡선, 다각형과 같은 정보를 사용한다. 객체지향 그래픽스(또는 대상지향 그래픽스)라고도 한다.

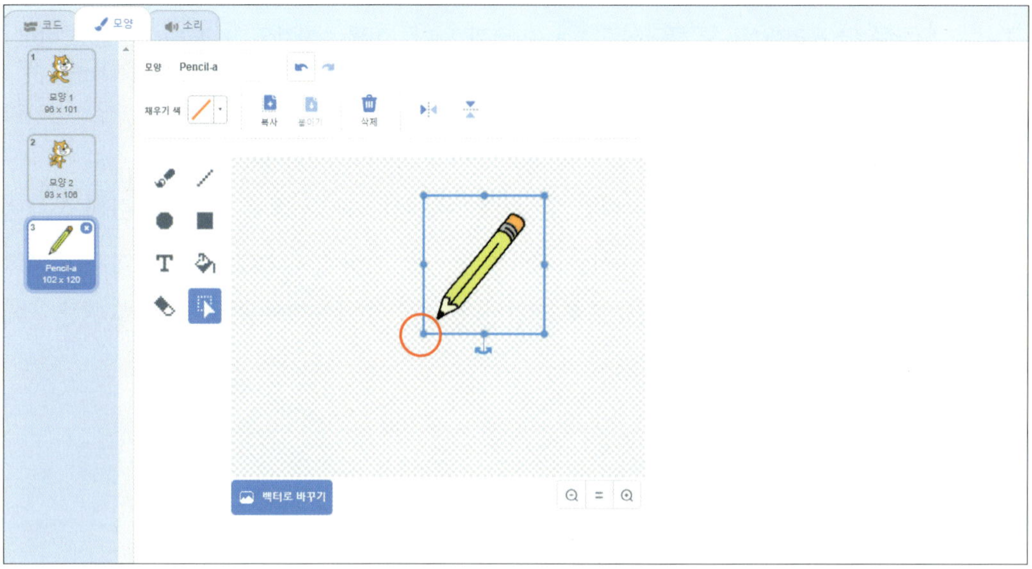

5단계 다른 사각형을 겹치기로 그리기 위해 [코드] 저장소로 가서, [Pencil]을 좌표(−50, 40)에 위치시킨다. 이번에는  대신에  으로 대체하였다.

두 정사각형 그리기 코딩

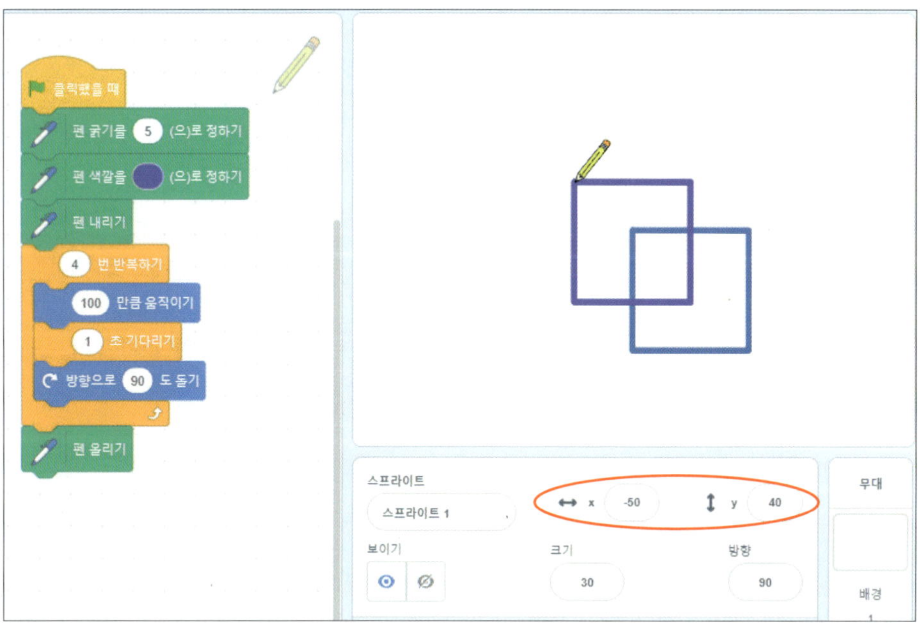

6단계 끝이다.

5.2 추상화 그리기

여기서는 유명 화가의 명화를 감상하고 무엇인가 멋진 작품을 구상해 보자. 다음은 마티스 작품이다. 마티스(1869~1954, 프랑스)는 빨강, 파랑, 초록과 같은 원색의 대담한 병렬을 강조하여 강렬한 개성적 표현을 시도하였다. 보색관계를 살린 청결한 색상 효과 속에 색의 순도를 높여 확고하게 자신의 예술 세계를 구축하였다. 또한 아래와 같이 종이 오리기를 이용해 많은 작품을 남겼다(자료: 네이버 지식백과). 이 그림을 보고 어떤 느낌이 들었는지 혹은 어떻게 만들었을까 등의 서로 이야기를 나누어 보자.

아래 화면은 스크래치로 그린 저자의 작품(제목: 달 있는 창문)이다. 나름대로 푸른 밤 하늘, 노란 달, 창문 등으로 비구상 작품을 보여준다.

전체 코딩 결과

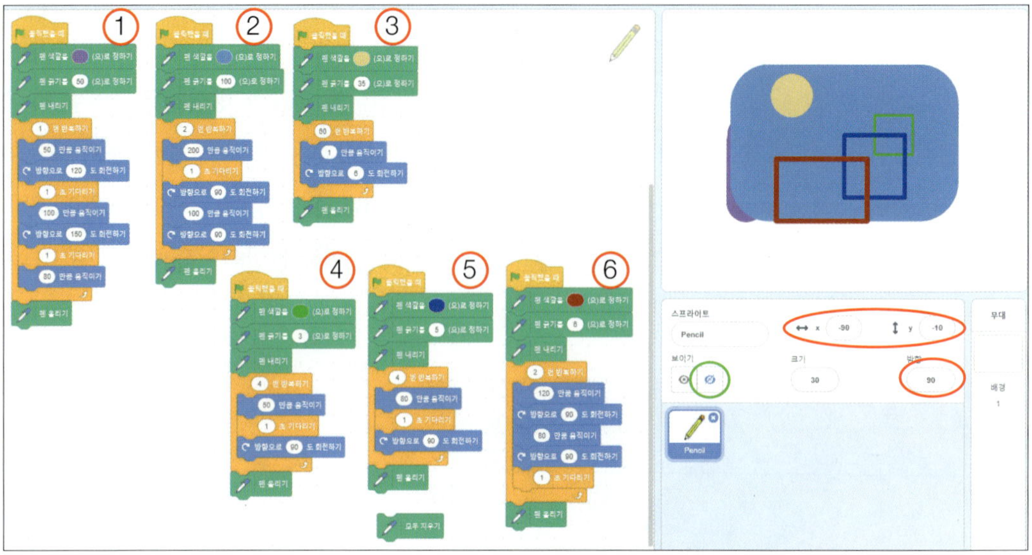

(주) [스프라이트 창]의 [보이기]에서 오른쪽 단추를 선택하면(◯ 부분) [무대 창]에서 연필이 안보이게 된다.

다음은 위 작품에 나온 객체(구성 요소)들의 좌표와 방향이다.

객체	x 좌표	y 좌표	방향
① 그림자	−130	20	90
② 밤하늘	−100	60	90
③ 달	−70	80	90
④ 창(초록)	40	45	90
⑤ 창(파랑)	0	20	90
⑥ 창(빨강)	−90	−10	90

이 객체들의 코딩 순서는 다음과 같다.

개체들의 그리기 코딩

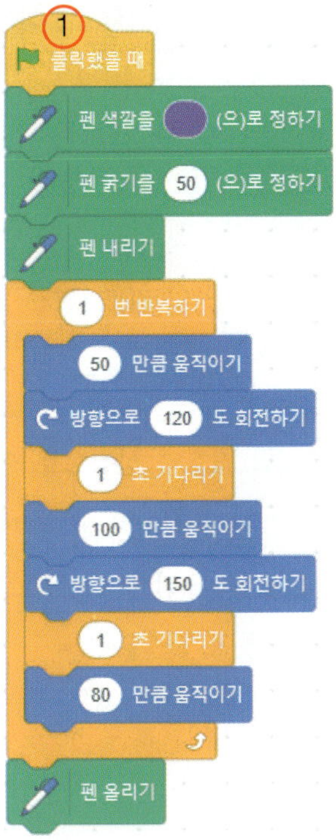

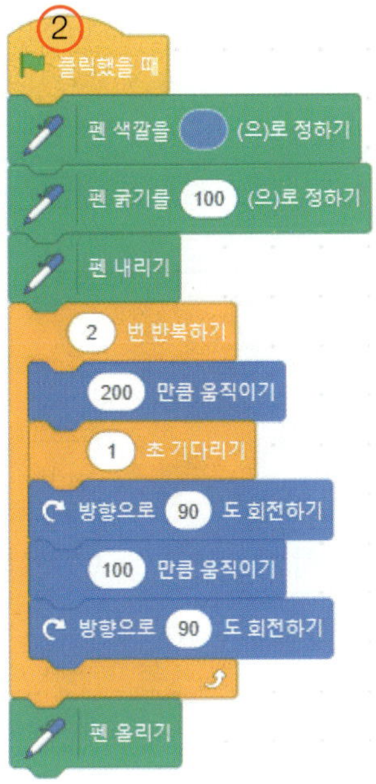

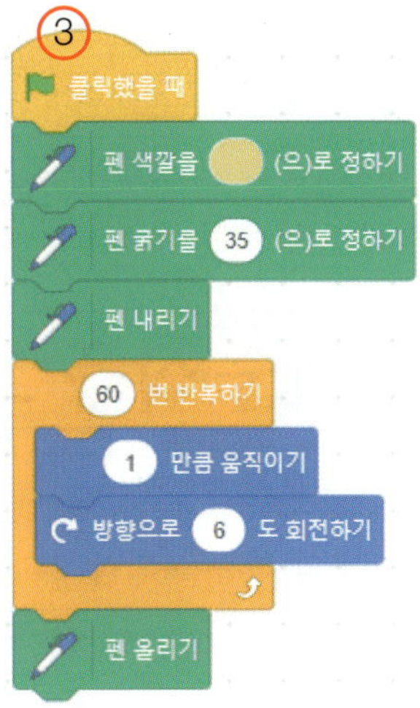

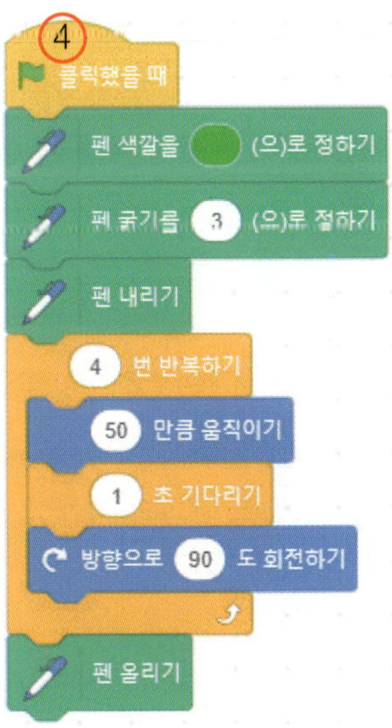

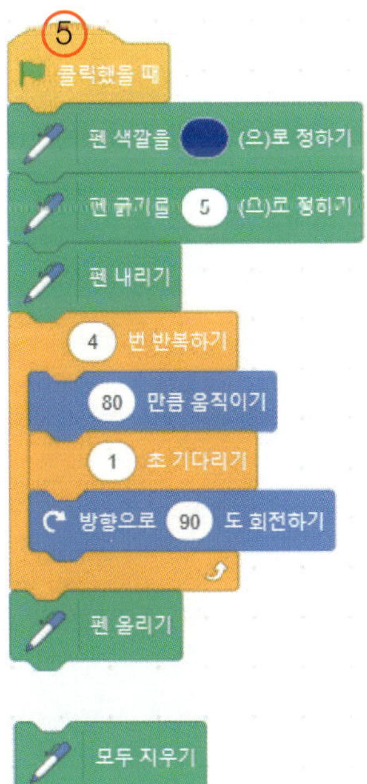

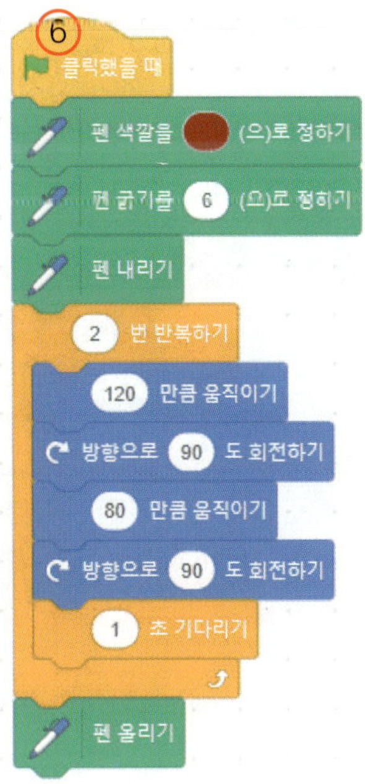

(주) [모두 지우기] 블록은 중간에 수정할 때 유용하다.

각자 자기만의 작품 만들기를 시도해 보기 바란다. 처음에는 기술이 부족하여 마음먹은 대로 잘 안 될 수도 있다. 그러나 곧 익숙해지면서, 작품에 대한 아이디어가 떠오르고 제목을 붙이고 싶어 할 것이다.

제6절 미술 작품 그리기 2

다음으로 미로의 작품을 감상해 보자. 미로(1893~1983, 스페인)는 시(詩)처럼 기호와 상징으로 이루어진 그림을 주로 그렸는데, 어린아이의 천진난만함과 유머가 느껴지는 것이 특징이다. 추상 미술과 초현실주의를 대표하는 화가로 손꼽힌다(자료: 네이버 지식백과). 이 작품을 본 느낌을 서로 나누어 보자.

1단계 새로운 화면이 나오면 [모양] 창고에서 [야옹이] 스프라이트를 포획하여 제거한다.

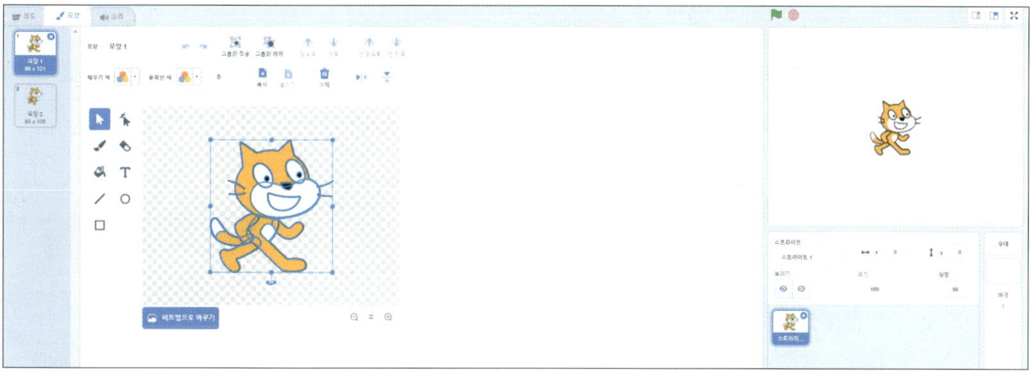

2단계 새 캔버스에서 [비트맵으로 바꾸기]을 눌러서 비트맵으로 전환한다. 화면은 당연히 [벡터로 바꾸기]로 나와 있다.

3단계 그림을 그리기 위해, 위 화면에서 붓을 선택하고 적절한 색깔을 선택한다. 그리고 붓의 굵기는 초기값 10으로 되어 있다. 그리고 화폭을 조정하기 위해 등호 부호 [=]를 누른다. 연습 삼아 캔버스에서 무엇인가를 그려보자. 낙서도 좋다.

4단계 위 화면에서 적절한 색깔(색상, 채도, 명도의 숫자 적어 놓기)과 붓의 굵기(숫자 적어 놓기)를 선택하면, 마음 놓고 자신이 원하는 그림을 그릴 수 있다. 그림이 끝나면 [벡터] 모드로 되돌아간다. 그리고 오른쪽 [무대 창]의 작품은 마우스 오른쪽을 눌러 별도의 파일에 저장해 놓는다.

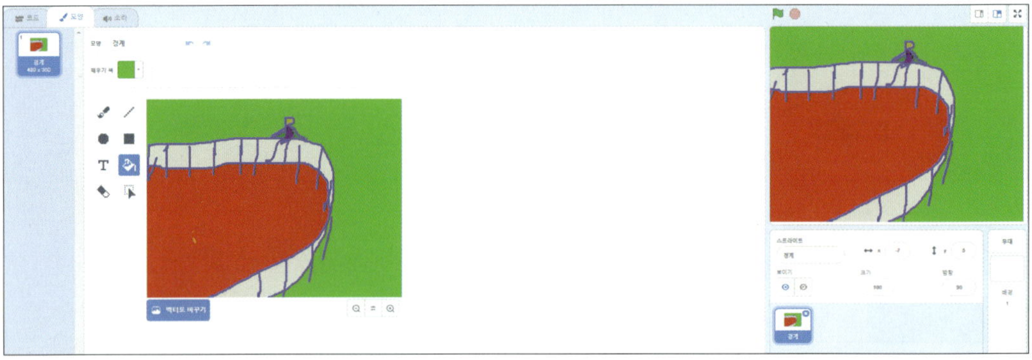

앞의 미로 작품을 한번 시도해 보자. 그리고 적당한 그림 주제를 찾아서 즐기기 바란다. 주제를 BTS 노래처럼 기승전결로 전개한다면 4개의 작품을 만들 수도 있다.

그림을 그리다가 마음에 안 들면 지워도 되지만, 일단 실패작도 모두 모아 놓으면 나중에 좋은 추억거리가 된다. 친구들과 동일한 소재를 정하고 그림을 그린 후에 비교해 보자. 상대 의견을 존중하고 서로의 생각을 나누다보면 친해진다.

참고 붓으로 경계선을 확실히 긋도록 한다. 아니면 을 이용하여 색칠할 때 경계선을 넘는 경우가 발생한다. 그리고 원하는 부분에만 색칠한다면, 동일한 색으로 경계선을 그어도 좋을 것이다.

미술에서는 무엇을 할 수 있을까? 그림을 그리고 작품을 감상하는 것이리라. 미술이라는 창을 통해서 인생의 아름다움을 들여다 볼 수 있는 기회를 갖게 된다. 우리는 그림을 통해서 자신의 감정을 풍부하고 아름답게 만들 수 있다. 스크래치는 빛과 그림자의 변화를 자유롭게 화폭에 그릴 수 있게 해준다. 전문화가가 아니더라도 여기에서 연습한다면 색과 선 그리고 면의 조화를 즐길 수 있다.

CHAPTER 6

게임과 애니메이션

CONTENTS

사람을 미워하지 말라, 게임을 미워하라.

— ICE-T

제1절 게임

지금까지 수학, 국어, 영어, 사회, 음악, 미술 등을 공부하였다. 공부 내용을 응용하여 게임과 애니메이션 작업에 도전해 본다.

야옹이는 축구하는 것을 좋아한다. 달리기를 잘 하고 체격이 좋아서 운동에 관심이 많다. 축구 동아리에 들어가기 위해 헤더 연습을 하고 있다. 야옹이는 컴퓨터에서 헤더 게임을 만들기로 하였다.

(1) 게임 목적: 머리와 공을 서로 닿게 하는 반응 능력을 키운다.

(2) 목표: 막대로 공막기가 성공하면 1점을 얻고 5점이 되면 승리한다. 만일 위에서 내려오는 공이 5점을 얻기 전에 지면에 닿으면 진다. 이뿐만 아니라 10초 시간제한 안에 성공해야 한다.

(3) 준비물:

① 배경 그림

② 야옹이와 공 스프라이트

③ 야옹이 움직임 코딩하기

④ 공 움직임 코딩하기

1.1 배경 그림

1단계 초기화면을 얻고, 화면 하단 오른쪽의 [무대_배경]을 클릭한다. 그러면 왼쪽 상단의 [모양]이 [배경]으로 바뀐다.

2단계 여기서 [배경]을 누르고, 하단에 있는 [배경 고르기]를 클릭하면, 배경 저장소가 나온다.

3단계 배경 저장소에서 [Wall 2; 월]을 선택한다.

1.2 공 스프라이트 추가하기

1단계 아래 화면 우하단에서 [스프라이트 고르기]를 누르고, 저장소에서 [Beachball; 비치볼]을 고른다. 비치볼의 크기를 50%로 줄인다.

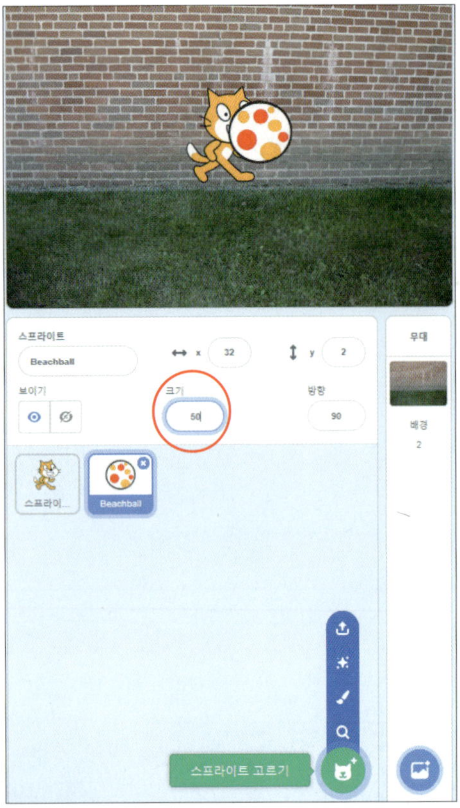

2단계 야옹이를 선택한 후 크기를 70%로 줄인다.

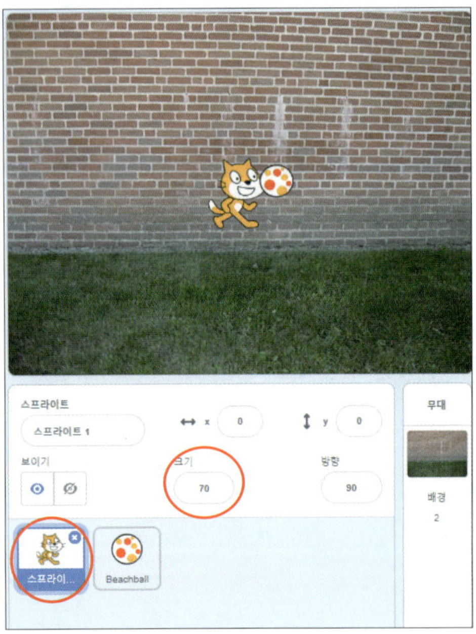

1.3 야옹이 스프라이트에서 야옹이 움직임 코딩하기

전체 화면

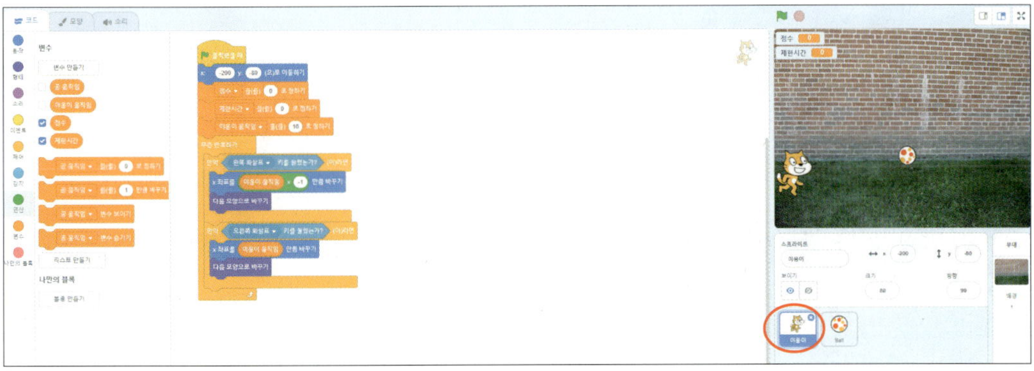

1단계 [변수] 창고의 [변수 만들기]

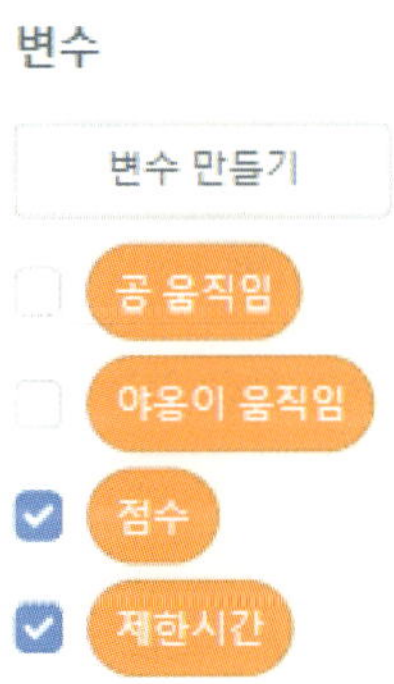

2단계 코딩하기

컴퓨터 자판의 좌측 이동 (←) 키와 우측 이동 (→) 키를 눌러 야옹이가 움직이도록 한다.

야옹이 움직임 코딩

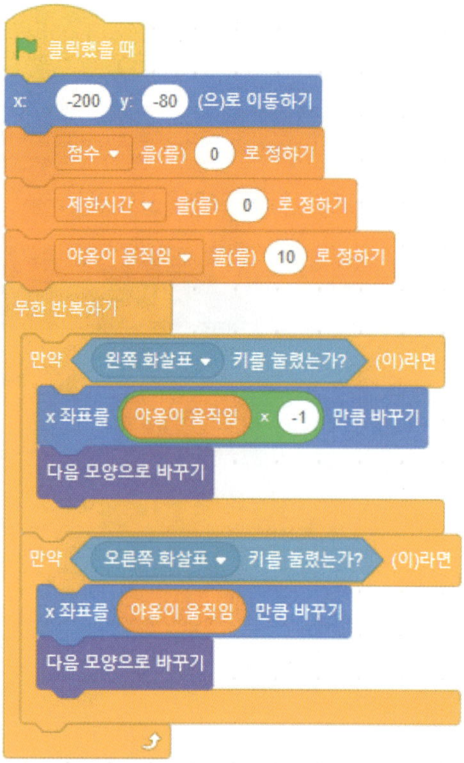

1.4 공 스프라이트에서 공 움직임 코딩하기

전체 화면 결과

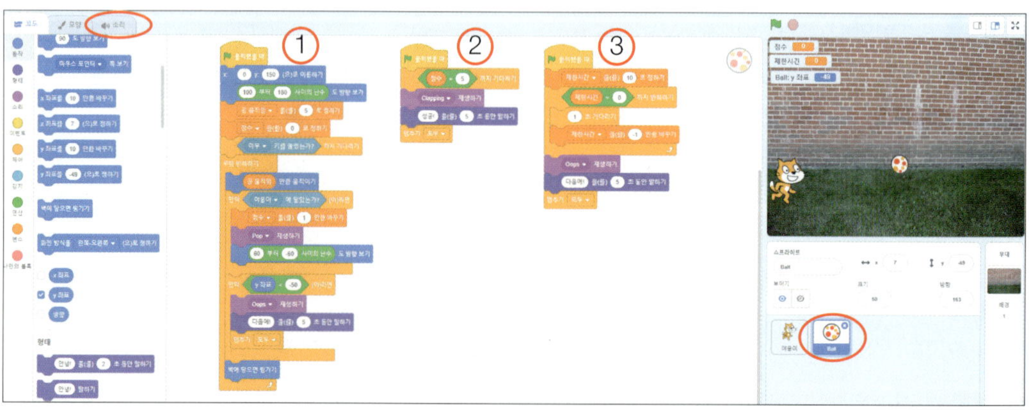

1단계 공 움직임 코딩

코딩하는데 필요한 소리는 위 화면 좌상단의 [소리] 저장소에 가서 가져 온다.

공 움직임 코딩

공이 y 좌표 −50(벽과 잔디밭 경계선 땅) 이하로 내려오면 실패한 것으로 한다. 야옹이는 y좌표 −80에서 수평으로 움직이지만(야옹이 움직임 코딩 참조), 머리 위치는 −50보다 높다. 따라서 머리로 공을 받아야(헤더) 점수를 얻을 수 있다.

2단계 다음 코딩은 정해진 시간 안에 점수 5점이 되어야 "성공"이라고 말할 수 있게 만들었다.

점수와 제한 시간의 코딩

이제 게임을 시작하려면 화면 상단 툴바의 깃발 을 누른다. 멈추고 싶으면 을 누른다. 모두에게 성공을 기원한다.

참고 만일 야옹이의 움직임을 마우스로 작동시키고 싶다면, 야옹이 [스프라이트]를 선택하고 기존 코딩(위 3번 [2단계]) 옆에서 다음과 같이 코딩하면 된다. 이것을 실행할 때, 아래 그림처럼 기존 코딩 몸체에서 블록을 분리시킨다.

마우스 작동 코딩

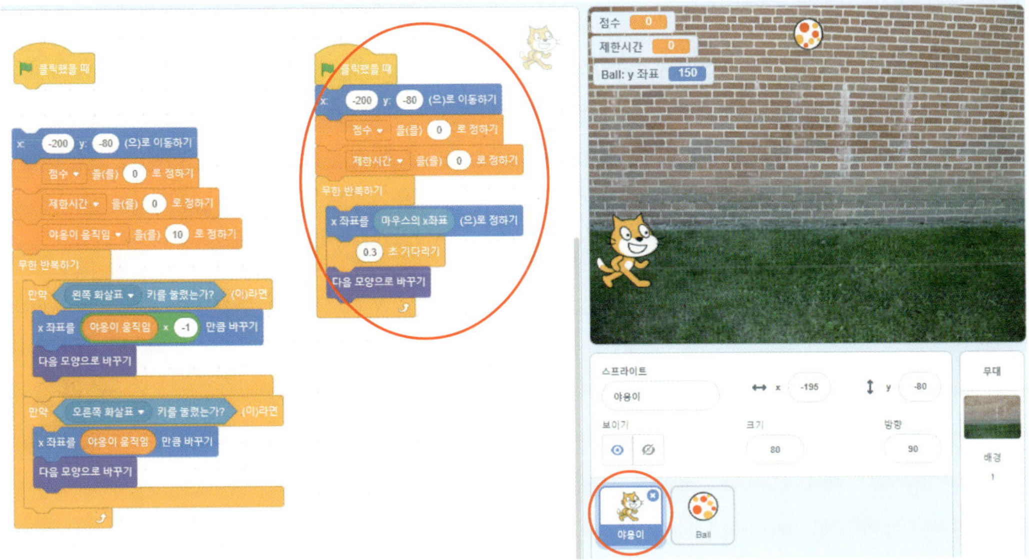

아래 코딩은 위의 타원 부분을 다시 보여준다.

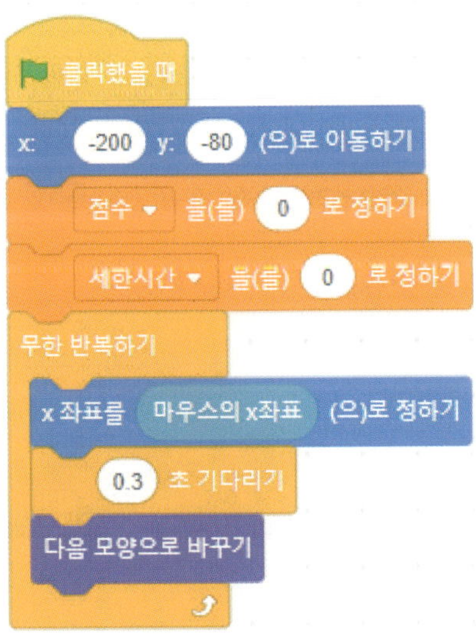

게임에서 승자가 되려면 여러 요인을 고려해야 한다. 친구가 게임의 경쟁 상대일 수 있으나 존중해야 한다. 게임이라는 가상현실에서 잠시 경쟁할 뿐이다. 진정한 고수는 게임을 즐기고 집중한다. 선수(플레이어)가 이 게임에서 생각해야 할 변수는 무엇인가? 제한시간(현재 10), 만점 점수(현재 5점), 공의 속도(현재 5) 등 여러 가지이다. 그러나 개발자 입장에서 보면 게임 변수들의 값에 변화를 줄 수 있다. 게임이 쉬우면 조건을 엄격하게 하고, 게임이 어려우면 쉽게 만드는 식으로 조정한다. 그리고 지나친 살생의 게임은 피해야 한다. 상대를 제거하겠다는 마음은 결국 나 자신을 망치게 한다. 아름다운 이야기를 담은 게임을 찾아서 즐기고 또한 이런 게임을 만들어 보자.

제2절 애니메이션

애니메이션(animation)은 "움직이지 않는 물체를 움직이는 것처럼 보이게 만드는 촬영기법 또는 영화"로 정의한다. 만화영화(漫畵映畵), 동화(動畵), 그림영화로도 불린다. 약칭으로는 보통 애니(ani)로 표기한다. 동작을 조작하기 위해 다양한 기술을 배워야 하며, 이미지를 만들기 위해 풍부한 상상력과 창의적인 노력이 필요하다(자료: 네이버 지식백과).

2.1 문자 자막 애니메이션

한글이나 영어 글자가 무대 왼쪽에서 시작하여 오른쪽으로 물 흐르듯이 지나가게 만들어 보자. 다음의 세 부분으로 나눈 글을 애니메이션으로 만든다.

① 우리는 지금 4차 산업혁명 시대에 있으며

② 로봇, 드론, 가상현실 게임 등을 흔히 본다.

③ 이 발명품 안에는 자료와 알고리즘이 들어가 있다.

1단계 초기화면에서 [모양] 저장소로 간다. [모양 1]을 복제하면 [모양 3]이 생긴다.

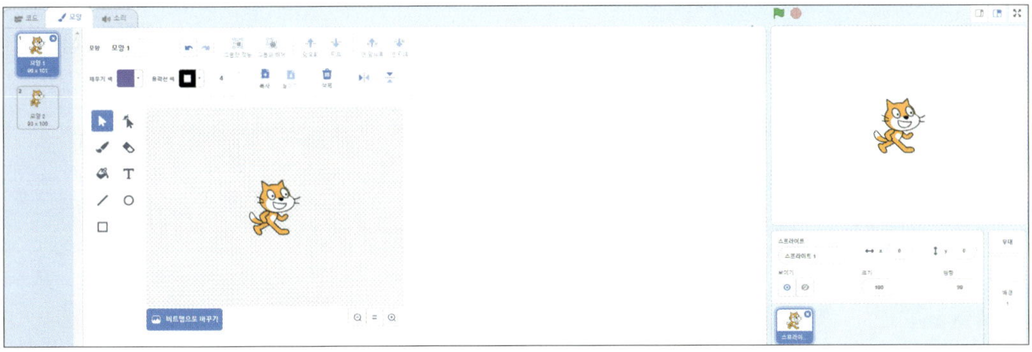

2단계 [모양 3] 상태에서 캔버스 화면은 비트맵으로 바꾸기 를 누르고 [비트맵] 모드로 전환한다.

3단계 캔버스에서 [모양 3]의 야옹이를 마우스로 둘러싸고 삭제한다. [모양 3]의 위치를 첫 번째 위치로 옮기고, 추가로 2개를 더 복사한다.

4단계 이제 3개의 빈 모양과 2개의 야옹이 모양이 있다. 순서는 모양 3, 모양 4, 모양 5, 모양 1, 모양 2로 되어 있다. 먼저 모양 3에 필요한 문장을 넣어서 문자 스프라이트를 만들어 보자. "우리는 지금 4차 산업혁명 시대에 있으며"를 원본 파일에서 복사한 다음, 첫 캔버스의 T [텍스트] 상태에서 마우스 왼쪽을 눌러 [붙여넣기]를 한다. 글씨 색깔을 검정으로 조정한다.

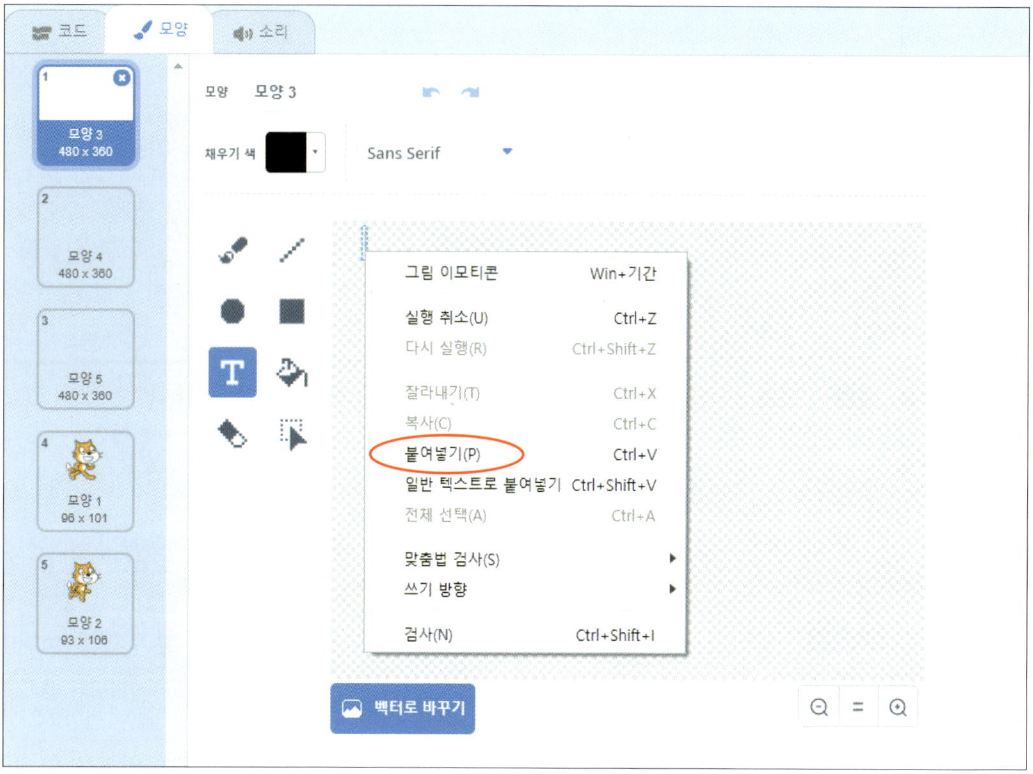

(주) 글씨 넣기가 수월하지 않은 경우에는 Ctrl + V 키를 동시에 누르면 된다.

5단계 복사한 문자(text; 텍스트)를 마우스로 캔버스 중앙에 위치시킨다. 다시 [벡터]로 돌아간다.

그리고 나머지 문장도 동일한 방식으로 적어 넣으면, 3개의 문자 스프라이트가 만들어지는 셈이다.

6단계 [모양] 저장소에서 [코드] 저장소로 옮겨가서, 코딩 작업을 하고 실행해 본다. 무대 오른쪽에 첫 자막이 출격 준비를 하고 있다.

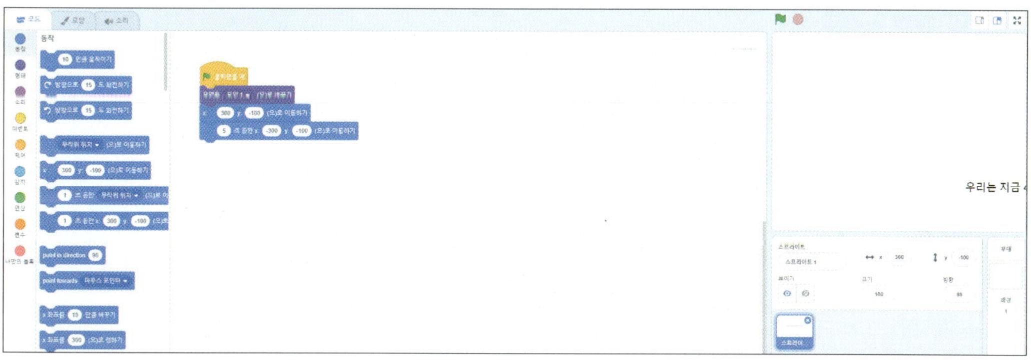

실험 코딩

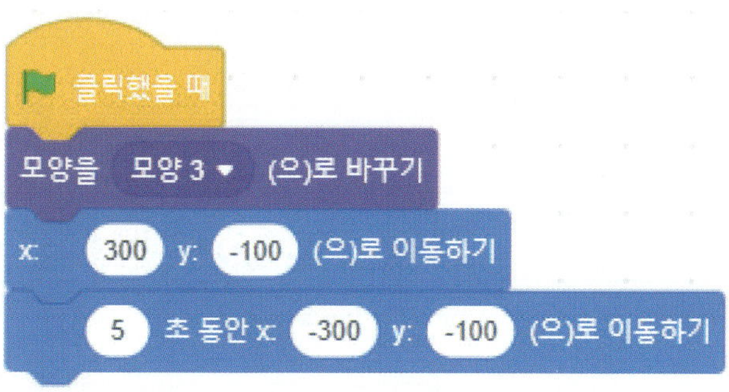

7단계 시험 결과가 마음에 들면, 전체 코딩을 하고 재시험한다. 이러한 자막은 TV나 영화관에서 쉽게 발견한다.

전체 코딩

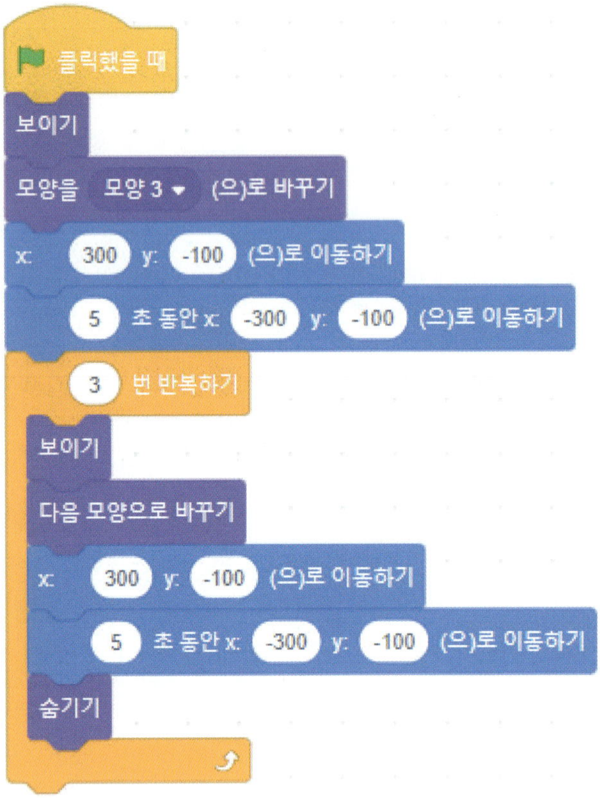

8단계 마지막으로 야옹이가 뒤로 가는 모습이 마음에 안들 것이다. 이것을 수정해보자. [모양]에서 [모양 1] 야옹이를 선택한다. [비트맵] 모드로 전환한 뒤, 상단의 [좌우 뒤집기]를 선택하면 된다.

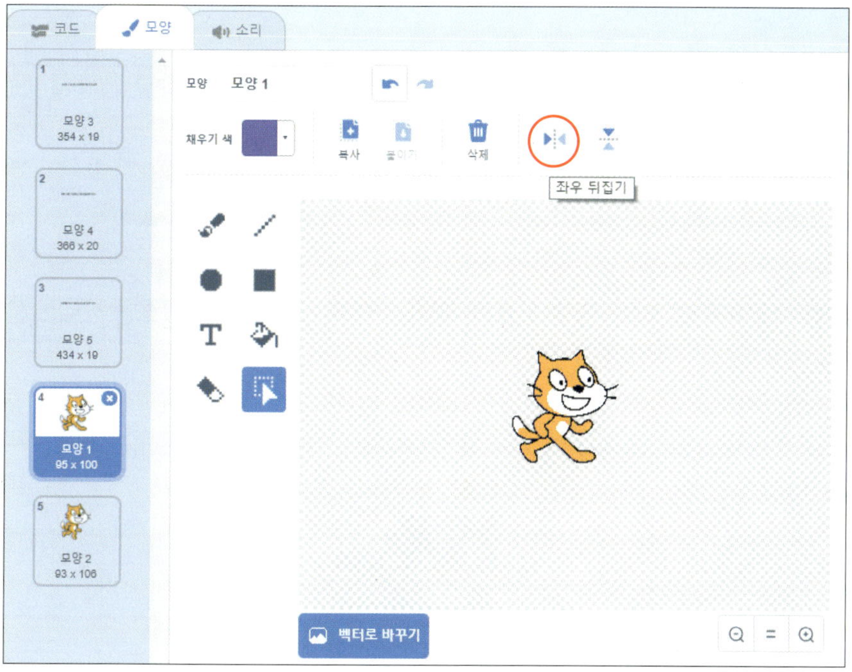

9단계 현재 무대에서 야옹이가 안 보이는 이유는 코딩에서 [숨기기]를 하였기 때문이다. 모습을 보고 싶으면 [보이기]를 선택하면 된다.

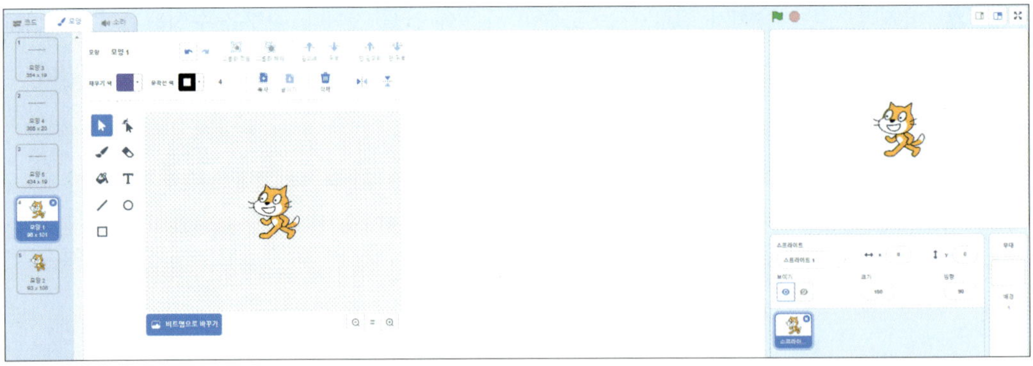

10단계 다시 [코드]로 가서 프로그램을 실행해 보자. 결과에 대해 개선할 것이 있으면 서로 토론하면서 수정하면 된다.

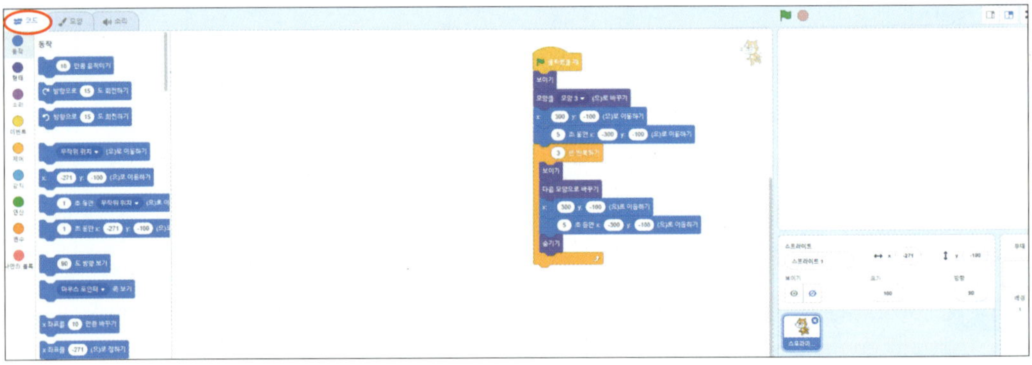

여기서는 야옹이가 걸어가는 모습으로 바꾸어 본다.

수정 코딩

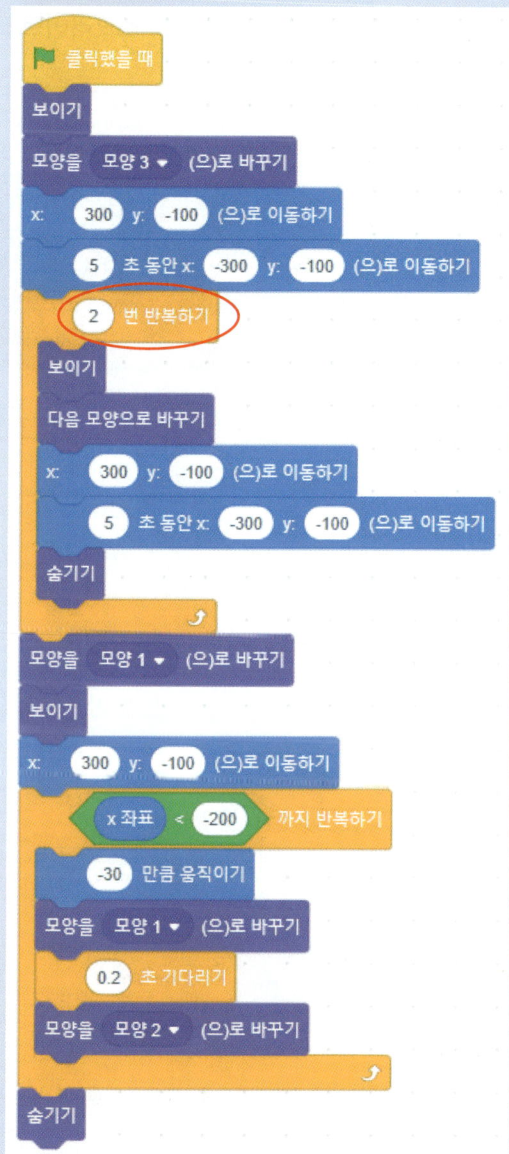

2.2 엄마 상어와 아기 상어

깊은 바다에서 상어 가족이 평화롭게 살고 있다. 이것을 애니로 나타내 보자.

1단계 [무대]의 [배경] 저장소에서 [Underwater 1; 언더워터]를 선택한다. 그리고 [스프라이트 고르기]에서 [Shark; 샤크]를 고른다. 그리고 아래 화면에서처럼 코딩 작업을 한다.

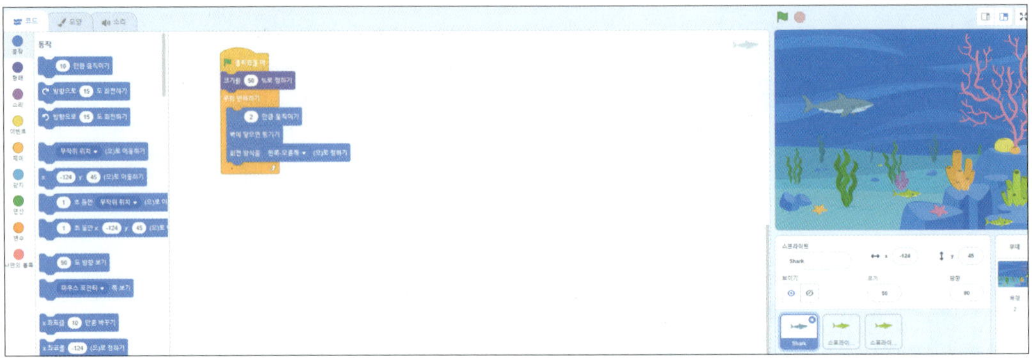

2단계 어린 상어 두 마리를 가져와 [모양]에서 엷게 색칠하고, 각각의 [스프라이트 창]에서 코딩을 한다.

3단계 화면 상단의 깃발 을 눌러 보고 어떤 일이 벌어지는가를 관찰하자. 그리고 좀 더 개선할 것이 있는지 토론해 보자.

2.3 무대에서 춤추기

1단계 [무대_배경] 하단의 [배경 고르기]에서 [Concert; 콘써트]를 선택하고, 다음과 같이 코딩한다. 이것을 실행하면 무대의 싸이키 조명을 얻는다. 멈추고 싶으면 정지 마크 를 누른다.

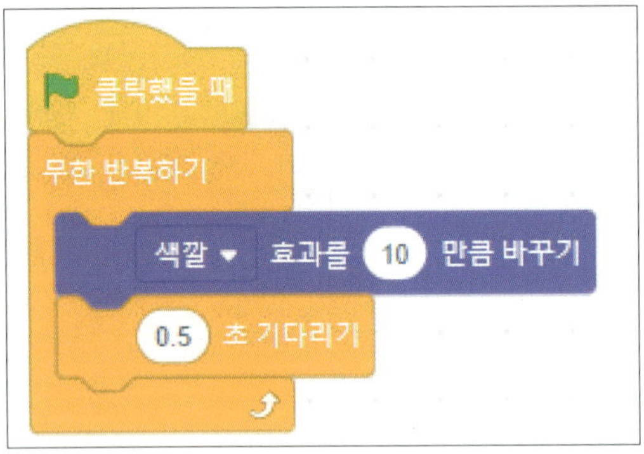

2단계 화면 우하단 스프라이트의 [스프라이트 저장소] 에서 만든 [스프라이트 1]에 [Cassy-a; 캐시-에이], -b, -c, -d 등 넷을 추가한다. 추가 시에는 좌측 [모양 고르기]에서 택한다. 그리고 [소리] 저장소에서 [Dance Celebrate 2; 댄스 셀리브레이트]를 선택한다.

3단계 코딩 작업을 한다. [스프라이트 1]을 마우스 우클릭 복사하고 쌍둥이 [스프라이트 2]를 만든다. 툴바의 깃발 을 클릭하여 춤을 즐긴다. 멈추고 싶으면 정지 마크 를 누른다.

최종 결과 화면

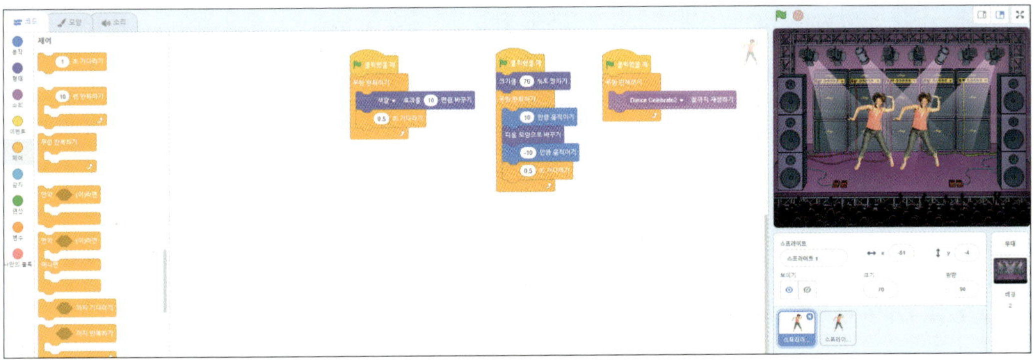

게임과 애니메이션을 개발하다 보면 프로그램을 개선할 여지가 많아 보인다. 플레이어들(고객)들과 지속적으로 소통하고 이해하려는 노력이 필요하다. 기술은 계속 변하고 고객들도 변한다. 따라서 개발자는 환경 요인의 욕구를 고려하면서 변해야 한다. 상상력과 창의력 넘치는 작품을 만들려면 많은 책(위인전 포함)을 읽어야 한다. 독서는 변화에 대비하는 유익한 길이다.

저 높은 곳을 향하여,

지금까지 우리는 스크래치 세계에서 블록을 이용하여 코딩이 주는 즐거움과 어려움을 함께 경험하였다. 특히 수학의 중요성을 새삼스럽게 알게 되었다. 수학은 단순히 계산 문제를 푸는 것이라기보다는 사고력과 논리력이 필요한 과목이다. 약간의 참을성만 있으면 수학은 과히 어렵지 않다. 수학적 사고는 음악이나 미술 분야를 확장시켜 준다. 사실 이 모든 것은 국어, 즉 독서의 힘에서 나온다. 인내심을 가지고 책을 많이 읽자.

인내심은 언제인가 성취감을 가져다 준다. 여기까지 잘 참았으므로 다음 세계인 R로 나아가는 용기도 있을 것이다. R은 스크래치와 다른 형식으로 여러분을 맞이한다. 블록을 쌓는 것이 아니라 숫자와 문자를 섞어서 정식으로 코딩 작업을 한다. 기본적인 논리는 스크래치와 별 차이가 없다. 성장하려면 몸속의 성장판이 커지는 고통을 감수해야 한다.

어렵더라도 더 넓은 지식 세계로 나아가자. 불확실성 속에 머무르려는 준비만 있다면 어드벤처의 성공은 나의 것이 된다. 데이터 과학자의 꿈을 가지고 인공지능(AI: Artificial Intelligence [아티f피셜 인텔리전스])을 이해하자. 사람처럼 생각하고 행동하는 로봇을 마음에 그려보면서 기초 R 세계로 한걸음 나아가자.

제2편
R 어드벤처

CHAPTER 7

R 깔기

CONTENTS

복잡하다고 생각하면 단순화시키자.
그리고 단순함을 반복하자. 반복이 기적을 낳는다.
— 저자

시작이 반이다.
따라서 시작을 두 번하면 "완성"된다.
— 저자

제1절 R이란

R은 프로그래밍 언어로서 데이터 분석과 시각적 표현이 뛰어나다. 이 언어는 뉴질랜드 오클랜드 대학에서 시작되어 R 코어 팀이 지속적으로 개발하고 있다. 현재 R 관련 사업은 비영리 재단에 의해 운영되며, 오픈 소스로서 무료로 다운받을 수 있다. R 안에는 1만여 개의 개별 기능 프로그램이 내장되어 있어 다양한 데이터 분석과 해석 기법을 지원한다. 이 개별 프로그램을 패키지(package)라고 부르며 사용자들이 직접 기능을 개발하고 확장할 수 있다. 이 덕분에 계속 진화하고 있다.

이 프로그래밍 언어는 통계 컴퓨팅, 그래픽, 기계 학습 등에 유용한 도구이며 사용자, 개발자, 참여자 등으로 구성된 글로벌 커뮤니티에서 널리 활용되고 있다. 구글, 마이크로소프트, 페이스북 같은 세계적인 기업들이 이 언어를 통하여 데이터 분석 분야에 활용하고 있다. 또한 많은 연구자들이 통계학적인 분석을 위해 R를 이용하고 있다.

여러분들은 통계학라는 단어에 미리 겁을 집어먹지 말기를 바란다. 통계학은 여러 숫자를 한군데 모아 놓고 분석하는 학문이다. 통계학자는 이 숫자모음(dataset; 데이터세트)에서 자료가 어디에 많이 몰려있고, 어느 정도 넓게 퍼져 있는가를 살펴본다. 벌집을 보면 여왕벌 주변에 벌이 몰려 있고 다른 벌들은 간간히 주변에 퍼져있다. 통계학은 이 몰려있는 곳을 평균이라는 단어로 그리고 퍼져있는 부분을 편차로 설명한다.

본서 기초 R에서는 주로 평균을 이해하는 것으로 제한한다. 이 단어만 잘 알아도 통계학의 반을 이해하는 셈이다. 이미 잘 알고 있듯이, 평균은 관찰치를 모두 합한 후에 개체 수로 나눈 값이다. 예를 들어, 수학 시험의 반 평균은 학생들의 점수를 모두 합한 후 학생 수로 나누면 된다. 반평균이 80점이 나왔다면, 이것은 무엇을 의미하는 것일까? 이 숫자는 80점대에 학생들이 가장 많이 몰려있다는 것을 의미하고 전체 학생의 시험점수를 대표로 나타낸다. 이 점수를 다른 반평균과 비교하면 우리 반 학생들의 학업 상태를 잘 알 수 있다.

스크래치 과제의 평균 계산을 다시 한번 살펴보자. 앞의 "제2장 수학, 제3절 연산과 비율"에서 길동이 용돈의 월 평균을 구하는 알고리즘을 공부하였다. [무대 창]의 결과를 보면 다음과 같다.

위 결과를 얻기 위해 블록을 이용하여 코딩을 작업하였다. 알고리즘을 공부하면 수학을 논리적으로 이해하는 이점이 있다. 비록 블록을 조심스럽게 쌓는 과정이 필요하지만, 이 방법은 매우 쓸모 있다. 그 예제를 다시 한번 살펴보기 바란다.

그런데 이것을 R에서 구한다면 다음과 같이 진행한다.

```
용돈 <- c(3.2, 2.5, 10.2, 5.5, 6.7, 7.9)
sum(용돈)1
mean(용돈)2
(결과: 36, 6)
```

(주) R 부호(<-)는 부호 (=)도 가능하며, c는 숫자들을 세트로 모아주는 역할을 한다(combine[컴바인]).

R은 명령문만 알면 자료 입력과 함께 원하는 계산을 알기 쉽게 보여준다. 우리는 이미 스크래치에서 알고리즘을 충분히 공부하였으므로 R도 쉽게 이해할 수 있을 것이다. R은 내장된 명령문 또는 함수를 활용하여 데이터(숫자와 문자) 분석을 수행하기 때문이다. 처음 도입 과정은 익숙하지 않아서 긴장감을 주겠지만, 약간의 인내심만 있으면 된다.

---

1 sum[썸]은 합계를 뜻한다.

2 mean[민]은 평균을 뜻한다. 그리고 mean이 동사로 쓰이면 "의미하다"이고, 형용사로는 "천하다"라는 뜻도 가지고 있다.

제2절 R 깔기

2.1 R 프로그래밍 언어 설치하기

"R 프로그래밍 언어"는 "R 프로그램"과 "RStudio[알스튜디오] 프로그램"으로 구성되어 있어, 두 프로그램을 차례대로 설치하면 된다.

도표 7.1 R 언어 설치하기 2단계

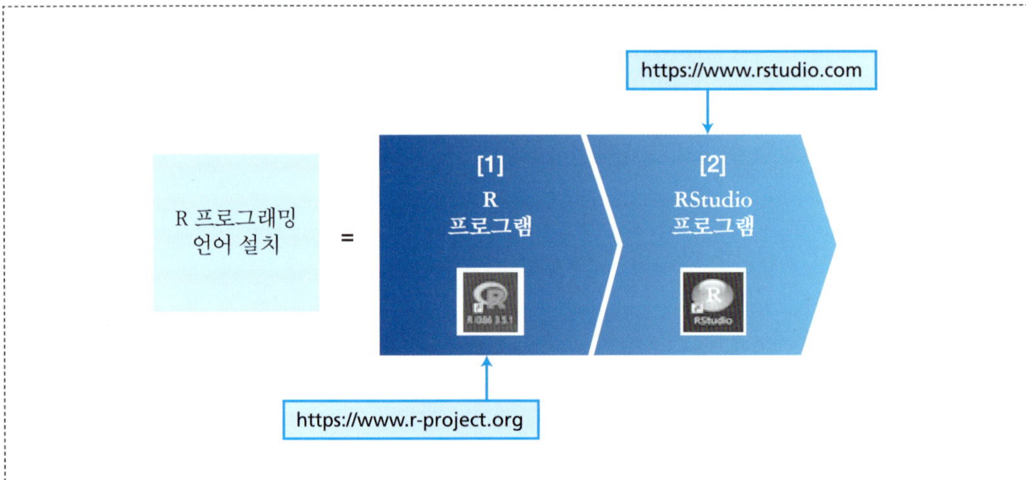

(1) R 프로그램 설치하기

1단계 크롬(또는 인터넷 익스플로러)에서 https://www.r-project.org를 입력한 후 엔터를 치면, 다음 화면을 얻는다.

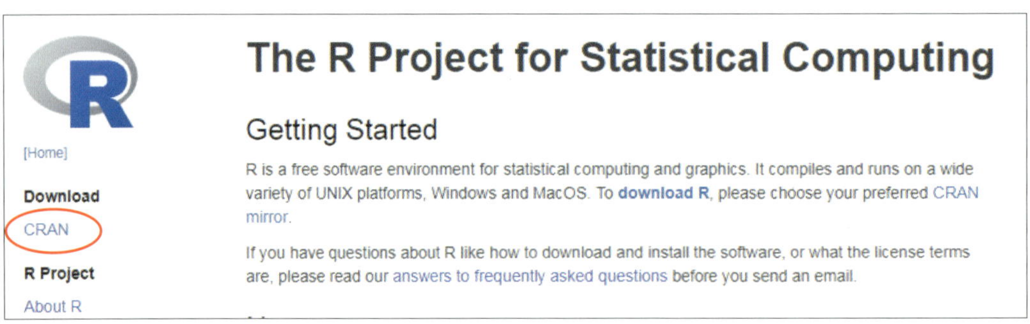

2단계 위 화면에서 [CRAN]을 선택하면 [CRAN Mirrors] 창이 나온다. 여기서 Korea를 찾으면 다섯 종류의 사이트가 있고, 임의로 하나를 선택한다.

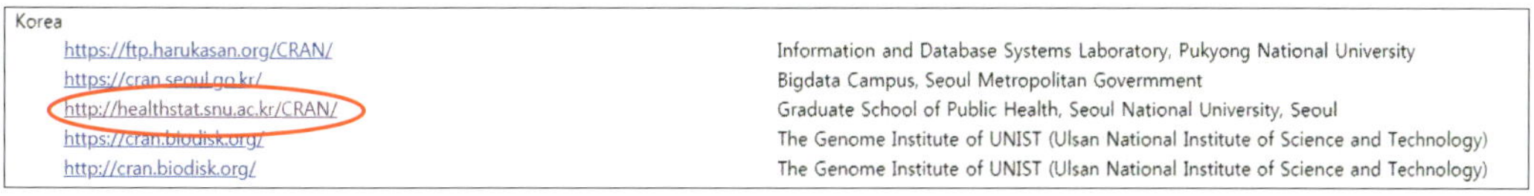

3단계 윈도우 버전에서 다음을 계속 진행한다.

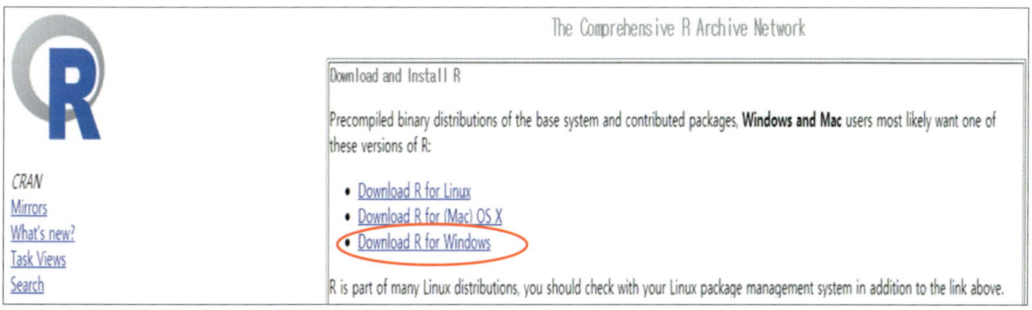

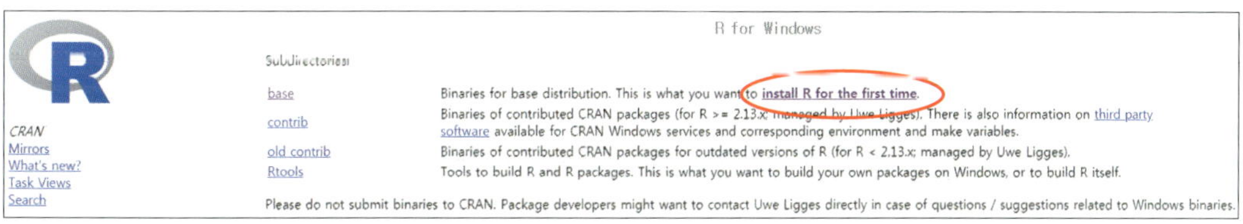

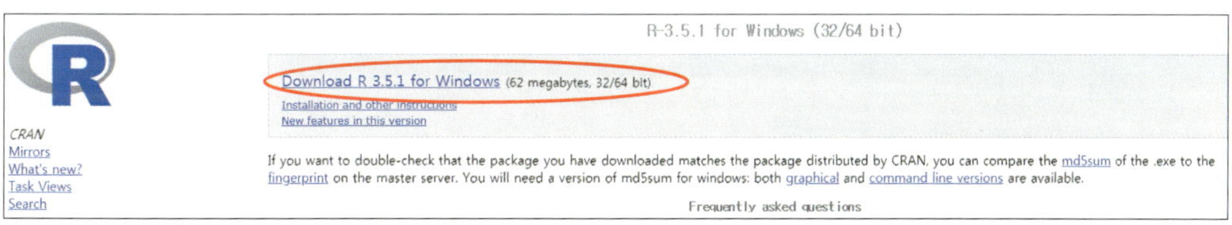

4단계 화면 왼쪽 하단에 다음의 R 프로그램 실행파일이 뜨면서 파일을 실행시킨다. 이 실행 파일은 [다운로드]에 저장되어 있다.

5단계 다음 화면을 포함하여 여러 화면이 나오면 [확인] 또는 [다음]을 눌러 계속 진행한다.

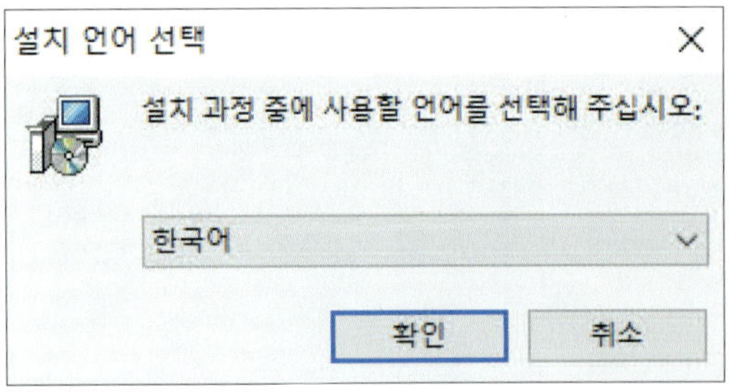

6단계 이제 바탕화면에 가 생성된다. 이 R 프로그램은 RStudio 프로그램을 지원하기 때문에 필수적이다.

(2) RStudio 프로그램 설치

1단계 다시 크롬 또는 인터넷 익스플로러에서 *https://www.rstudio.com*을 접속한 후, 다음을 계속 진행한다.

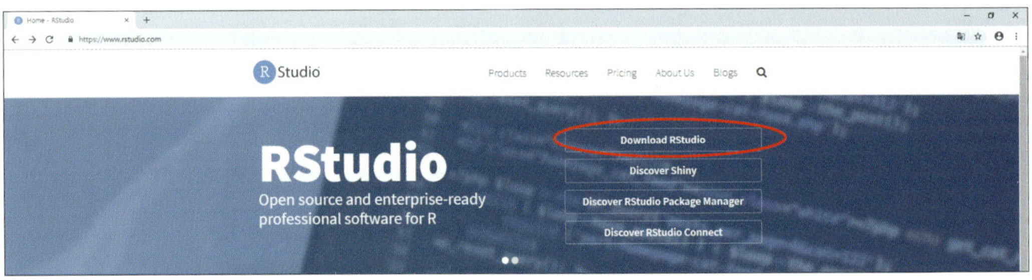

2단계 R Studio 화면의 하단에 가면 타원 친 부분을 만난다. 이것을 선택하면 다음 단계의 실행파일을 얻는다.

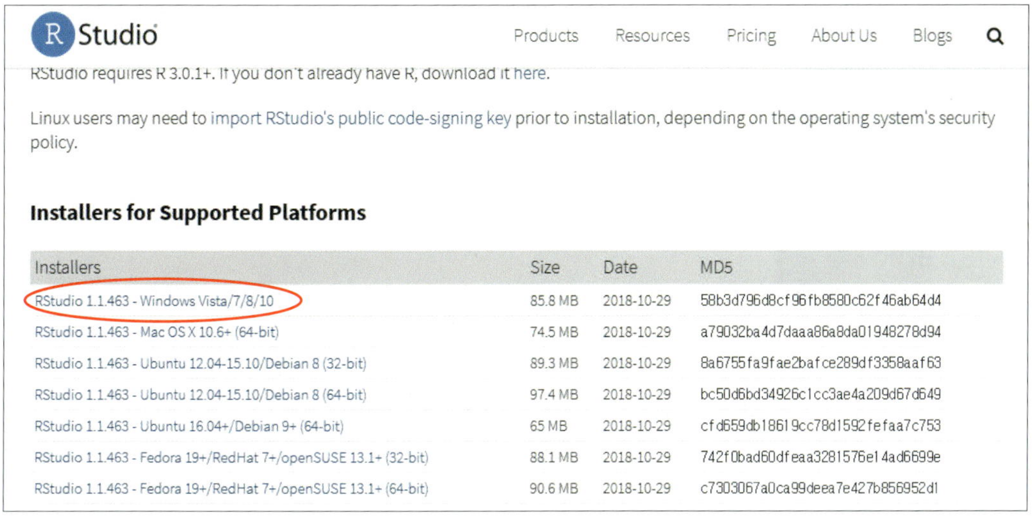

3단계 화면 왼쪽 하단에 생성된 RStudio-1.1.463.exe 을 클릭하면 다음 창이 뜬다. 여기서 계속 진행하면 된다.

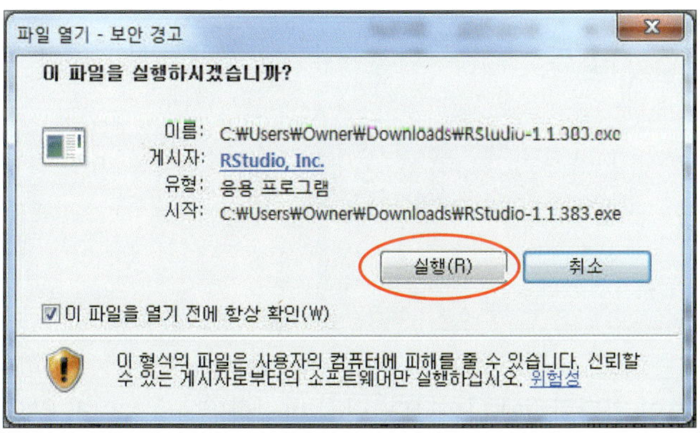

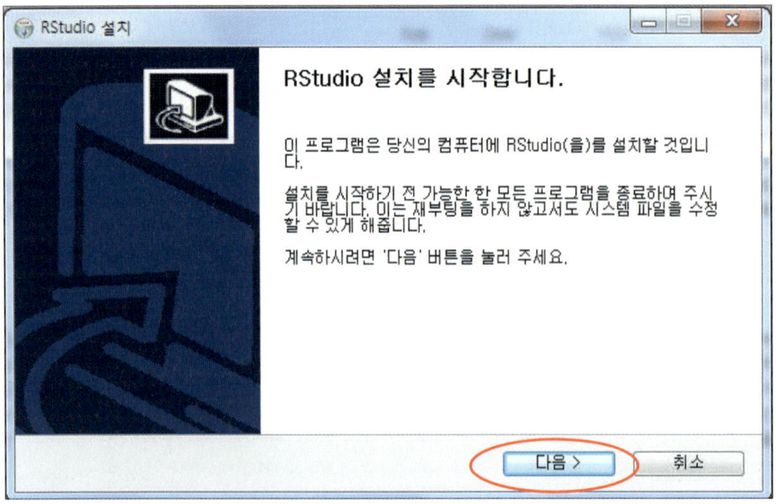

4단계 아래 화면에서 클릭한 후, 설치, 완료를 계속 선택하면 된다.

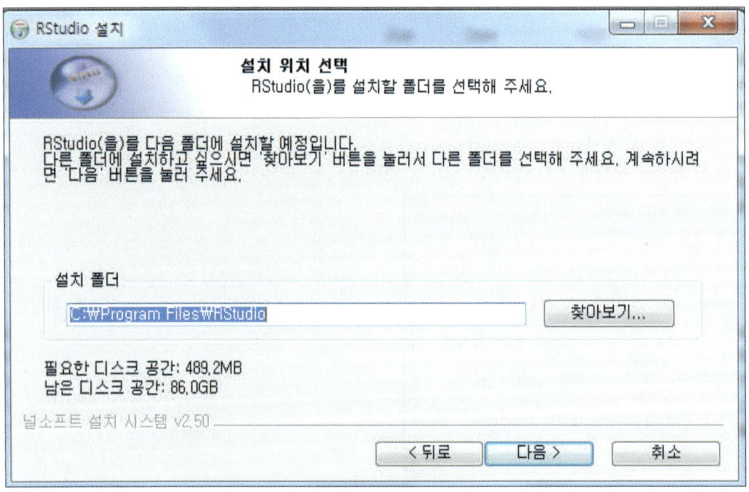

5단계 이제 RStudio가 생성되고 이 바탕화면에 나타난다. 만일 바탕화면에서 보이지 않으면, 왼쪽 하단의 (또는)에서 [RStudio] 폴더에 가서, 마우스 왼쪽으로 아이콘을 잡아서 바탕화면으로 옮긴다. 그러면 끝이다.

요약하면, RStudio는 R을 편리하게 사용하기 위해 개발된 프로그램이다. 코딩 작업은 주로 RStudio에서 진행한다. 본서는 RStudio를 통칭 R로 표기한다.

2.2 RStudio의 4면 창

이제부터는 RStudio 프로그램만 이용하면 된다. 이를 위해 단축 아이콘 을 누르면 [도표 7.2]의 왼쪽 초기화면이 나오고 4면의 창을 얻는다.

도표 7.2 RStudio 초기 화면

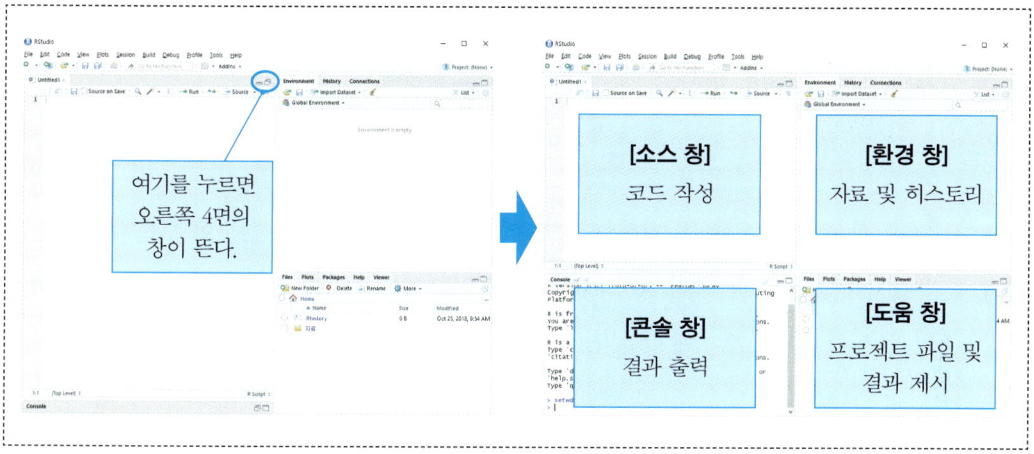

실제로 [소스 창]에서 자료를 입력하고 실행한 후 화면이 어떻게 보이는지 알아보자.

도표 7.3 전체 화면

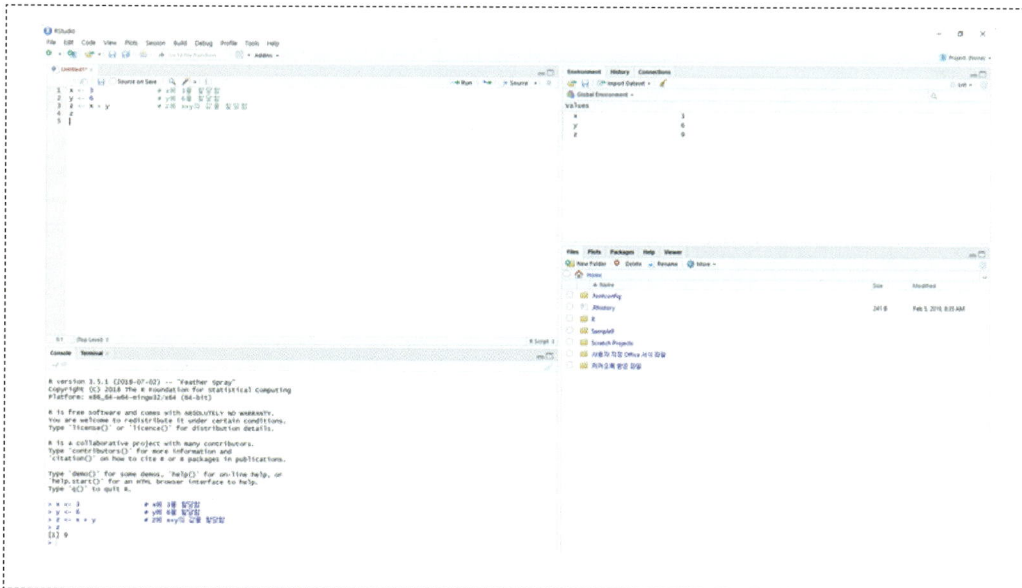

4개의 창을 차례로 살펴보자.

☑ 소스 창

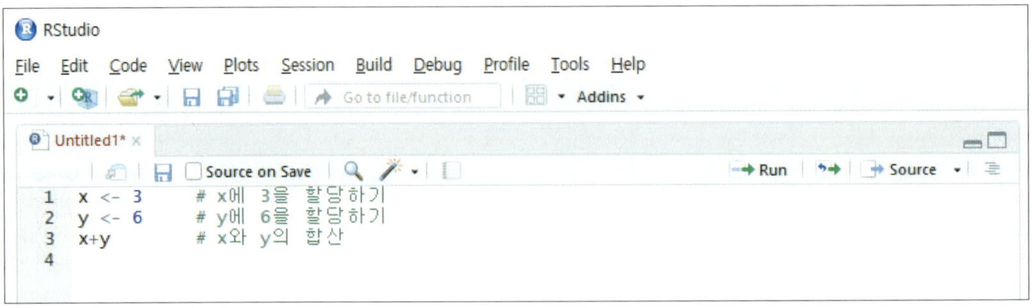

R 코드 입력은 주로 [소스 창]에서 하며, 언제든지 수정이 가능하다. 입력 코드의 부호 (<-)는 오른쪽의 특정 값을 왼쪽 변수(객체)에 할당(대입)한다는 뜻이다. 프로그램에서 (=) 부호를 사용해도 무방하지만, 본서는 전자의 방식에 따른다.

> **주의** 부호(#; sharp, 샵)는 R 문장을 설명한다는 뜻이며, 이것은 실행되지 않는다. R에서 한글이 가끔 깨지므로 영어로 입력하는 것이 좋다.

[소스 창]에서 코드 명령문 실행은 세 가지 방법이 있다.

(1) 커서를 명령문 아무 곳에나 위치시키고 Ctrl + Enter 단추를 동시에 누른다.

(2) 실행 명령문 모두를 마우스 왼쪽으로 드래그하고 나서 Ctrl + Enter 단추를 동시에 누른다.

(3) 커서를 원하는 명령문 위에 올려둔 채 또는 마우스 왼쪽으로 드래그한 채, [소스 창] 상단 오른쪽의 Run 단추를 누른다.

실행 결과는 [콘솔 창]에 나타난다.

☑ 콘솔 창

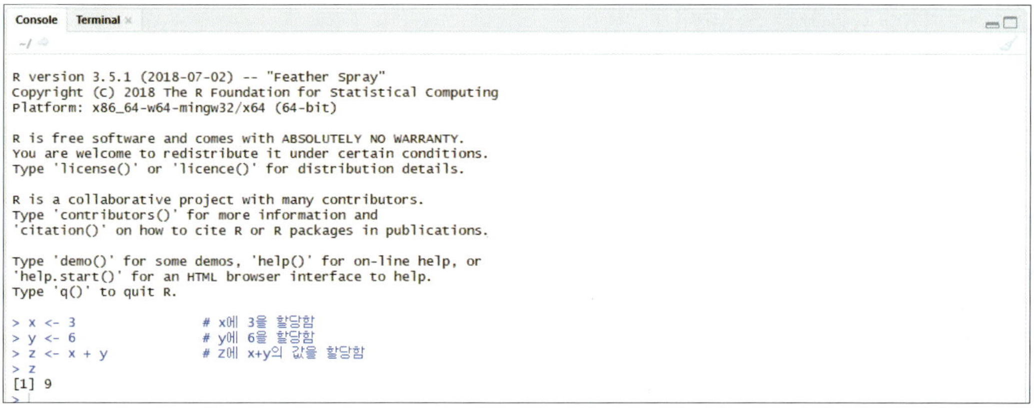

[콘솔 창]은 프로그램 실행 결과를 보여주며, 수정할 수는 없다. 여기서는 프롬프트 부호 (>)로 시작하여 결과를 보여준다. z의 답이 9라고 보여 준다. [1]은 출력 답이 한 줄이라는 뜻이다.

☑ 환경 창

[환경 창]은 코딩 실행 결과로 생성된 자료의 값을 전체적(global)으로 보여준다.

☑ 도움 창

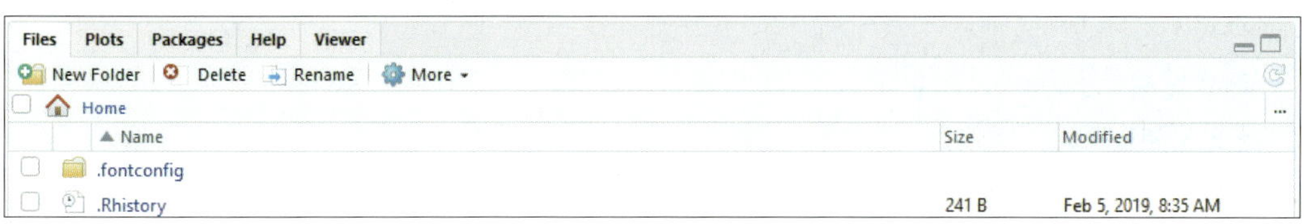

[도움 창]은 여러 기능을 가지고 있다.

- Files: 프로젝트와 폴더의 상황을 보여준다.
- Plots: 그림표를 보여준다.
- Packages: 현재 설치되어(install) 있는 패키지들을 보여준다.
- Help: 궁금한 것이 있으면 설명해 준다.
- Viewer: HTML 같은 웹문서의 실행 결과를 보여준다.

입력과 실행이 끝나면 파일 저장을 위해 툴바의 단추를 누르고 파일 이름을 적어 넣으면 된다. 그런데 상변 우측의 툴바에 Project: (none)이 보인다. 이것은 프로젝트(폴더)가 없다는 뜻이다. 이 문제를 해결하는 것이 R의 파일 관리 핵심이다.

2.3 파일 저장과 불러오기

파일 관리는 중요하다. 나중에 필요할 때 다시 불러와야 하므로 잘 정리해 놓아야 한다. R에서 파일 관리는 Project(프로젝트)라는 용어를 사용한다. 이것은 폴더와 동일한 개념이다.

Ravd라는 R 프로젝트를 만들어 보자.

1단계 초기 화면에서 [File] ⇒ [New Project] 단추를 클릭한다.

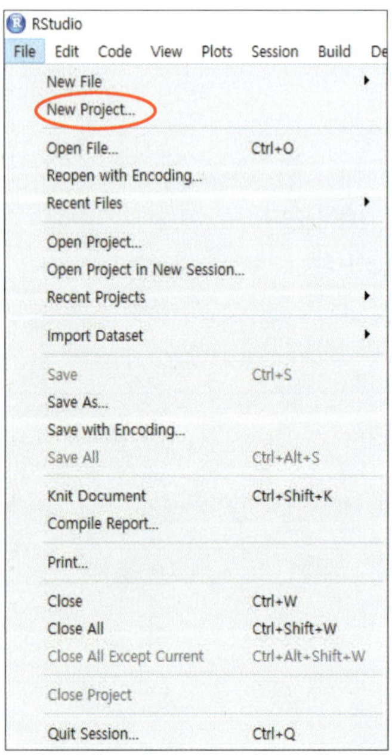

2단계 그러면 이미 코딩한 것을 저장할지 물어보나, 무시한다. 여기서 [Don't Save]를 선택하면, 아래 [Create Project; 크리에이트 프로젝트] 창이 뜬다.

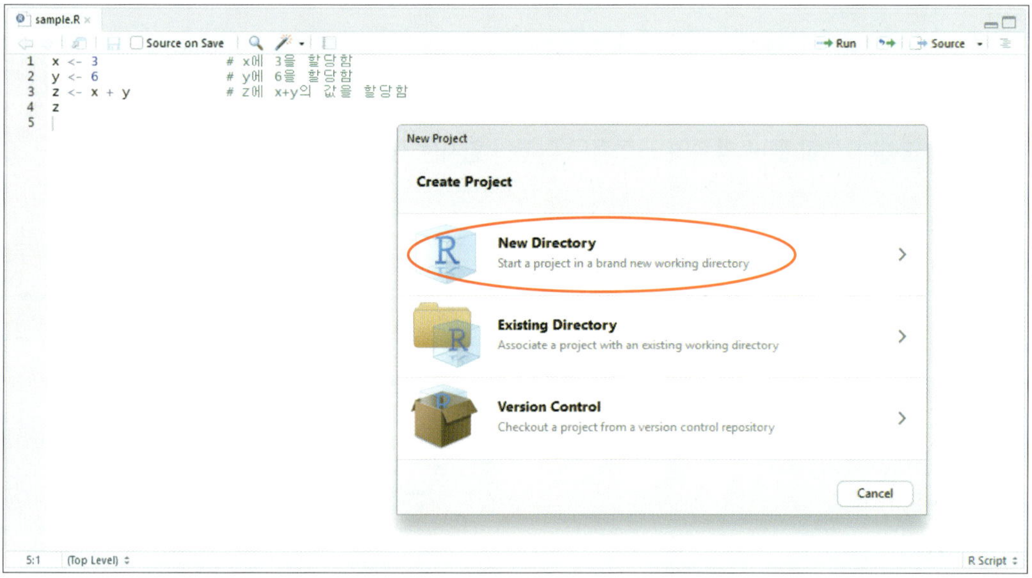

3단계 계속해서 [New Directory] ⇒ [New Project]를 선택한다. 그러면 아래 창이 나오고, [Browse…]에서 적절한 폴더를 선택한다. 여기서는 D:/에서 Radv로 한다.

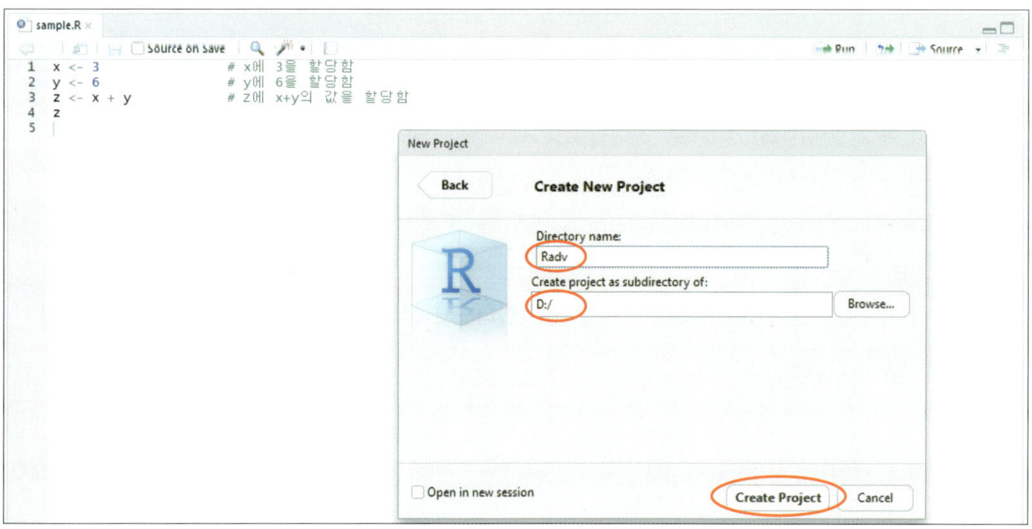

4단계 위 화면 하단의 [Create Project] 단추를 누르면 아래와 같은 화면이 나온다. 툴바 좌우에 Radv Project가 생성되었다. 그리고 오른쪽 하단 [도움 창] 메뉴의 [Files]에서는 D에 

가 만들어졌다. 이것을 클릭해야 [Radv] 프로젝트에 갈 수 있다.

주의 이 화면의 세 곳에 프로젝트 (예를 들어: Radv) 이름이 일치해야 한다. 그래야 파일 관리가 수월하다. 특히 툴바 양쪽의 프로젝트 이름의 일치는 중요하다.

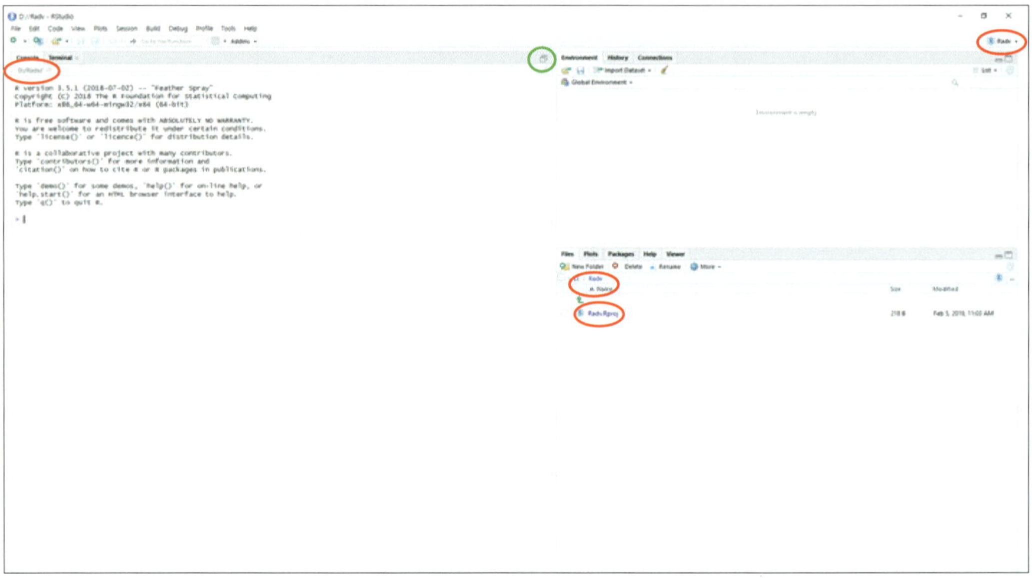

5단계 위 화면 [소스 창] 오른쪽 상단의 ◯ 축소 단추를 클릭하면, 4개의 창을 가진 초기화면으로 복귀한다. 여기서 입력하고 저장하고 불러오면 된다.

참고 지금 R 프로젝트인 D:/Radv가 만들어져 있다. 처음에 입력 저장했던 sample.R을 찾아서, D:/Radv에 옮겨 저장해 보자.

1단계 현재 화면 [소스 창]에서 [File] ⇒ [Close Project]하면, 조금 전의 그 파일 sample이 다시 나온다. 현재 Project:(none) 상태다.

2단계 [File] ⇒ [Save as···]하면, 아래의 [Save File] 창이 뜬다. 여기서 D:에서 Radv 폴더를 찾은 후, sample 파일 이름으로 [Save]한다. 그러면 [소스 창]에 이 파일이 생성된다.

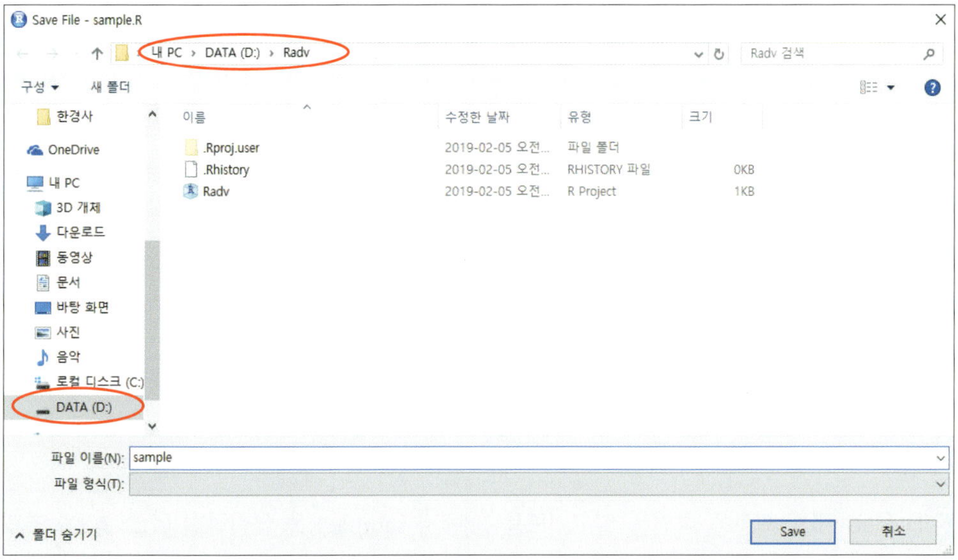

> **주의** 현재 화면이 아직 RStudio 초기화면임을 유의한다. 계속 작업하려면 다시 D:/Radv 즉, Radv.Rproj 작업장(폴더)에 들어가서 sample 파일을 불러와야 한다. 이를 위해 다음을 실행하자.

3단계 상단 툴바의 [File] ⇒ [Open Project] → Data(D:) ⇒ [Radv] 를 선택한 후 아래 화면에서 [Radv] 를 클릭한다.

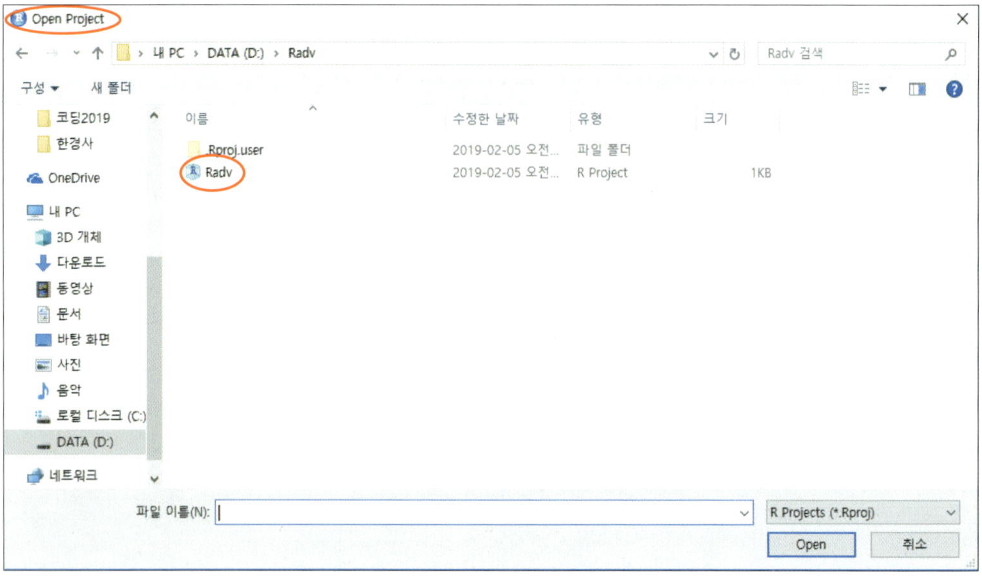

4단계 D:/Radv에서 새로운 화면을 열고, [도움 창]에서 sample.R을 클릭하면 [소스 창]에 코딩한 것이 뜬다. 화면 상단 좌우에 프로젝트(폴더) 이름이 Radv임을 확인하라. 성공이다.

지금까지 RStudio 안에서 자료를 입력하고 저장된 파일을 여는 방식을 설명하였다. R 화면에서 Project 이름이 일치하는지 주의를 기울여야 한다. R은 언어다. 새로운 언어를 배우려면 문법을 알아야 하고 용어도 익혀야 한다. 반복해서 익혀야 한다. 예를 들어, D에서 새로운 Rdata라는 Project(프로젝트)를 만들고, 몇 줄 코딩한 후 sample2.R 파일에 저장해 보자.

CHAPTER 8

자료 유형과 자료 구조

CONTENTS

자료(데이터)는 제4차 산업혁명의 연료이다.
휘발류가 없으면 자동차가 움직일 수 없듯이 자료가 없으면
조직 운영이나 로봇 작동이 불가능하다. 자료를 점화시켜라.

— 저자

곡식 한 알은 자루를 채우지 못하지만 다른 알갱이를 돕는다.

— 포르투칼 속담

제1절 자료 유형

1.1 자료 유형의 종류

자료 유형에는 숫자형, 문자형, 논리형 등이 있다.

표 8.1 자료 유형

종류	설명	예
숫자형(numeric; 뉴메릭)	실수(double; 더블)	4.32
	정수(integer; 인테저)	3
문자형(character; 캐릭터)	문자, 문자열	"3", "봄 여름 가을 겨울"
논리형(logical; 로지컬)	진실, 거짓	TRUE(T; 트루), FALSE(F; f펄스)

1.2 자료 유형 알아보기

자료가 나올 때, 그것이 어떤 유형인지 알아보려면 mode() [모드] 함수를 이용한다. 다음을 [소스 창]에서 실행해보자. 문자는 따옴표 안에 들어 있어야 한다.

```
mode(3)
mode("3")
mode(봄)
mode("봄")
```

그러면 [콘솔 창]에서 아래와 같은 결과를 얻는다.

```
> mode(3)
[1] "numeric"
> mode("3")
[1] "character"
> mode(봄)                                        # 문자형에는 따옴표 필요
Error in mode(봄) : object '봄' not found
```

```
> mode("봄")
[1] "character"
```

(주) [콘솔 창]은 [소스 창]의 코드와 해답을 함께 보여준다.

여기서 [1]은 출력 행의 첫줄을 의미한다.

참고 본서에서는 [소스 창]의 코딩 내용을 분홍색 사각형 안에, [콘솔 창]의 결과는 하늘색 사각형 안에 적재한다. [콘솔 창]은 [소스 창]의 입력 코딩과 실행 결과를 모두 보여준다. 따라서 [콘솔 창]의 결과로 [소스 창]의 입력 내용을 알 수 있다.

R에도 논리형이라는 독특한 자료가 있다.

```
> 3>2                                  # 3이 2보다 크다.
[1] TRUE
> 3>5                                  # 3이 5보다 크다.
[1] FALSE
> mode(3>2)
[1] "logical"
> mode(TRUE)
[1] "logical"
```

SCRATCH [연산] 창고에서 다음을 클릭하면 논리형 답을 제공한다.

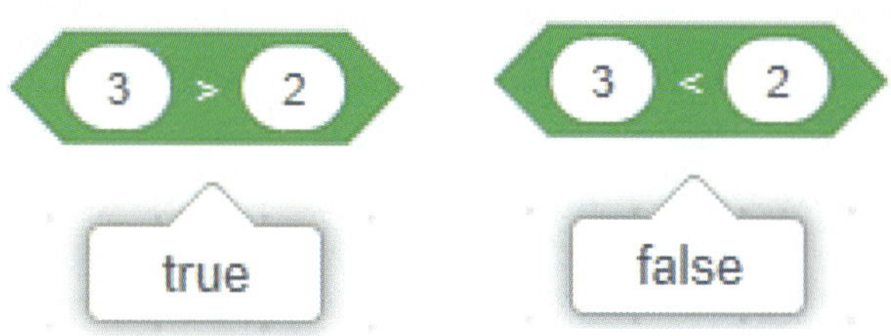

제2절 자료 구조

자료 구조는 여러 유형의 자료를 모아 놓은 구조물이다. 이를 객체(object)라고도 한다. 자료 구조의 종류가 여러 가지 있으나 간단히 두 가지만 소개한다.

표 8.2 자료 구조의 종류

종류	설명	예시
벡터(vector)	한 줄로 나열함(1_x_n[원_바이_엔])	숫자 벡터: c(1, 2, 3) 문자 벡터: c("봄", "여름")
데이터프레임 (data.frame)	여러 줄로 나열함(m_by_n[엠_바이_엔])	m개의 행과 n개의 열 (다양한 자료 유형의 모음)

* 여기서 c는 combine(컴바인: 결합)의 뜻.

2.1 벡터 구조

벡터는 동일한 유형의 속성을 가진 자료를 일차원으로 나열한 것이다. 숫자들만 모인 경우는 숫자 벡터, 문자들만 모인 구조는 문자벡터가 된다.

```
x <- c(1, 2, 3)
y <- c(4, 5, 6)
z <- x + y                                    # 더하기
z
xy <- x*y                                     # 곱하기
xy
p <- c("남자", "여자")                         # 문자형은 반드시 곧은 큰따옴표 부착
p
```

(주) 벡터는 c() 함수로 묶는다.

주의 문자를 큰 따옴표에 싸는 경우 R 화면에서 직접 입력하는 편이 더 낫다. hwp 같은 파일에서 옮기는 경우 굽은 큰따옴표 (“ ”)가 만들어지기 때문에 오류가 난다. R에서는 곧은 큰따옴표 (″ ″)를 사용해야 한다. 모양이 비슷해서 실수하기 쉽다.

```
> x <- c(1, 2, 3)
> y <- c(4, 5, 6)
> z <- x + y
> z
[1] 5 7 9
> xy <- x*y
> xy
[1] 4 10 18
> p <- c(“남자”, “여자”)
> p
[1] "남자"  "여자"
```

SCRATCH 앞의 스크래치 편에서 이미 설명한 것으로서, 길동이는 지난 해 1월~6월 사이 매월 용돈(단위: 만 원)을 얼마나 쓰고 있는가를 알기 위해 용돈 기입장을 살펴보았다.

월	용돈 사용
1	3.2
2	2.5
3	10.2
4	5.5
5	6.7
6	7.9

이 자료를 이용하여 R에서 무엇을 알 수 있나 살펴보자.

1단계 R 초기화면의 [소스 창]에서 원하는 코드를 입력한다(다음 쪽 참조). 그리고 마우스 우측으로 드래그한 상태에서 Run 을 누른다.

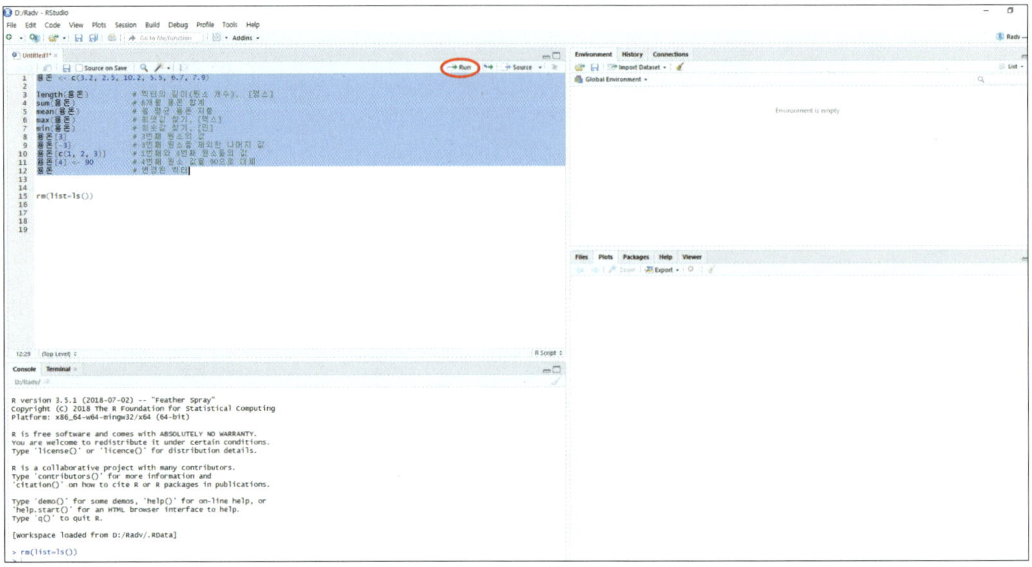

2단계 다음은 좌측 하면 [콘솔 창]에서 실행 결과를 보여 준다.

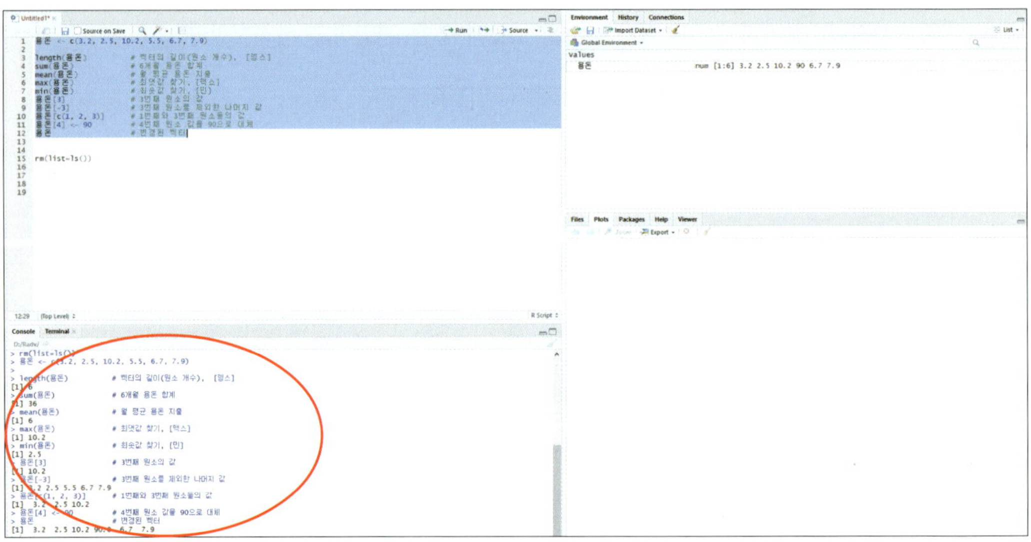

위 우측 상면 [환경 창]에 "용돈"의 자료가 보인다. 우측 하면 [도움 창]은 그림표용 [Plots][플롯츠]가 선택되어 빈 상태이다. 이 창은 원래 [Files][f파일즈] 상태로 놓아야 하지만, [콘솔 창]의 결과를 설명하기 위해서 이렇게 하였다. 위 화면의 빨간 타원 부분([콘솔 창])의 결과는 다음과 같다.

```
> 용돈 <- c(3.2, 2.5, 10.2, 5.5, 6.7, 7.9)
>
> length(용돈)                                    # 벡터의 길이(원소 개수), [렝스]
[1] 6
> sum(용돈)                                        # 6개월 용돈 합계 [썸]
[1] 36
> mean(용돈)                                       # 월 평균 용돈 지출 [민]
[1] 6
> max(용돈)                                        # 최댓값 찾기 [맥스]
[1] 10.2
> min(용돈)                                        # 최솟값 찾기 [민]
[1] 2.5
> 용돈[3]                                          # 3번째 원소의 값
[1] 10.2
> 용돈[-3]                                         # 3번째 원소를 제외한 나머지 값
[1] 3.2 2.5 5.5 6.7 7.9
> 용돈[c(1, 2, 3)]                                 # 1~ 3번째 원소들의 값
[1] 3.2  2.5 10.2
> 용돈[4] <- 90                                    # 4번째 원소 값을 90으로 대체
> 용돈                                             # 변경된 벡터
[1] 3.2  2.5 10.2 90.0  6.7  7.9
```

(주) 부호 (<-)는 우측의 값을 "용돈"이라는 객체에 할당한다는 뜻이다. 수학의 등호(=)와 같으며, 이것을 사용해도 무방하다. 그러나 본서에서는 부호(<-)를 주로 사용한다.

주의 "용돈"처럼 객체 이름을 한글로 하는 경우에는 간혹 깨지는 경우가 발생한다. 될 수 있는 대로 영어(예: yongdon)를 사용하기 바란다.

참고 한글을 입력하는 경우 갑자기 작동하지 않을 때가 있다. 이 때에는 화면 우측 최상단의 화면축소 단추를 한번 눌렀다가 원위치시키면 신통하게 작동한다. 그리고 R이 제대로 작동하지 않는 경우에는 PC를 껐다켜든지 아니면 프로그램을 다시 깔도록 한다. 또는 잠시 쉰다.

참고 우측 상면의 [환경 창]에서 기존의 모든 값을 지운다면 [소스 창]에서 다음과 같이 입력 실행한다.

```
rm(list=ls())
```

여기서 rm은 remove[리무v브, 제거하다의 뜻]. 이때 [환경 창]에 변화를 주시하자.

2.2 데이터프레임 구조

(1) 기본 구조

데이터f프레임(data.frame)[1]은 R 자료구조에서 가장 중요한 객체이다. 데이터프레임은 여러 종류의 벡터를 결합하여 만들 수 있어 매우 유용하다. 다음은 위의 용돈 자료를 모아 데이터프레임 구조로 만든 것이다.

```
month <- c("1월", "2월", "3월", "4월", "5월", "6월")            # 먼스(월)
pmoney <- c(3.2, 2.5, 10.2, 5.5, 6.7, 7.9)                   # 피머니(pocket money)
yongdon_df <- data.frame(month, pmoney)
yongdon_df
```

```
    month  pmoney
1    1월     3.2
2    2월     2.5
3    3월    10.2
4    4월     5.5
5    5월     6.7
6    6월     7.9
```

데이터프레임 yongdon_df는 문자 변수(month)와 숫자 변수(pmoney)로 이루어져 있다.

1 data.frame은 이후 데이터프레임으로 표기한다.

```
yongdon <- data.frame(month, pmoney)
yongdon
```

계속해서 yondon 객체의 자료 유형과 자료 구조 등 여러 특성을 알아보자.

```
> class(yongdon)                                # 자료구조 알아보기
[1] "data.frame"
> dim(yongdon)                                  # 자료의 차원(dimension) 알아보기
[1] 10  2
> length(yongdon)                               # 자료의 성분(변수) 개수 알아보기
[1] 2
```

자료 구조의 종류를 알려면 함수 class()를 이용한다. 자료의 차원(dimension, 디멘션)은 행과 열의 수를 뜻한다.[2] 여기서 행은 가로줄 월(관찰대상)이며, 열은 세로줄 month, pmoney 같은 변수를 포함한다. 따라서 10_x_2(ten_by_two; 텐_바이_투)가 된다. length(렝스)는 열을 가리키며 변수(혹은 성분)의 개수다.

```
> head(yongdon, 3)                              # [헤드], 앞에서부터 3개 자료를 보여 줌
    month  pmoney
1    1월    3.2
2    2월    2.5
3    3월   10.2
```

이와 같이 개별 자료를 여럿 모아 놓은 것을 자료 집합(dataset)이라고 한다.

2 행(行, row; 로우, 옆줄, 가로줄), 열(列, column; 칼럼, 기둥, 세로줄)이다. 수학의 좌표 (x, y)처럼 자료도 (행, 열)로 표기할 수 있다.

(2) 자료 분석

데이터프레임 구조의 자료에 대해 분석해 보자. 먼저 summary() [써머리]함수를 이용하면 자료를 한눈에 요약해 준다. 최솟값, 최댓값, 평균, 중위값 등을 보여준다. pmoney 변수 자료의 특성을 알아보기 위해 부호($)를 이용하였다.

```
> summary(yongdon$pmoney)
  Min.   1st Qu.   Median    Mean    3rd Qu.   Max.
 2.500   3.775     6.100     6.000    7.600   10.200
```

요약해 본 결과, 길동이 용돈 지출은 2.5~10.2(만 원) 사이에 있으며, 평균은 6이다. 그리고 오름차순의 경우 상위 25%(1st Qu.)[3] 학생의 용돈 지출은 3.775이고 상위 75%(3rd Qu.)는 7.6만 원이다. 중간(Median; 미디언, 50%)은 6.1이다.

자료를 오름차순으로 정리하면 위 요약을 잘 이해할 수 있다.

```
> sort(yongdon$pmoney)
[1] 2.5  3.2  5.5  6.7  7.9  10.2
```

참고 내림차순: decreasing(디크리싱, 감소하다)

```
> sort(yongdon$pmoney, decreasing = TRUE)
[1] 10.2  7.9  6.7  5.5  3.2  2.5
```

데이터프레임에서 원하는 자료를 추출해 보자. 여기서는 자료 위치를 [행, 열]로 표기한다.

```
> yongdon[3, 2]                                  # 3번째 행, 2번째 열의 값
[1] 10.2
> yongdon[3:5, ]                                 # 3~5번째 행 자료(콤마가 있음)
     month   pmoney
3     3월     10.2
```

3 Qu.은 Quatile(쿼타일) 4분의 1이라는 뜻.

```
4     4월      5.5
5     5월      6.7
> yongdon[2:4, 1]                                   # 2~4번째 행, 1번째 열인 변수(month)
[1] "2월" "3월" "4월"
> yongdon[2:5, 2, drop=FALSE]                       # 데이터프레임 구조 유지 (drop; 드롭, 버리다)
  pmoney
2  2.5
3 10.2
4  5.5
5  6.7
```

(주) 데이터프레임 자료는 행과 열 사이에 콤마(,)로 구분한다.

(3) 데이터프레임에 멤버(관찰대상) 또는 변수 추가하기

- 행(멤버) 추가하기: rbind() [알바인드] 함수이용

"7월"에 용돈 지출 5.4를 추가하려고 한다.

```
> new <- data.frame(month="7월", pmoney=5.4)        # (1)데이터프레임으로 추가
> yongdon_new <- rbind(yongdon, new)
> yongdon_new
   month  pmoney
1   1월     3.2
2   2월     2.5
3   3월    10.2
4   4월     5.5
5   5월     6.7
6   6월     7.9
7   7월     5.4
```

(주) rbind[알바인드]의 r은 row(로우, 행)을 의미하며 바인드는 묶는다는 뜻이다.

만약 "7월"과 "8월" 두 달을 추가한다면, new <- data.frame(month=c("7월", "8월"), pmoney = c(5.4, 4.5))를 이용하여 입력한다.

- 열(변수) 추가하기: 함수 data.frame() 또는 cbind() 이용

추가하는 행은 데이터프레임과 관찰대상의 크기가 동일해야 한다. yongdon 객체에 season(씨즌, 계절) 변수를 추가해 보자.

```
> season <- c("winter", "winter", "spring", "spring", "spring", "summer")
> yongdon_season <- data.frame (yongdon, season)
> yongdon_season
   month  pmoney  season
1    1월     3.2  winter
2    2월     2.5  winter
3    3월    10.2  spring
4    4월     5.5  spring
5    5월     6.7  spring
6    6월     7.9  summer
```

(주) winter[윈터, 겨울], spring[스프링, 봄], summer[써머, 여름]

```
> yongdon_season1 <- cbind(yongdon, season)
> yongdon_season1
   month  pmoney  season
1    1월     3.2  winter
2    2월     2.5  winter
3    3월    10.2  spring
4    4월     5.5  spring
5    5월     6.7  spring
6    6월     7.9  summer
```

(주) cbind[씨바인드]의 c는 column(칼럼, 열)을 의미한다.

자료 유형과 자료 구조는 R 문법의 기본이다. 자료 유형에는 숫자형, 문자형, 논리형 등이 있다. 숫자자료에서 summary() 함수를 이용하면 평균, 최솟값, 최댓값 등을 알 수 있다. 자료 구조에는 벡터, 데이터프레임 등을 설명하였다. 그리고 객체의 이름은 의미있는 것으로 만들어야 나중에도 이해하기 쉽다. yongdon, yongdon_new, yongdon_season처럼. 그리고 동일한 이름을 쓰지 말아야 한다. yongdon_season, yongdon_season1처럼. R은 기억력이 좋기 때문이다.

CHAPTER 9

숫자자료의 분석

CONTENTS

분석하려면 관찰력과 통찰력이 필요하다.
전자는 보이는 것을 제대로 보는 능력이며,
후자는 보이지 않는 것을 찾아내는 능력이다.
— 저자

제1절 자료 집합의 이해

우리는 앞장에서 길동이의 6개월 용돈지출에 대한 자료를 데이터프레임 구조에 담아 보았다. 자료를 하나의 구조에 모아 놓은 것을 자료 집합(dataset, 데이터세트)이라고 부른다. 이 자료 집합은 몰려 있고 흩어져 있는 두 가지 특성을 가지고 있다. 이 두 가지 특성을 한 단어로 표현하면 분포라고 부른다.

몰려있다는 것은 한 곳에 집중되어 있다는 것을 말하는데, 예를 들면 태풍의 한가운데, 벌집의 여왕벌, 회사의 사장 등과 같이 중심을 잡고 있는 위치를 뜻한다. 자료 집합도 이러한 성향이 있는데, 이것을 평균으로 표현한다. 시험점수의 반평균이 80점이라고 하면 그곳에 벌처럼 많은 학생들이 몰려 있다는 뜻이다.

다음으로, 자료가 흩어져 있다는 것은 평균을 중심으로 어느 정도 좌우로 퍼져(분산되어)있는가를 나타낸다. 평균에서 얼마나 멀어져 있는가를 계산하면, 평균 80을 기준으로 60점 받은 학생은 −20점 차이, 85점 받은 학생은 +5점 차이가 난다. 이 차이를 편차라고 부르고, 편차(± 관계없이)가 클수록 넓게 퍼져있음을 뜻한다. 두 반의 평균이 같다 하더라도 편차가 작은 반의 학력 수준이 우수하다고 본다. 왜냐하면 학생들이 평균이 많이 몰려 있기 때문이다. 편차는 고학년에서 다루는 중요한 개념이다.

여기서는 주로 평균(平均, average; 애v버리지, 또는 mean; 민)에 대해서 설명한다. 길동이의 용돈지출 평균을 구하려면 관찰치를 다 합한 후에 월의 수로 나누면 된다. 공식은 다음과 같다.

$$\text{평균 } \overline{X} = \frac{1}{6}(13.2 + 2.5 + 10.2 + 5.5 + 6.7 + 7.9) = 6$$

이 된다. 여기서, $\overline{X}$는 "엑스바"라고 읽으며, 표본의 평균을 뜻한다. R에서 평균을 구해보자.

```
> mean(yongdon$pmoney)
[1] 6
```

비록 표본 자료가 6개이지만, 길동이의 전체 용돈지출은 평균 6(만 원)에 몰려 있다는 것을 뜻한다. 이렇게 보면 "평균"은 대형 자료(빅데이터)라도 한 숫자로 요약해주는 이점이 있다.

참고 관찰치의 흩어진 상태는 sd(standard deviation: 스탠다드 디v비에이션, 표준편차)로 계산한다. 아래의 2.9는 관찰치들이 평균으로부터 그만큼 멀어져 있다는 뜻이다. 이 설명 자체가 어렵지만 나중에 기회가 오면 기억나기 바란다.

```
> sd(yongdon$pmoney)
[1] 2.901034
```

다음으로 평균값(6)보다 더 많이 지출한 달을 알아보자.

```
> yongdon[yongdon$pmoney>=6, ]                    # 용돈지출이 6보다 크거나 같은 달
     month   pmoney
3     3월     10.2
5     5월      6.7
6     6월      7.9
> yongdon[yongdon$pmoney>=mean(yongdon$pmoney), ]          # 결과 동일
```

(주) 부호 (>=)은 크거나 같음 표시이다.

제2절 패키지를 이용한 분석

R은 사실 패키지(package) 꾸러미로 구성되어 있다. 지금까지 주로 함수들을 이용하여 자료유형과 자료구조를 만들어 왔다. 예를 들어 c(), data.frame(), mean() 등이다. 어떤 함수들은 독립적으로 쓸 수 있지만, 많은 함수들은 패키지 안에 들어 있어 꺼내어 쓰면 된다. 마치 자유여행 패키지 안에 교통, 숙소, 먹거리, 볼거리 등이 들어 있어 필요에 따라 선택하는 것과 같다. R에 어떤 패키지가 있는가를 알려면 [도움 창]의 메뉴 [Packages]를 선택해 보면 된다.

도표 9.1 도움창의 패키지들

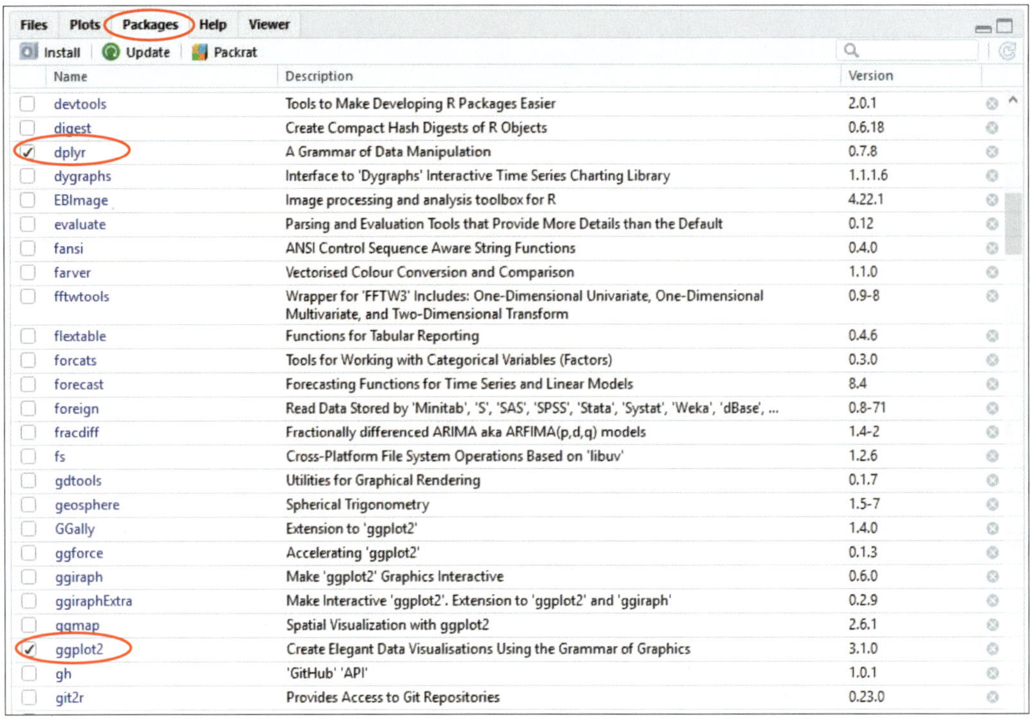

Files Plots Packages Help Viewer

Install Update Packrat

	Name	Description	Version
☐	devtools	Tools to Make Developing R Packages Easier	2.0.1
☐	digest	Create Compact Hash Digests of R Objects	0.6.18
☑	dplyr	A Grammar of Data Manipulation	0.7.8
☐	dygraphs	Interface to 'Dygraphs' Interactive Time Series Charting Library	1.1.1.6
☐	EBImage	Image processing and analysis toolbox for R	4.22.1
☐	evaluate	Parsing and Evaluation Tools that Provide More Details than the Default	0.12
☐	fansi	ANSI Control Sequence Aware String Functions	0.4.0
☐	farver	Vectorised Colour Conversion and Comparison	1.1.0
☐	fftwtools	Wrapper for 'FFTW3' Includes: One-Dimensional Univariate, One-Dimensional Multivariate, and Two-Dimensional Transform	0.9-8
☐	flextable	Functions for Tabular Reporting	0.4.6
☐	forcats	Tools for Working with Categorical Variables (Factors)	0.3.0
☐	forecast	Forecasting Functions for Time Series and Linear Models	8.4
☐	foreign	Read Data Stored by 'Minitab', 'S', 'SAS', 'SPSS', 'Stata', 'Systat', 'Weka', 'dBase', ...	0.8-71
☐	fracdiff	Fractionally differenced ARIMA aka ARFIMA(p,d,q) models	1.4-2
☐	fs	Cross-Platform File System Operations Based on 'libuv'	1.2.6
☐	gdtools	Utilities for Graphical Rendering	0.1.7
☐	geosphere	Spherical Trigonometry	1.5-7
☐	GGally	Extension to 'ggplot2'	1.4.0
☐	ggforce	Accelerating 'ggplot2'	0.1.3
☐	ggiraph	Make 'ggplot2' Graphics Interactive	0.6.0
☐	ggiraphExtra	Make Interactive 'ggplot2'. Extension to 'ggplot2' and 'ggiraph'	0.2.9
☐	ggmap	Spatial Visualization with ggplot2	2.6.1
☑	ggplot2	Create Elegant Data Visualisations Using the Grammar of Graphics	3.1.0
☐	gh	'GitHub' 'API'	1.0.1
☐	git2r	Provides Access to Git Repositories	0.23.0

[도표 9.1]은 현재 R에 내장되어 있는 패키지 목록이다. 만일 원하는 패키지가 목록에 없으면, 설치 명령문을 입력하면 된다. 예컨대, [소스 창]에서 install.packages("dplyr")[인스털 패키지즈; 설치하다]로 설치하고 나서 library(dplyr)[라이브러리; "서재에 넣어두다"]에 저장한다. 현재 ✓ 표시는 패키지가 library에 저장되어 있다는 뜻이다.

패키지 설치는 한 번으로 충분하지만, 라이브러리 저장은 R를 처음 시작할 때마다 해야 한다. 이것이 없으면 완전한 코딩도 실행되지 않는 경우가 있으므로 신경써야 한다.

주의	패키지 불러오기 =	설치하기	+	저장하기
		install.packages()		library()

새로운 패키지는 서버에서 다운로드해야 하므로, 인터넷 접속이 필수적이다. 패키지를 불러오는 동안에 [콘솔 창]의 우측 상단에 빨간 불이 들어온다. 이것이 점멸되면 불러오기 작업이 끝난다. 만일 실행이 안 되면 RStudio를 처음부터 다시 시작할 것을 권고한다. 위 도표에서 dplyr 패키지

를 선택하면 관련 함수를 보여준다. 각자 실행해 보기를 바란다.

```
search()                              # 현재 설치된 패키지 목록 조회
install.packages("dplyr")             # dplyr (숫자분석 용)설치하기
install.packages("ggplot2")           # ggplot2 (그림표 용)설치하기
update.packages()                     # 최신화하기 [업데이트]
remove.packages()                     # 제거하기 [리무v브]
```

R은 초기단계에서도 산술계산이 가능하지만 패키지 "dplyr(a grammar of data manipulation)[어 그래머 오v브 데이터 매니퓰레이션; 자료 조작 문법]"를 이용하여 자료를 조작하면서 분석할 수 있다. 이 패키지를 잘 이해하면 초기 단계에서 벗어나 중급 단계로 나아갈 수 있다. 다음은 패키지 "dplyr"에 들어있는 주요 함수들이다.

도표 9.2 dplyr 패키지의 내장 함수

	함수		설명	예시
①	filter()	f필터, 거르다	행(개체) 선택	멤버(관찰 대상)에서 선택하기
②	select()	씰렉트, 선택하나	열(변수) 선택	변수 중에서 선택하기
③	mutate()	뮤테이트, 변종이 생기다	파생변수 만들기	기존 변수들을 결합하여 새 변수 만들기 (추후 설명함)
④	arrange()	어레인시, 정렬하다	정렬하기	오름차순 만들기 arrange(desc()): 내림차순
⑤	summarise()	써머라이즈, 요약하다	통계 요약	mean(), sd(), sum(), median(), min(), max(), n()
⑥	group_by()	그룹_바이, 집단으로 나누다	집단 나누기	집단 변수(명목변수)로 세분 가능

다음은 학생 10명의 키(ht: height; 하이트)와 몸무게(wt; weight; 웨이트) 자료를 이용하여 데이터프레임을 만든 것이다. dplyr 패키지의 함수들을 이용하여 분석해보자.

```
> name <- c("김1", "김2", "김3", "이1", "이2", "박1", "박2", "최1", "최2", "강1")
> ht <-  c(175, 170, 170, 160, 163, 168, 165, 172, 155, 162)
> wt <-  c(70, 57, 62, 50, 58, 72, 57, 65, 54, 55)
```

```
> student <- data.frame(name, ht, wt)
> student
   name  ht   wt
1  김1   175  70
2  김2   170  57
3  김3   170  62
4  이1   160  50
5  이2   163  58
6  박1   168  72
7  박2   165  57
8  최1   172  65
9  최2   155  54
10 강1   162  55
```

```
> mean(student$ht)
[1] 166
> mean(student$wt)
[1] 60
> sd(student$ht)
[1] 6.110101
> sd(student$wt)
[1] 7.118052
> student[student$ht>=mean(students$ht), ]                # 평균키 이상의 학생
   name  ht   wt
1  김1   175  70
2  김2   170  57
3  김3   170  62
6  박1   168  72
8  최1   172  65
```

① 행(멤버) 선택: 함수 filter() 이용

```
> install.packages ("dplyr")          # 패키지 설치하기(이미 있으면 불필요)
> library (dplyr)                      # 저장하기
```

```
> student %>% filter(ht>=mean(ht))                    # 평균 이상
  name  ht   wt
1  김1  175  70
2  김2  170  57
3  김3  170  62
4  박1  168  72
5  최1  172  65
> student %>% filter(ht<mean(ht))                     # 평균 미만을 선택한다.
  name  ht   wt
1  이1  160  50
2  이2  163  58
3  박2  165  57
4  최2  155  54
5  강1  162  55
```

(주) 부호 (%>%)는 파이프 연산자(pipe operator)로서, 물길을 인도하는 수도관처럼 여러 함수들을 연결시켜주며, 파일의 원본을 유지한다.

② 열(변수) 선택: select() 이용

```
> student %>% select(name, wt)
  name  wt
1  김1  70
2  김2  57
3  김3  62
이하 생략
```

③ 오름차순 정렬: arrange() 이용

```
> student %>% filter(ht>=mean(ht)) %>% arrange(wt)     # 평균 이상 학생들의 몸무게 오름차순
  name  ht   wt
1  김2  170  57
2  김3  170  62
3  최1  172  65
4  김1  175  70
5  박1  168  72
```

이제 키의 평균 이상 및 미만 학생들을 각각 한 집단으로 묶어서 평균 키와 몸무게를 계산하여 보자.

```
> student_ht_high <- student %>% filter(ht>=mean(ht))          # 평균 이상 학생 집단
> student_ht_high
  name  ht  wt
1  김1  175  70
2  김2  170  57
3  김3  170  62
4  박1  168  72
5  최1  172  65
> mean(student_ht_high$ht)
[1] 171
> mean(student_ht_high$wt)
[1] 65.2
```

(주) 앞에서 설명한 바와 같이, 부호 (%)%)는 파이프 연산자(pipe operator)로서, 물길을 인도하는 수도관처럼 여러 함수들을 연결시켜주며, 파일의 원본을 유지한다. 그러나 새로운 파일을 만들어 저장하려면 위와 같이 부호 (<-)를 사용하여 student_ht_high로 자료 집합을 만든다.

```
> student_ht_low <- student %>% filter(ht<mean(ht))          # 평균 미만 학생 집단
> student_ht_low
  name  ht  wt
1  이1  160  50
2  이2  163  58
3  박2  165  57
4  최2  155  54
5  강1  162  55
> mean(student_ht_low$ht)
[1] 161
> mean(student_ht_low$wt)
[1] 54.8
```

두 집단의 통계를 요약하면 다음과 같다.

평균	평균 키 이상 집단	평균 키 미만 집단
키	171	161
몸무게	65.2	54.8

이 요약에서 키가 크면 역시 몸무게도 더 무겁다고 볼 수 있다.

④ 집단 나누기 함수 group_by() 및 통계 계산 요약하기 함수 summarise()

희망전공을 두 집단으로 나누어서, 평균 몸무게와 학생 수를 구하도록 하였다.

```
> study <- c("문과", "문과", "이과", "이과", "이과", "이과", "문과", "문과", "문과", "이과")
> student_study <- data.frame (student, study)
> student_study %>% select(name, wt) %>% group_by(student_study$study) %>%
summarise(wt_mean = mean(wt), n=n())
# A tibble: 2 x 3
`student_study$study`   wt_mean      n
       <fct>             <dbl>    <int>
1       문과              60.6        5
2       이과              59.4        5
```

(주) tibble은 일종의 테이블(표)이다.

참고 위 코딩에서 group_by(study)를 하면 오류가 난다. R이 group_by(student_study$study)로 변경하였다.

R에서 연산 부호를 이용하면 계산이 쉽게 가능하다.

도표 9.3 연산 부호

산술 연산자	기능
+	더하기
–	빼기
*	곱하기
/	나누기
^ 또는 **	제곱
%/%	나눗셈의 몫(정수)
%%	나눗셈의 나머지
sqrt()	제곱근(함수)
log10()	로그

논리 연산자	기능
〉	크다
〉=	크거나 같다
〈	작다
〈=	작거나 같다
==	같다
!=	같지 않다
|	또는(or)
&	그리고(and)
%in%	매칭 확인

제3절 비만 체크 사례

길동이 학교에서는 학생들의 비만 위험을 염려하고 있다. 비만은 고혈압과 당뇨를 유발하는 요인이 되므로 건강관리 차원에서 조사하기로 하였다. 비만지수는 대한비만학회에서 발표한 비만도(Body Mass Index: bmi)를 측정하는 공식과 지표를 참고하기로 하였다. 만일 bmi 수치가 25 이상이면 비만 위험으로 분류하여, 건강관리 대상자로 선정하기로 하였다.

bmi = (몸무게: kg)/(키: m)^2

첫 번째 학생인 김1의 경우 키 175, 체중 70이다. 따라서 bmi = 70/(1.75)^2 = 22.9이다.

이 문제를 해결하기 위한 알고리즘은 다음과 같다.

1단계 비만수치(bmi) 계산하기

```
> bmi <- wt/((ht/100)**2)                              # 부호 (**)는 제곱하기
> bmi <- round(bmi, 1)                                 # 소수 첫째짜리까지 구함
> bmi_df <- data.frame(student, bmi)
> bmi_df
   name  ht   wt   bmi
1   김1  175  70  22.9
2   김2  170  57  19.7
3   김3  170  62  21.5
4   이1  160  50  19.5
5   이2  163  58  21.8
6   박1  168  72  25.5
7   박2  165  57  20.9
8   최1  172  65  22.0
9   최2  155  54  22.5
10  강1  162  55  21.0
```

2단계 비만 평가 기준 세우기

bmi가 25 미만이면 "정상", 25 이상이면 "비만 위험"으로 표시한다.

```
> bmi_df_판정 <- bmi_df %>% mutate(판정 = ifelse(bmi<25, "정상", "비만 위험"))
> bmi_df_판정
   name    ht     wt     bmi     판정
1   김1    175    70    22.9     정상
2   김2    170    57    19.7     정상
3   김3    170    62    21.5     정상
4   이1    160    50    19.5     정상
5   이2    163    58    21.8     정상
6   박1    168    72    25.5   비만 위험
7   박2    165    57    20.9     정상
8   최1    172    65    22.0     정상
9   최2    155    54    22.5     정상
```

(주) ifelse 구문은 아래 설명 참조하라.

참고 패키지 dplyr의 함수 mutate()는 새로운 변수 이름 "판정"을 파생시킨다. 이 새로운 변수를 파생변수라고 부른다. 그리고 ifelse 구문은 첫 조건이 진실이면 정상, 아니면 비만 위험으로 결정한다.

```
ifelse (bmi < 25, "정상", "비만 위험")
```

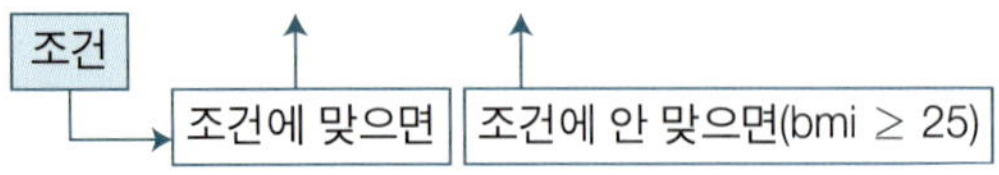

3단계 평가하기

10명 중 1명이 비만 위험으로 판정되었다.[1] 이 10%는 전교생 입장에서 경각심을 불러 일으킬 만한 숫자이므로, 전교생에게 비만 위험성을 교육하기로 하였다. 독자 여러분도 한 번 계산해 보기 바란다.

SCRATCH 스크래치에서 첫 번째 학생에 대해 판정을 내리는 코딩을 해 보면 다음과 같다.

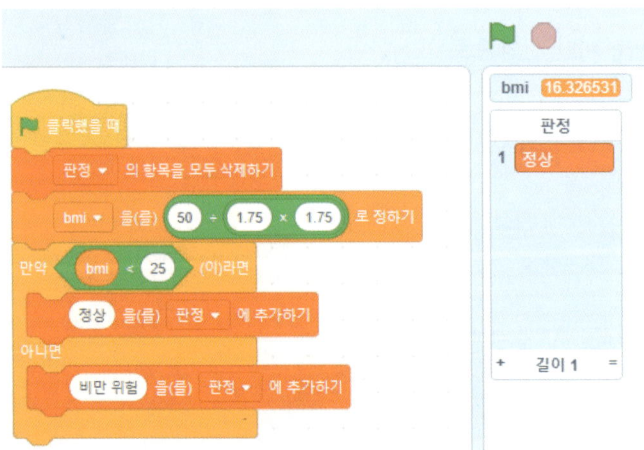

1 이런 초기 조사는 표본이 적어도 30명 이상이 되어야 한다. 여기서는 설명을 위해 10명으로 하였다.

먼저 [변수] 창고에서 "bmi" 변수와 "판정" 리스트를 만들었고, [제어] 창고에서 ㄷ자형 조건문 "만약"을 가져왔다. 아무 블록을 눌러도 실행된다. 혹시 관심 있으면 전체 코딩을 시도해 보기 바란다(다음 쪽 참조).

---

bmi 전체 코딩

1단계 먼저 스크래치 [변수] 창고에서 [변수 만들기]와 [리스트 만들기]에서 다음을 만든다.

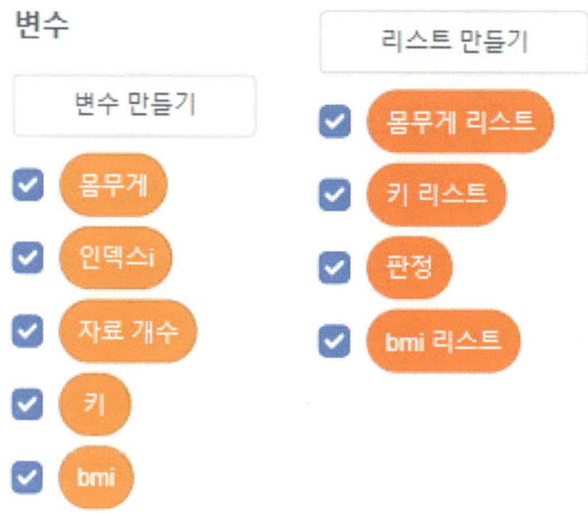

2단계 코딩 작업을 하고 실행한다.

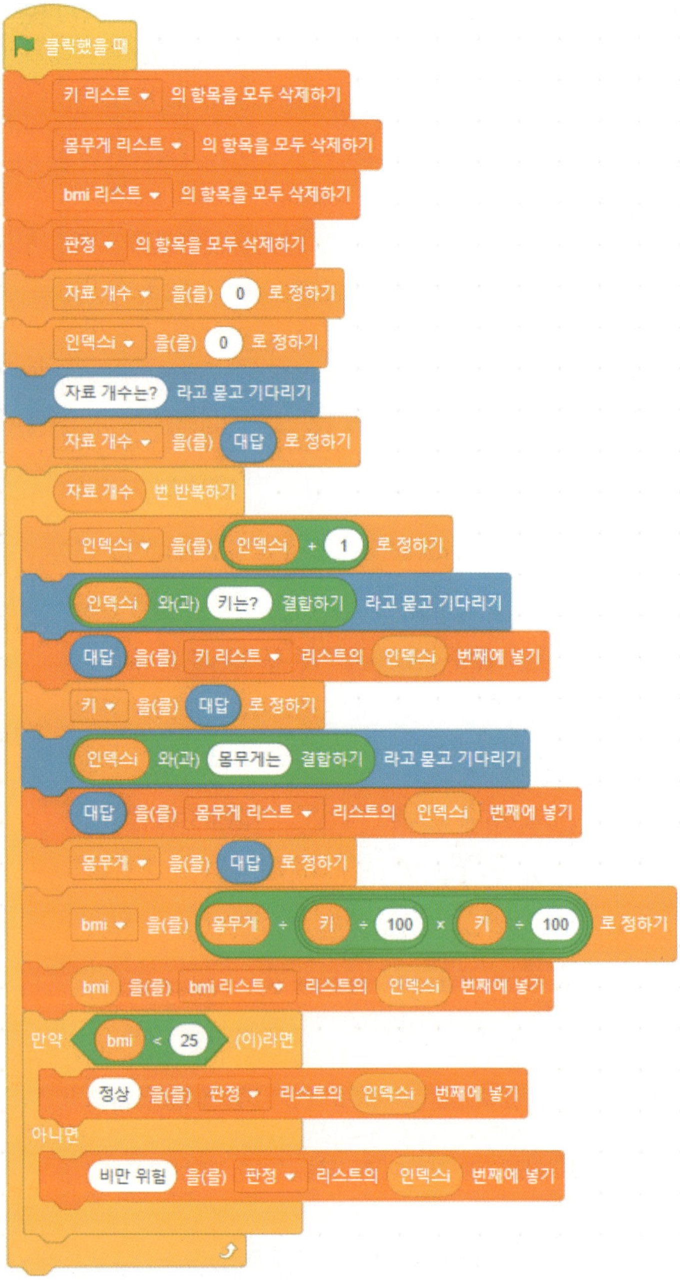

참고 환경 창의 이전 자료를 깨끗이 지우고 싶으면, rm(list=ls())을 실행한다.

제4절 제어 구문

제어 구문은 프로그램 흐름과 처리 순서를 통제하며, 조건문, 반복문, 함수 등이 있다. 차례로 살펴보자.

4.1 조건문

조건식이 진실(만족)일 때 실행문이 수행되며, 거짓이면 기각되어 분기되어 나간다.

(1) if 문

if 문은 가장 기본적인 조건문이다. 조건이 단 하나인 경우에만 사용한다. 예를 들어, 점수가 80점 이상인 경우만 시험에 합격한다고 하자.

```
if (조건식) 진실일 때의 실행문
```

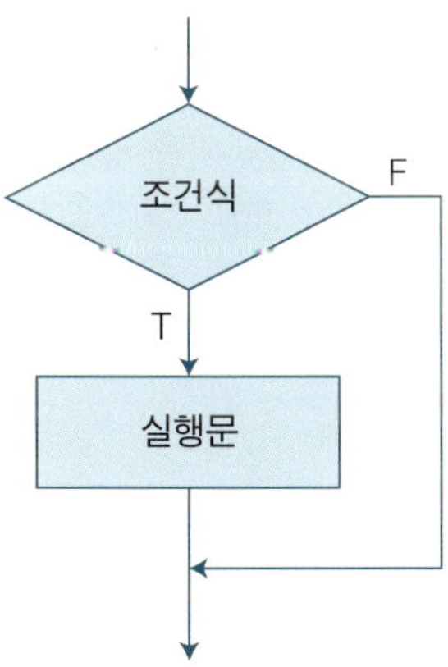


```
> x <- 90
> if (x>=80) cat("합격")                          # cat() 함수는 출력용
합격
```

(2) if~else 문

만일 시험 점수가 78점인 경우는 위의 코딩에는 명시되어 있지 않다. 여기서는 "불합격"을 명시하기로 한다. 다음 78점인 사람의 처리 과정이다.

```
if (조건식) 진실일 때의 실행문1 else 거짓일 때의 실행문2
```

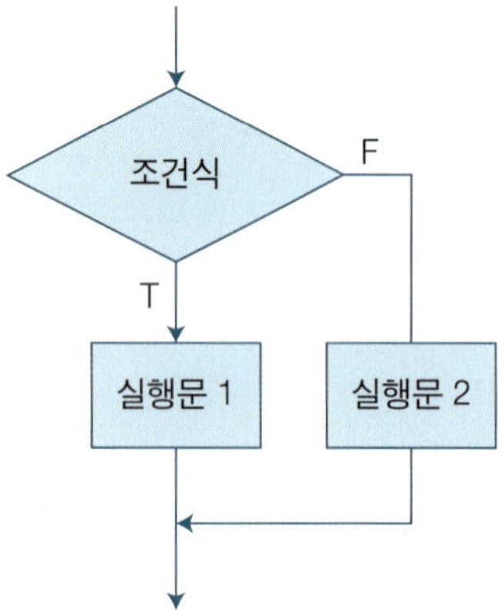


```
> x <- 78
> if (x>=80) cat("합격") else cat("불합격")
[1] 불합격
```

```
> x <- 7
> if (x %%2 == 0) cat("짝수") else cat("홀수")
홀수
```

(3) ifelse 문

이 구문은 앞의 bmi 사례에서 이미 설명하였다. 참고하기 바란다.

```
ifelse (조건식, 진실일 때의 실행문1, 거짓일 때의 실행문2)
```

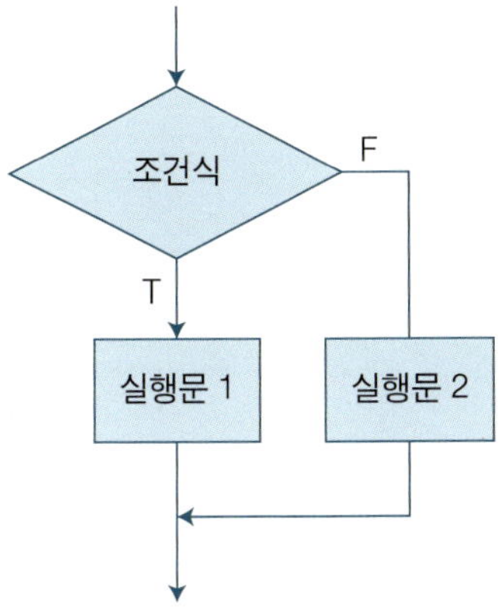

다음은 ifelse 문을 이용하여 절댓값을 구하는 코딩이다.

```
> x <- c(3:-3)
> x
[1] 3  2  1  0 -1 -2 -3
> ifelse(x>0, x, -x)                                  # 절댓값
[1] 3 2 1 0 1 2 3
```

그리고 다음에서는 1~100 사이의 난수를 10개 만든 후에 50보다 크거나 같으면 1, 작으면 2로 표시하고 각각의 개수를 표에 정리한 코딩이다.

```
> set.seed(123)                  # 초기 난수를 고정함, 이 값이 없으면 매번 달라짐
> y <- round(runif(10, 1, 100))  # 1~100 사이의 정수 난수를 10개 구함
> y
 [1] 29 79 41 88 94  6 53 89 56 46
> z <- ifelse(y>=50, 1, 2)       # 50 이상이면 1, 아니면 2
> z
 [1] 2 1 2 1 1 2 1 1 1 2
```

```
> table(z)                                    # table() 함수의 빈도수 계산
z
1 2
6 4
```

SCRATCH 난수 생성 코드는 다음과 같다.

참고 ifelse 문은 앞의 if~else 문과 조건에서는 동일하다. 그러나 ifelse 문은 입력 자료가 벡터인 경우 유용하게 처리한다.

```
> x <- c(80, 67, 89)
> x <- ifelse(x>=80, "합격", "불합격")
> x
[1] "합격"  "불합격"  "합격"
```

if~else 문은 하나의 사례만 처리할 수 있을 뿐이다.

```
> x <- c(80, 67, 89)
> if (x>=80) cat("합격") else("불합격")                    # 첫 원소만 처리
합격Warning message:
In if (x >= 80) cat("합격") else ("불합격") :
  the condition has length > 1 and only the first element will be used
```

4.2 반복문

알고리즘을 코딩할 때 특정 프로그램을 반복해야 하는 경우가 많이 발생한다. 다음은 스크래치의 "야옹이와 딱정이 경주"(48쪽 참조)의 일부 코딩이다. 이미 설명하였듯이 ㄷ자형 반복하기 블록은 조건이 충족되는 한 계속 진행한다.

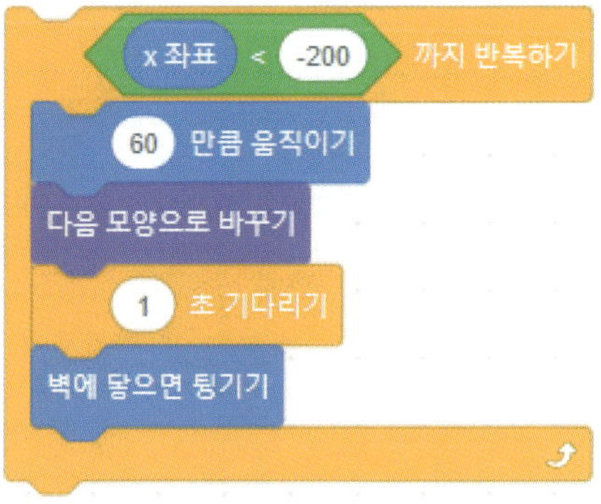

그리고 "길동이 용돈 지출"(66쪽 참조)의 평균을 계산할 때, 인덱스i의 도움을 얻어 합계를 구하기 위해 ㄷ자형의 반복하기 블록을 사용하였다.

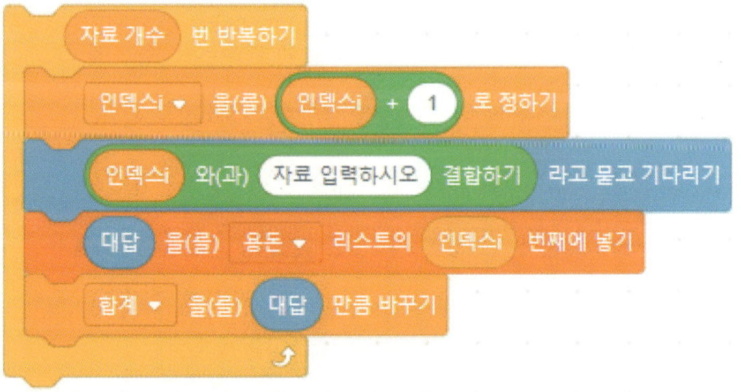

여기서는 반복문으로서 for 문과 while 문을 설명한다. 다음은 1~10까지 숫자를 합하는 두 가지 방식을 반복문으로 보여준다. 결과는 모두 동일하지만 반복문을 익히는 좋은 기회가 된다. 중괄호 부호 { }는 여유 있게 쓰도록 한다.

(1) for 문

for 문은 범위 안에서 계속 계산을 한다. 여기서 인덱스i는 색인 또는 식별자라고도 한다. 이 제어문은 코딩에서 가장 많이 사용되므로 중요한 개념이다.

```
for (인덱스i in 범위) {실행문}                                    # [f포]
```

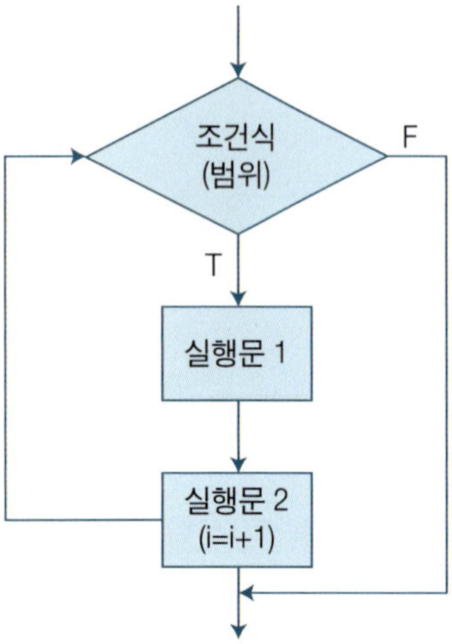


```
> total <- 0                                                    # 초기값
> for (i in 1:10) {
  + total <-  total + i
  + }
> total
[1] 55
> i
[1] 10
>
```

마지막 i 값은 while 문에서 11일 때 루프(loop) 밖으로 빠져 나왔고, for 문에서는 10으로 끝났다.

(2) while 문

while 문은 조건식이 진실(TRUE)인 경우에는 계속 진행한다. 일종의 조건적인 반복문인 것이다.

```
while (조건식) {실행문}                                    # [화일]
```

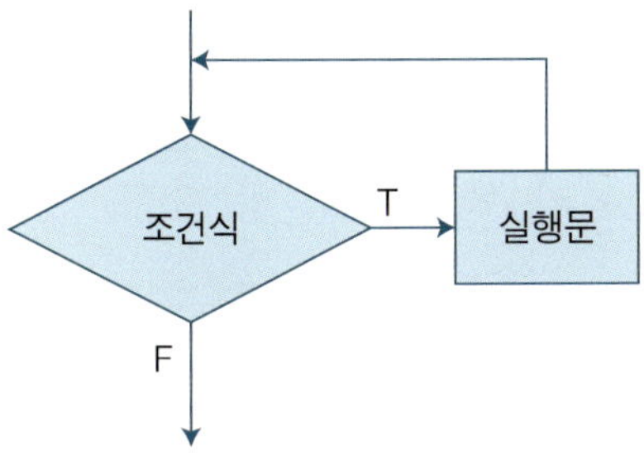


```
> tota <- 0                                               # 초기값
> i <- 1                                                  # 초기값
> while (i <= 10) {
  + tota <- tota + i
  + i <- i+1
  + }
> tota
[1] 55
> i
[1] 11
```

(주) [소스 창]에서 입력할 때 각 코드의 첫 번째 부호(>, +)는 생략한다.

(3) 반복문을 이용한 애니메이션 만들기

다음 두 사례를 R에서 실행해 보고, 코딩의 변화를 함께 토의해 보자.

사례 1:

```
install.packages("animation")
library(animation)
ani.options(interval=1)
```

```
for (i in 1:3){
  plot.new( )
  rect(0, 0, 1, 1, col="green")
  size = i+5
  text(0.5, 0.5, i, cex=size, col=rgb(0, 0, 1))                    # 글자는 rgb 중에서 blue색
  ani.pause( )
  }
```

사례 2:

```
install.packages("animation")
library(animation)
ani.options(interval=1)

i=1
while(i <= 5) {
  y <- runif(5, 0, 10)                                              # 0~10 난수 5개 추출
  barplot(y, ylim = c(0,10), col=rainbow(5))
  ani.pause( )
  i <- i+1
  }                                                                 # i=6에서 나감(멈춤)
```

두 사례를 각각 while 문과 if 문으로 고쳐서 다시 실행해 보아라.

4.3 함수 이용

function()[f펑크션] 함수는 반복적이고 조건적일 때 유용하게 쓰인다. 그리고 return() [리턴] 함수는 함수 출력을 판별한다. 이 출력은 [콘솔 창]에 표시되거나 함수가 사용될 때마다 객체에 지정된다.

다음은 두 수의 합을 나타내는 함수의 실행 결과이며, 이 과정을 그림으로 나타내었다.

```
> x <- function(a, b) {
  + sum = a + b
  + return(sum)
  + }
```

```
> y <- x(30, 40)
> y
[1] 70
```

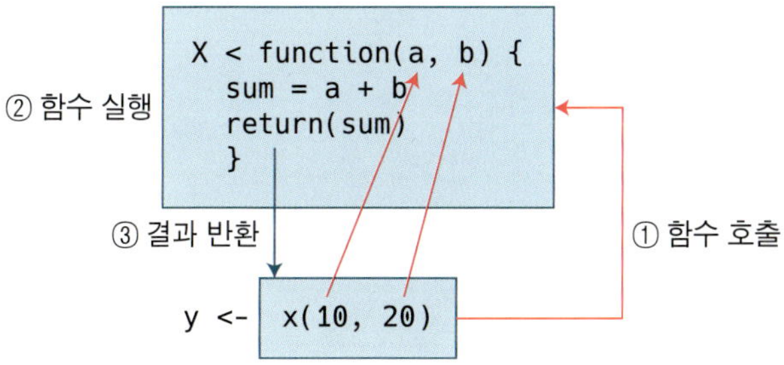

다음은 직각삼각형의 피타고라스 정리를 나타내는 함수이다.

```
> ce <- function(a, b) {
  + c=sqrt(a^2 + b^2)
  + return(c)
  + }
> ce(30, 40)
[1] 50
```

스크래치에서 직각삼각형의 빗변 계산을 아래에서 다시 살펴보았다.

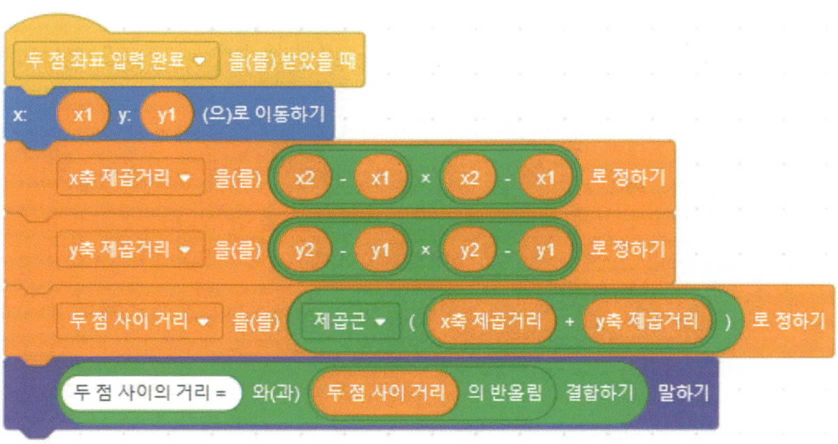

다음은 숫자에 대해 양수 또는 음수를 판별하는 식이다.

```
> f <- function(x) {
  + if(x>0) {ans <- "양수"}
  + else   {ans <- "음수"}
  + return(ans)
  + }
> f(5)
[1] "양수"
> f(-5)
[1] "음수"
```

미국식 도량형(imperial; 임페리얼)으로 측정된 자료의 bmi를 계산해 보자.

```
> bmi<-function(height, weight, units="imperial") {
  + bmi<-weight/(height^2)
  + if (units=="imperial")  bmi<-bmi*1152
  + return(bmi)
  + }
> bmi(1.7, 70)
[1] 24.22145
> bmi(66.9, 154.3, "imperial")
[1] 24.20197
```

미국식 도량형으로 1인치 = 2.54cm, 1파운드= 453.6g이다. 따라서 우리나라(국제식) 도량형에 2.54 × 453.6 = 1152를 곱하면 동일한 값의 bmi를 얻는다.

숫자 자료 분석의 핵심은 몰려있고 흩어져 있는 상태를 평균과 표준편차로 나타내는 것이다. 여기서는 주로 평균에 대해 언급하였다. 평균은 중요한 개념이다. 왜냐하면 통계학의 출발점이기 때문이다. 평균값이 크다 또는 작다 라고 말하는 것으로 충분하지 않지만, 이 수준에서 만족하기로 한다. 또한 표준편차 개념은 고등 수학책을 참고하기 바란다. 그리고 조건문, 반복문, 함수 등은 코딩의 핵심 용어다. 이 내용을 잘 익히면 코딩에 대해 익숙해진다.

CHAPTER 10

그림표 그리기

CONTENTS

그림표(graph)는 수학적인 추상화 작업이며 서로 관련 있는 객체들의 연결 표현이다. 이 작업은 숫자자료 분석에서의 평균과 표준편차만큼이나 간략화된 것이며 또한 시각적 이미지를 내포한다. 따라서 그림표는 의미있고 심미적인 요약(summary)이어야 한다. R은 다양한 그림표를 제공할 뿐만 아니라 범례와 색상을 자유롭게 선택할 수 있게 해준다. 자료를 고급스럽게 시각화할 수 있다면 훌륭한 분석이 추가되는 셈이다.

— 들어가기

제1절 산점도

산점도는 2차원 평면에서 두 변수의 일차함수적인 관계를 보여 준다. 한 변수가 증가하면, 다른 변수가 증가하는지 여부를 시각적으로 보여준다. 산포되어 있는 점들을 타원으로 그려보면 관계의 밀접성을 알 수 있다.

앞의 student 자료에서 궁금했던 것은 키와 몸무게의 관계이다. 과연 키가 클수록 몸무게도 많이 나가는 것인가를 그림표로 이해해 보자. 여기서는 plot() 함수를 이용한다.

```
attach(student)                 # 객체 student 불러오기
plot(ht, wt)                    # 변수 앞에 부호($) 없이 직접 사용할 수 있다.
abline(v=mean(ht), lty=3)       # 평균 수직선, line type = 점선
detach(student)                 # 객체 불러오기 해제
```

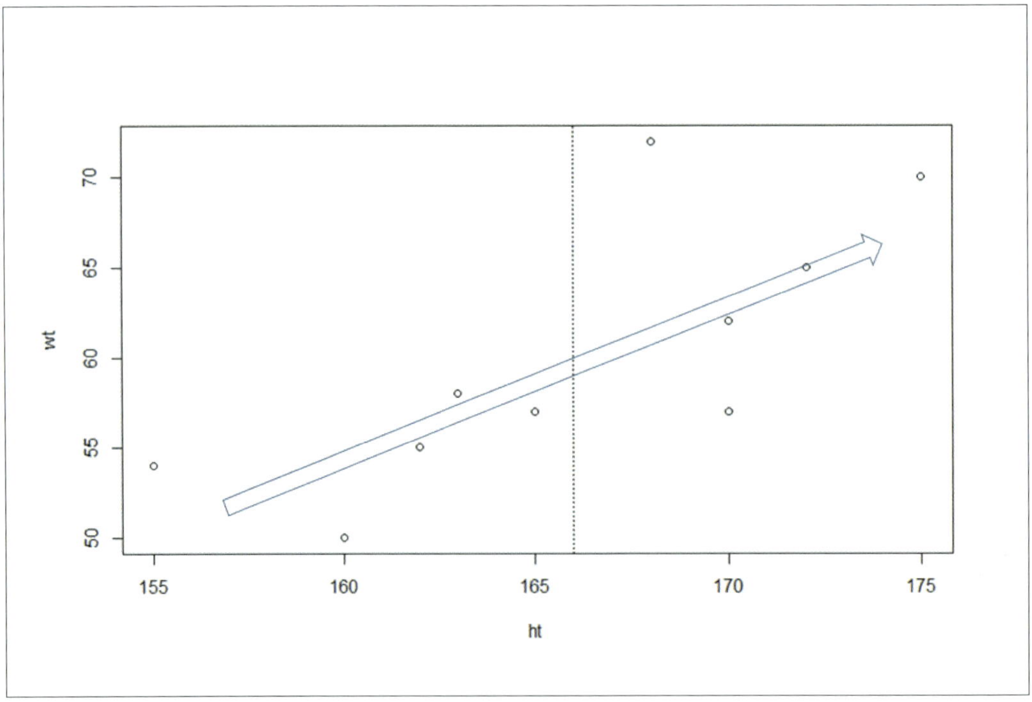

위 산점도에서 화살표는 적절해 보인다. 따라서 키가 클수록 몸무게가 늘어난다고 판단할 수 있다.

R에는 무궁무진한 연습 자료가 내장되어 있다. 다음을 입력해 보면 놀라울 정도의 많은 자료가 있음을 알게 된다.

```
data()
```

일부 내장 자료를 예시하면 다음과 같다.

```
Data sets in package ¡®datasets¡¯:

AirPassengers   Monthly Airline Passenger Numbers 1949-1960
Titanic         Survival of passengers on the Titanic
UCBAdmissions   Student Admissions at UC Berkeley
UKDriverDeaths  Road Casualties in Great Britain 1969-84
USAccDeaths     Accidental Deaths in the US 1973-1978
USArrests       Violent Crime Rates by US State
airquality      New York Air Quality Measurements
cars            Speed and Stopping Distances of Cars
chickwts        Chicken Weights by Feed Type
iris            Edgar Anderson's Iris Data
```

R 내장자료인 cars를 살펴보자.[1] 이 자료는 자동차 속도(speed; 스피드)와 제동 거리(dist: distance; 디스턴스, 거리)를 포함한다. 산점도를 통하여 두 변수의 관계를 시각적으로 판단해보자.

```
> data(cars)
> dim(cars)                                   # 자료의 차원
[1] 50  2
> str(cars)                                   # 자료구조; structure; 스트럭처
'data.frame'  : 50 obs. of 2 variables:
$ speed       : num  4 4 7 7 8 9 10 10 10 11...
$ dist        : num  2 10 4 22 16 10 18 26 34 17...
> head(cars)                                  # 자료의 앞 6개 예시
   speed  dist
1      4     2
2      4    10
```

1 이 자료의 내용이 궁금하면, [소스 창]에서 ?cars를 입력하고 Ctrl + Enter하면 [도움 창]에서 보여준다.

```
3       7       4
4       7       22
5       8       16
6       9       10
```

다음은 평균 speed를 기준으로 산점도를 그려 보았다. 평균보다 작으면 흰 원점, 크거나 같으면 검은 삼각점으로 표현했다. 이런 식의 분할은 집단 간의 차이를 시각적으로 알게 해주는 좋은 방법이다. plot() 함수는 간결하게 산점도를 보여준다.

```
attach(cars)
plot(dist~ speed, type="n", main="Speed")                          # 형태는 빈 그림표
cars_lowspeed <- cars[cars$speed < mean(speed),]                   # 평균 미만
points(cars_lowspeed, pch = 1)                                     # 1은 흰 원점
cars_highspeed <- cars[cars$speed >= mean(speed),]                 # 평균 이상
points(cars_highspeed, pch = 17)                                   # 17은 검은 삼각점
legend(5, 120, c("평균 미만", "평균 이상"), pch=c(1, 17), cex=0.8)   # 범례 좌표 (5, 120)
detach(cars)
```

(주) pch: point character[포인트 캐릭터, 점 특징], legend[레전드, 전설로 쓰지만 범례의 뜻도 있다]

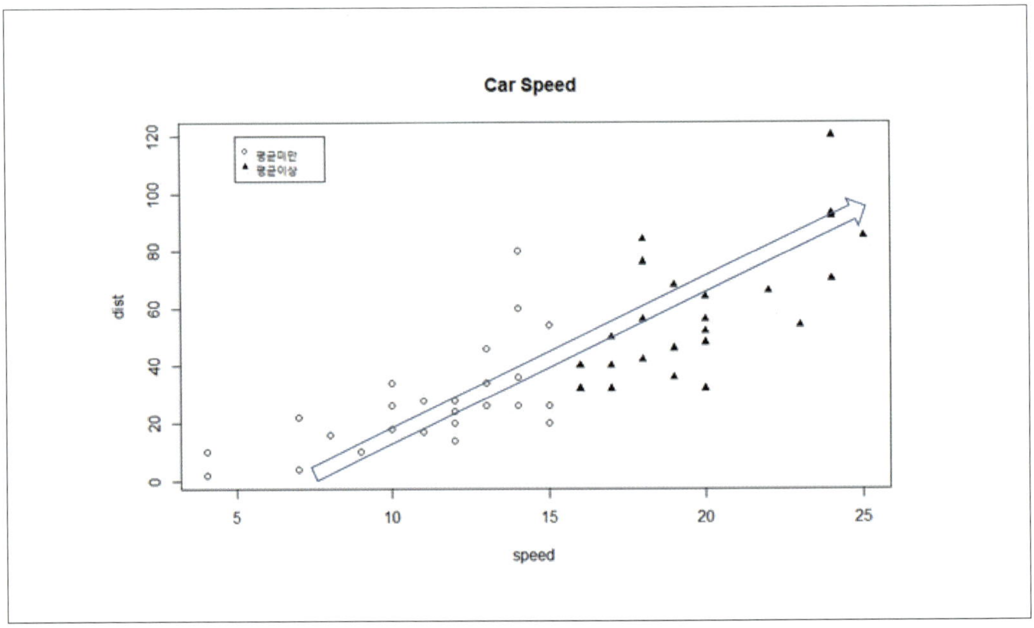

참고 두 스피드 그룹의 평균 제동거리를 계산하면 다음과 같다. 그 차이는 두 배 이상이므로, 과속은 금물이다.

```
> mean(cars_lowspeed$dist)
[1] 27.5
> mean(cars_highspeed$dist)
[1] 59.75
```

제2절 선 그림표

다시 길동이의 용돈 지출 자료를 살펴보자. 선 그림표(line chart; 라인 차트)는 시간에 따라 자료가 변하는 경우에 유용하다. plot() 함수를 이용하여 그려보자.

```
month <- c("1월", "2월", "3월", "4월", "5월", "6월")
pmoney <- c(3.2, 2.5, 10.2, 5.5, 6.7, 7.9)
plot (pmoney, type ="o", col="red", ylim =c(0, 12), xlab="월", ylab="지출 금액(만원)", lwd=2)
title (main ="6개월 용돈 지출")
```

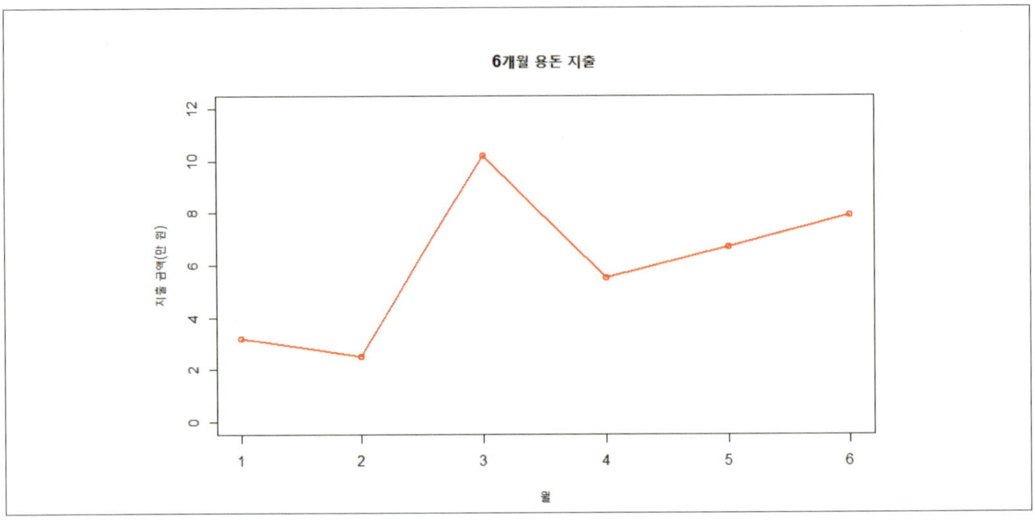

선 그림표는 자료의 변화를 알기 쉽게 보여준다. 3월 개학하면서 갑자기 용돈 쓸 일이 많아졌고 전체적으로 증가하였다.

다음으로 길동이의 용돈(yongdon)과 반 평균(avg)을 비교하기 위하여 선 그림표를 추가하기로 하였다.

```
avg <- c(4, 5, 6, 8.5, 10, 9)
lines (avg, type ="o", col="blue", lwd=2)
legend(1, 12, c("yongdon", "average"), col=c("red", "blue"), pch=21, lty=1, lwd=2)
```

(주) lines() [라인즈] 함수는 선 그림표를 덧붙일 수 있게 한다.

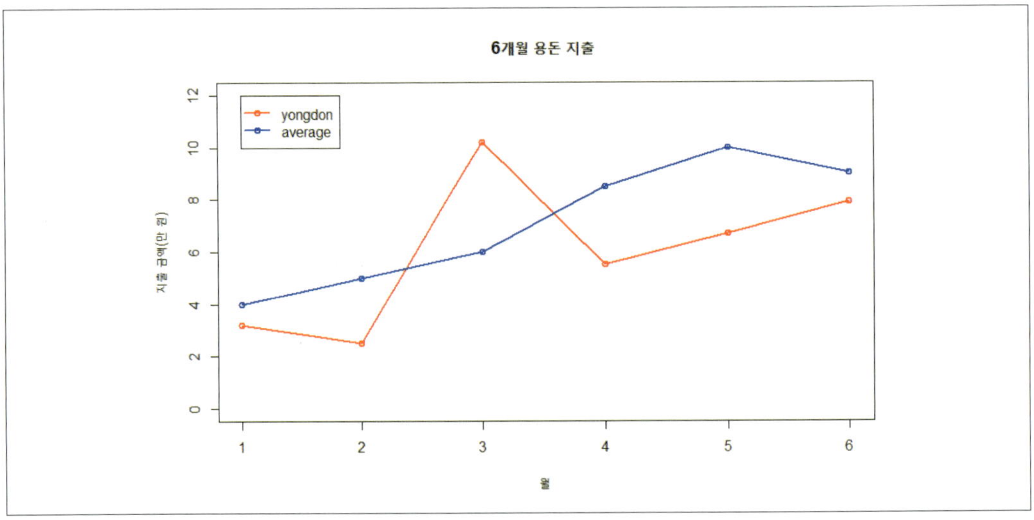

도표 10.1 선 그림표 용어 설명

용어	설명	비고
type ="o"	점과 선을 중첩한 모양	"c" : 점을 생략한 모습
col="red"	color(칼러, 색깔), 레드(빨강)	blue[블루; 파랑]
ylim =c(0, 12)	y축의 길이 (0~12)	limit[리미트, 한계]
xlab="월"	x축 설명, lab(label: 레이블)	우리식 발음: 라벨
ylab="지출 금액(만 원)"	y축 설명	
lwd=2	선 굵기	line width: 라인 위드스
title (main ="6개월 용돈 지출")	그림표 제목 (타이틀, 메인)	
legend(1, 12,,,,,	레전드(범례)의 좌표 (1, 12)	
pch=21	point character (포인트 캐릭터) 21 = ○	20 = ●, 22 = □, 23 = ◇
lty=1	line type(라인 타이프), 1=실선	2= 대시선, 3= 점선

위 그림표는 두 자료를 비교할 수 있게 해준다. 길동이는 3월을 제외하고 평균보다 적게 용돈을 지출하고 있다. [도표 10.1]은 선 그림표를 그리기 위한 용어 설명이다.

제3절 상자 그림표

상자 그림표는 boxplot() 함수를 사용하며, 수치 비교를 한눈에 알 수 있게 한다.

```
Gildong <- c(3.2, 2.5, 10.2, 5.5, 6.7, 7.9)
avg <- c(4, 5, 6, 8.5, 10, 9)
boxplot (Gildong, avg, names = c("Gildong", "average"), col= c("red", "lightblue")
```

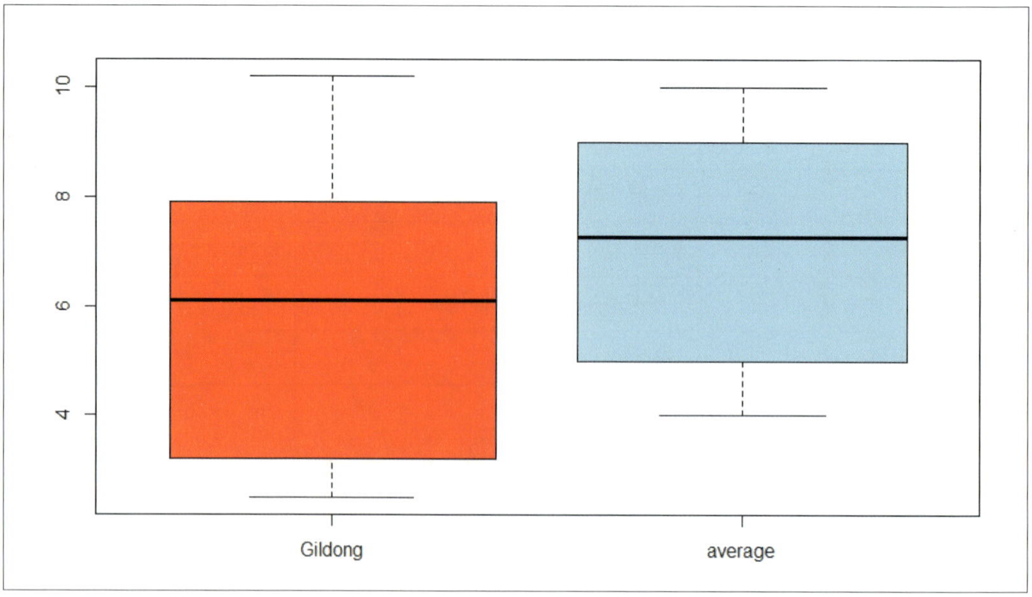

상자 안의 가로선은 평균을 의미한다. 반평균의 평균이 더 높아 보인다. 이 그림표는 summary() [써머리] 함수의 결과 값과 동일하다.

```
> summary(Gildong)
     Min.    1st Qu.    Median     Mean    3rd Qu.     Max.
    2.500     3.775     6.100     6.000     7.600    10.200
> summary(avg)
     Min.    1st Qu.    Median     Mean    3rd Qu.     Max.
    4.000     5.250     7.250     7.083     8.875    10.000
```

만일 boxplot() 안에 horizontal=T [호리전털; 수평]을 추가하면 상자는 수평 모습이 된다.

제4절 막대 그림표

막대 그림표(bar chart)는 여러 목적으로 쓰인다. 자료의 변화를 보여주기도 하고 다른 상대와 비교하는 데에도 유용하다. R은 barplot() 함수를 이용하여 막대그림표를 멋지게 그린다. 앞의 스크래치 자료인 콘서트 청중 자료를 이용하여 막대그림를 그려보자.

연령대	인원(백 명)
10대	3
20대	4
30대	2
기타	1

막대 그림표의 R 코딩은 다음과 같다(결과 생략).

```
people <- c(3, 4, 2, 1)                                    # 단위 백 명, 피플(사람)
names(people) <- c("10대", "20대", "30대", "기타")
barplot (people)
title (main ="콘서트 청중 수")                                                 # 제목
```

그리고 다음을 코딩한 후 실행해 보자.

```
people <- c(3, 4, 2, 1)                                    # 단위 백 명, 피플(사람)
names(people) <- c("10대", "20대", "30대", "기타")
concert <- barplot (people, col=rainbow(length(people)),
ylab="인원(백 명)", ylim=c(0, 5), main ="콘서트 청중 수")
text(x=concert, y=people, labels=round(people, 0), pos=3)
```

(주) pos=1이면, 막대 안에 숫자가 들어간다.

제5절 원그림표

원 그림표(pie chart)는 전체를 100%로 간주하여 그린다. 앞에서 다룬 콘서트 청중의 수를 2차원 원 그림표에 그려 보자.

```
people <- c(3, 4, 2, 1)                                   # 단위 백 명, 피플(사람)
age <- c("10대", "20대", "30대", "기타")
pie(people)                                                # 결과 생략
pie(people, init.angle = 90, clockwise = TRUE, col=rainbow(length(people)),
labels = age, cex=0.8)                                     # 결과 제시
```

(주) init.angle[initial; 이니셜, 초기], angle[앵글, 각도], clockwise[클럭와이즈, 시계방향으로], TRUE[트루, 진실], col[color; 칼러, 색깔], rainbow[레인보우; 무지개], length[렝스, 길이], length(sale) = 6, labels[레이블즈, 라벨], cex[character expansion; 캐릭터 익스팬션, 문자 크기]

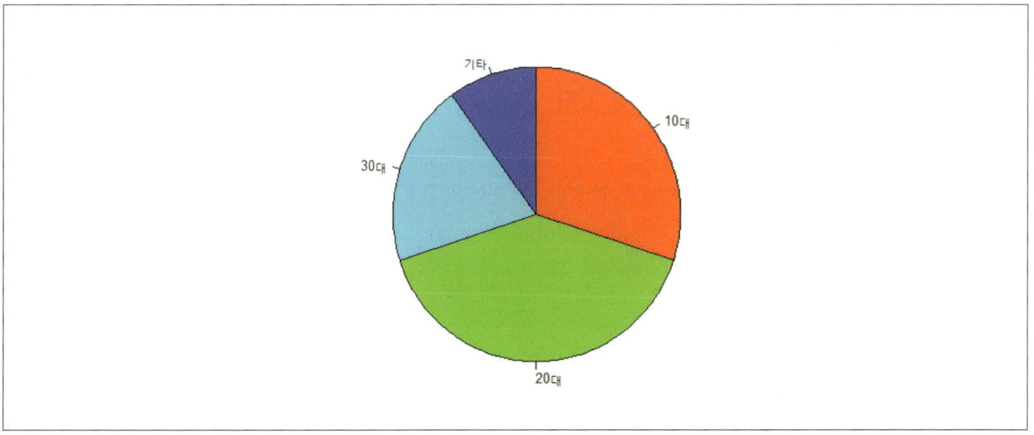

다음은 개선된 모습이다.

```
people <- c(3, 4, 2, 1)                                    # 단위 백 명, 피플(사람)
age <- c("10대", "20대", "30대", "기타")
label <- paste(age, "\n", "(", people, "0%)" )
pie(people, init.angle = 90, clockwise =  T, col=rainbow(length(people)),
main ="콘서트 청중 비율", cex=0.8, labels=label)
```

(주) paste[페이스트, 붙여 바르다], "₩n"[한줄 띄우기 표시], main[메인, 주제목]

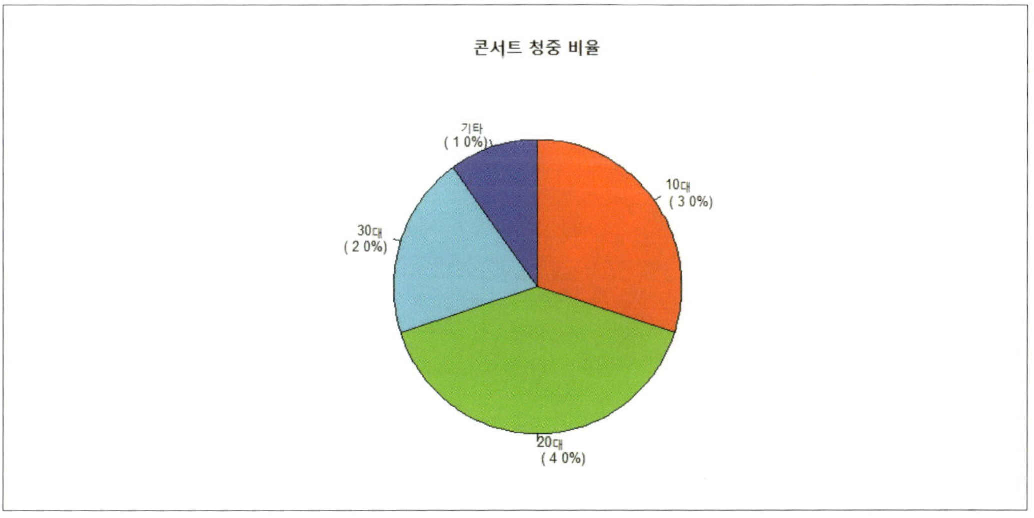

참고 만일 [소스 창] 입력 시 줄이 길어지면 [엔터]로 끊고 줄 바꾼후 계속 입력하면 된다. 이것을 자동 줄바꾸기로 하려면, 툴바에서 하면 된다.

```
[Tool] ⇒ [Global Options] ⇒ [Code] ⇒ [Soft-wrapt R source files] ⇒ [OK]
```

여기서는 3차원 파이 차트를 그려보자. 이를 위해 plotrix 패키지 설치가 필요하다. 다음 자료는 최근 일주일 동안 어느 가게의 매출액이다.

```
install.packages("plotrix")
library(plotrix)
sale <- c(10, 40, 20, 20, 50, 60)
week <- c("월", "화", "수", "목", "금", "토")
label <- paste(week, "\n", "(", sale, "만 원", ")" )
pie3D(sale, col=rainbow(length(sale)), main ="매출액(2월 3주차)", labelcex=1,
labels=label, explode=0.05)
```

(주1) explode[익스플로우드, 폭발하다(조각으로 나눈다는 의미로 사용)]

(주2) ??pie3D를 입력하면 이에 대해 자세히 알려준다.

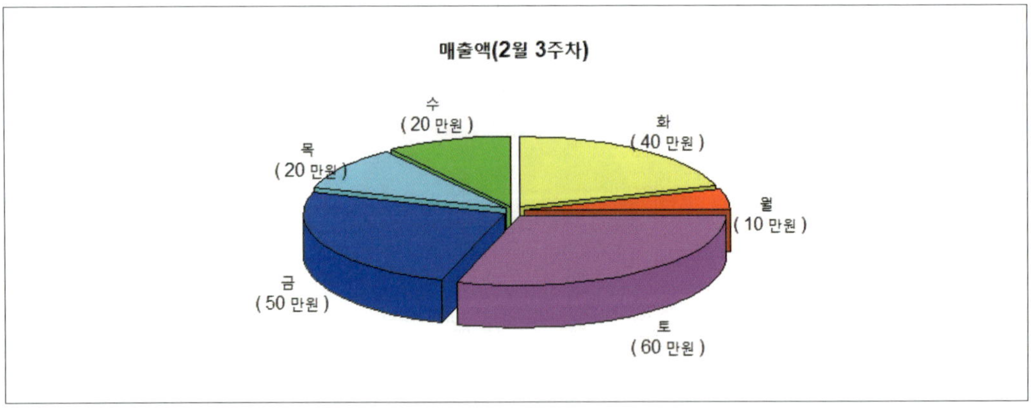

제6절 ggplot() 함수를 이용한 막대그림표

앞에서 barplot() 함수로 막대그림표를 표현하였다. 여기서는 데이터프레임 자료를 패키지 "ggplot2"의 ggplot() 함수로 그려본다. 이 함수는 또 다른 아름다움을 제공한다. 그림표 내의 변수(x축, y축, x변수, y변수, 글자크기, 색상, 라벨 등)는 함수 aes()안에 들어간다(aesthetic; 에스세틱, 심미적인). 여기서는 수평 막대로 표현하였다.

```
install.packages("ggplot2")
library(ggplot2)
sale <- c(10, 40, 20, 20, 50, 60)
week <- c("월", "화", "수", "목", "금", "토")
sale_df <- data.frame(week, sale)
ggplot(data=sale_df, aes(x=week, y=sale)) + geom_col()
+ scale_x_discrete(limit = week) + coord_flip()              # 수평 막대로 그리기, 결과 생략

ggplot(data=sale_df, aes(x= week, y=sale, fill=sale)) + geom_col()
+ scale_x_discrete(limits = c("토", "금", "목", "수", "화", "월")) + coord_flip()
+ ggtitle("매출액(2월 3주차)")                               # 요일 순서 바꾸기
```

(주) scale_x_discrete[스케일_엑스_디스크리트, x 명목변수의 나열], coord_flip[coordinate_flip; 코어디니트_f플립, 좌표 뒤바꾸기], title[타이틀, 제목]

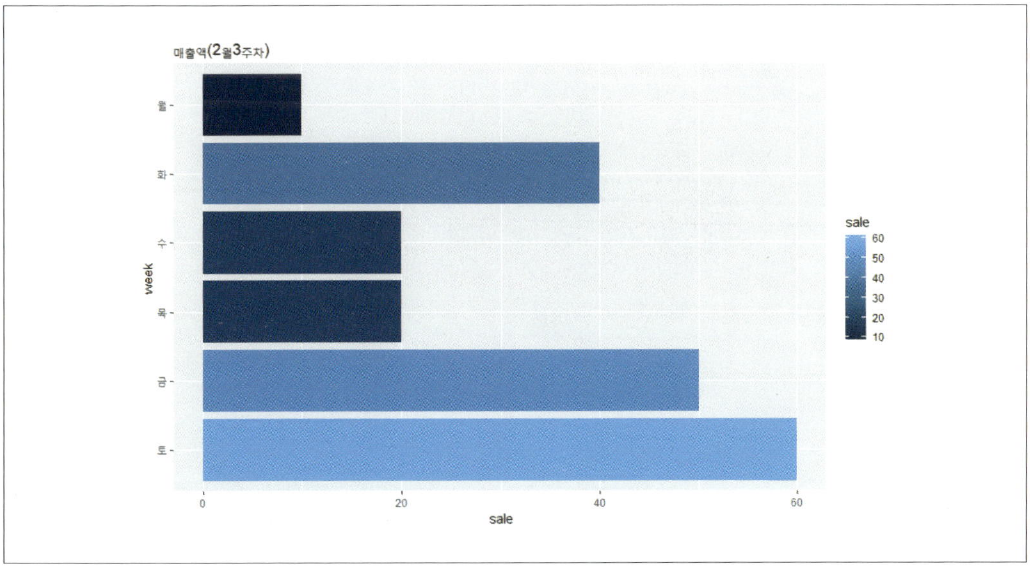

이 그림표에서 매출액 크기를 색깔로 나타내고 있다. 파란색이 진할수록 매출액이 작아진다. 만일 fill = “ ”로 표기하면 단색으로 나타난다. 이와 같이 ggplot()는 여러 요소들을 병렬(+)로 연결할 수 있는 고급스런 함수이다.

숫자는 계산과 해석의 두 가지 의미를 갖는다. 예컨대, 평균을 안다는 것은 어떻게 계산하는가와 그 값이 가지는 의미를 어떻게 해석하는가를 포함한다. 그리고 숫자를 시각적으로 표현한 것이 그림표다. R에서는 그림표 그리기가 매우 발달해 있다. 이것만 익혀도 데이터를 분석하는 데에 큰 도움을 얻을 수 있다.

CHAPTER 11
문자자료의 분석

CONTENTS

사전의 책임은 문체가 아니라 언어를 기록한 것이다.
— P. B. 고브

언어는 학문의 수단이고 단어는 생각을 드러내는 부호다.
— S. 존슨

SNS는 검색이 아니라 발견과 연결에 관한 것이다.
— 저자

제1절 문자열의 구조

1.1 벡터와 리스트

문자열(文字列)은 일련의 문자, 특수문자, 숫자 등의 배열이며, R에서는 모두 따옴표(" ") 안에 넣는다. 문자열을 이해하면 일반 글은 물론, SNS, HTML 등과 같은 형태의 글도 분석이 가능하다.

```
> (vec1 <- c(10, 20, 30, 40))                # 숫자 벡터, 문장의 전체 괄호()는 직접 출력함
[1] 10 20 30 40
> (vec2 <- "가나다")                                                        # 문자 벡터
[1] "가나다"
> (lst <- list(vec1, vec2))                              # 리스트 (쌍대괄호 [[ ]] 출력)
[[1]]
[1] 10 20 30 40
[[2]]
[1] "가나다"
```

위에서 보면, 벡터는 원소들을 모두 낱개로 배열하며, 리스트는 2개의 성분(벡터)을 쌍대괄호 [[ ]]로 나열하고 있다. 두 구조는 비슷해 보이지만, 다른 성향을 가지고 있다. 벡터는 한 종류의 자료만 가지며, 리스트는 다양한 유형의 자료도 포함한다. 일반적으로 숫자자료는 데이터프레임 구조를 가지며, 문자자료는 리스트 구조를 취한다.

주의 다시 한번 강조하면, hwp 파일의 굽은 큰따옴표 (" ")를 사용하면 오류가 나온다. R에서는 곧은 큰따옴표(" ")를 사용해야 한다. 한글을 입력하는 경우, R 화면에서 직접 입력하기 바란다.

1.2 문자 함수

(1) nchar() 함수의 이해

문자열 다루기는 글이 몇 개의 문자로 구성되었는가를 계산하는 것이다. 문자열의 크기는 [콘솔창]에서 문자열과 그래프의 텍스트 배치 등을 위해 알 필요가 있다. 함수 nchar()가 중요한 역할을 한다(number of characters; 넘버 오v브 캐릭터즈, 문자의 개수).

```
> s1 <- c("봄이 오고 있습니다.")
> s2 <- c("Please,", "come to my spring garden.")
> nchar(s1); nchar(s2)
[1] 11                                                    # 빈칸, 점을 포함
[1] 7    25
> nchar(s1, type="char"); nchar(s1, type="bytes")
[1] 11                                        # 글자 수(한글, 공백, 부호 포함)
[1] 19                                           # 바이트 수(한글은 2바이트)
> nchar(s2, type="char"); nchar(s2, type="bytes")
[1] 7    25
[1] 7    25
```

(2) 함수 unlist()의 이해

리스트는 연산(덧셈, 뺄셈 등)할 수 없다. 이를 가능하게 하려면 함수 unlist()로 리스트의 마법을 벗겨야 한다. 이 함수를 이용하면 벡터로 변환되어 연산이 가능하다. 자료를 비(非) 리스트 구조, 즉 숫자 벡터로 바꾼다. 앞쪽의 list 객체를 다시 살펴보자.

```
> lst                                              # 리스트(쌍대괄호 [[ ]] 출력)
[[1]]
[1] 10 20 30 40
[[2]]
[1] "가나다"
> lst[1]                                           # 첫 번째 성분을 리스트로 얻음
[[1]]
[1] 10 20 30 40
> (unlist_lst <- unlist(lst[1]))                   # 리스트를 숫자벡터로 변환
[1] 10 20 30 40
> class(unlist_lst)
[1] "numeric"
> mean(unlist_lst)
[1] 25
> mean(unlist_lst[1:4])
[1] 25
```

참고 리스트(list)는 문자자료에서 말을 쪼개고 모아주는 역할을 한다.

(3) gsub() 함수의 이해

이 함수는 문자를 다른 것으로 대체하는 함수다(gsub: global substitution; 글로벌 써브스티튜션, 자료의 전체적인 대체).

```
> (mun <- c("나는 한강에 3번 갔다. I love it"))
[1] "나는 한강에 3번 갔다. I love it"
> (mun <- gsub("한강에", "한강", mun))                # "한강에"를 "한강"으로 대체
[1] "나는 한강 3번 갔다. I love it"
> (mun <- gsub("한강", " ", mun))                     # 단어 지우고 빈칸으로 대체
[1] "나는      3번 갔다. I love it"
> (mun <- gsub("갔다", " ", mun))                     # "갔다" 단어 제거
[1] "나는      3번      . I love it"
> (mun <- gsub("[[:punct:]]"," ", mun))               # 구두점 제거
[1] "나는      3번        I love it"
> (mun <- gsub("[A-z]", " ", mun))                    # 영어 제거
[1] "나는      3번                  "
> (mun <- gsub("\\d+", " ", mun))                     # 숫자 제거
[1] "나는       번                  "
```

예제 문장 가운데 있는 점(.)을 대체하려면 다음과 같이 해도 무방하다.

```
mun <- gsub(".", "", mun)
```

(4) extractNoun() 함수 이해[1]

이 함수는 명사를 뽑아내는 기능을 한다.

1 이 함수는 먼저 자바(Java)가 설치되어 있어야 이용 가능하다. 만일 내 컴퓨터에 자바가 없으면 지금 인터넷을 참조하여 설치하기 바란다.

```
install.packages("rJava")                                    # 설치한 자바 불러오기
install.packages("memoise")                                  # 이전의 값을 저장하는 기능
install.packages("KoNLP")                                    # 한글 자연어 분석 패키지

library(rJava)
library(memoise)
library(KoNLP)
useNIADic()                                                  # 한글 사전
```

```
> hangang <- c("나는 올해 한강에 3번 갔다. 한강은 해질녁에 참으로 아름답다.")
> extractNoun(hangang)
[1] "나"    "올해"    "한강"    "3"    "번"    "해질녁에"
> (hangang <- sapply(hangang, extractNoun, USE.NAMES=F))
     [,1]
[1,] "나"
[2,] "올해"
[3,] "한강"
[4,] "3"
[5,] "번"
[6,] "해질녁에"
```

(주1) sapply[써플라이, "apply; 어플라이, 적용하다"의 R 변형]: 여러 자료에서 단어를 추출하게 해 준다.

(주2) USE.NAMES-F[유즈.네임즈]는 문장을 반복하지 않기의 뜻이다.

제2절 단어구름(워드클라우드) 만들기

문자분석은 문자로 된 자료에서 가치있는 정보를 얻어 내는 분석 기법이다. 이것이 가능하려면, 문장을 구성하고 있는 단어들을 최소한으로 작게 쪼개서 계량화한다. 그리고 각 단어의 빈도수에 따라 표 또는 그림으로 정리한다. 여기서는 주로 명사를 통하여 텍스트(문자)를 분석하여 글의 내용을 파악할 수 있다.

한글 문자 분석은 패키지 "KoNLP(Korean Natural Language Processing Package; 한글 자연어 분석 패키지)"를 이용한다. 이 패키지로 SejongDic(Sejong Noun Dictionary, 370,957단어), NIADic(National Information Society Agency: 한국정보화진흥원, 983,012단어) 사전 등을 이용할 수 있다. KoNLP에는 extractNoun() [익스트랙트, 나운; 뽑다, 명사] 함수가 들어 있어, 한글 자료에서 명사 단어를 쉽게 추출할 수 있다.

단어구름은 문자자료를 단어의 출현 빈도에 따라 핵심 단어를 파악하는 분석 방법이다. 다음은 단어구름 만들기 과정을 그림으로 나타낸다.

도표 11.1 단어구름 만들기 과정

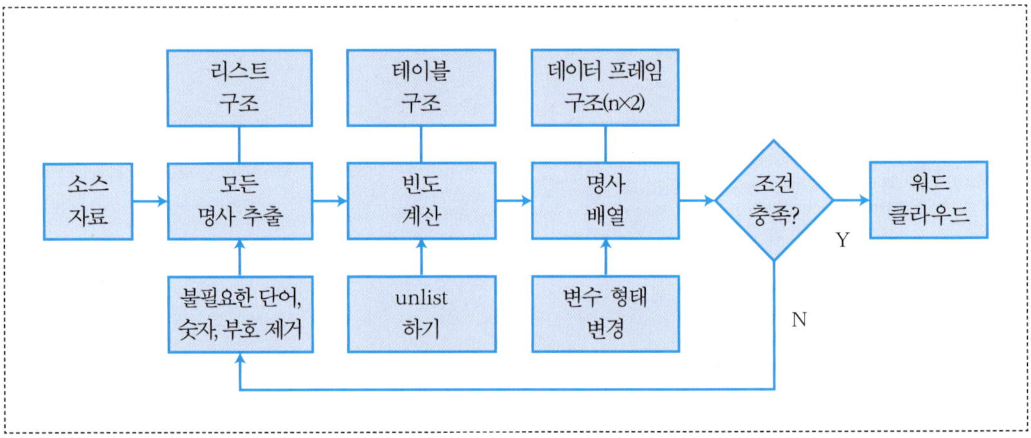

다음의 시를 분석하여 보자. 여기서는 "그리운 언덕"과 "고향땅"이라는 두 시에 사용된 단어를 조사한다. 문자분석을 통해 어떤 단어가 얼마나 사용되었는가를 파악함으로써 시상(詩想)에 도움을 얻고자 한다. [소스 창]에서 다음을 계속 입력한다.

```
hometown <- c("그리운 언덕 강소천

내 고향 가고 싶다 그리운 언덕
동무들과 함께 올라 뛰놀던 언덕.
오늘도 그 동무들 언덕에 올라
메아리 부르겠지, 나를 찾겠지.
내 고향 언제 가나 그리운 언덕
옛 동무들 보고 싶다, 뛰놀던 언덕.
오늘도 흰구름은 산을 넘는데
메아리 불러본다, 나만 혼자서."
```

```
"고향땅 윤석중
고향땅이 여기서 얼마나 되나
푸른하늘 맞닿은 여기가 거긴가
아카시아 꽃잎이 바람에 날리니
고향에도 지금쯤 뻐꾹새 울겠네.")
install.packages("rJava")                                    # 자바 설치하기
install.packages("memoise")                                  # 이전의 값을 저장하는 기능
install.packages("KoNLP")                                    # 한글 자연어 분석 패키지
library(rJava)
library(memoise)
library(KoNLP)
useSejongDic()
install.packages("stringr")                                  # 특수문자 제거용 패키지
library(stringr)
hometown <- gsub("윤석중", "", hometown)                      # 아래 (주) 참고
hometown <- gsub("강소", "", hometown)
hometown <- gsub("흰구름은", "흰구름", hometown)
nouns <- sapply(hometown, extractNoun, USE.NAMES = F)        # [1단계] 데이터에서 명사 추출
nouns                                                        # 리스트 구조
word <- unlist(nouns)                                        # [2단계] unlist 하기
word
nouns_table <- table(word)                                   # [3단계] 테이블 구조로 변환
nouns_table
word_df <- as.data.frame(nouns_table, stringAsFactors=F)     # 데이터프레임 구조로 변환
word_df
word_df$word <- as.character(word_df$word)                   # word를 문자로 변환
install.packages("dplyr")                                    # 이미 설치되어 있으면 생략
library(dplyr)                                               # 오늘 처음이면 실행
word_df <- filter(word_df, c(nchar(word)>=2 & Freq>=1))
                         # [4단계] 단어 추출 조건: 두 글자 이상 및 한 번 이상 출현한 단어
word_df
top <- word_df %>% arrange(desc(Freq))
top
```

(주) gsub 문장은 1차에서 단어를 추출한 후에 제거 대상이 된 "윤석중, 강소" 등을 발견하여 2차에서 추가 입력한 후 다시 실행하였다. 따라서 아래 결과들은 2차 실행의 결과문이다. 따라서 처음 시도하는 독자들은 이 세 문장을 나중에 넣기 바란다.

1단계 리스트에서 단어 추출하기

```
nouns <- sapply(hometown, extractNoun, USE.NAMES = F)
> nouns
[[1]]
[1]  "언덕" "천" "내" "고향" "언덕" "동무" "들" "언덕" "오늘" "동무" "들" "언덕" "메아리"
[14] "나" "내" "고향" "언제" "언덕" "동무" "들" "언덕" "오늘" "흰구름" "산" "메아리" "나"
[27] "혼자"

[[2]]
[1]  "고향" "땅" "고향" "땅" "푸른하늘" "여기" "거긴가" "아카시아" "꽃잎" "바람"
[11] "고향" "뻐꾹새"
```

2단계 리스트 구조의 unlist 하기

```
> word <- unlist(nouns)
> word
[1]  "언덕"  "천"   "내"   "고향"  "언덕"  "동무"  "들"   "언덕"  "오늘"  "동무"
[11] "들"   "언덕"  "메아리" "나"   "내"   "고향"  "언제"  "언덕"  "동무"  "들"
[21] "언덕"  "오늘"  "흰구름" "산"   "메아리" "나"   "혼자"  "고향"  "땅"   "고향"
[31] "땅"   "푸른하늘" "여기"  "거긴가" "아카시아" "꽃잎"  "바람"  "고향"  "뻐꾹새"
```

3단계 테이블에서 빈도 계산하기

```
> nouns_table <- table(word)
> nouns_table
word
 거긴가 고향 꽃잎  나  내  동무  들  땅 메아리 바람 뻐꾹새 산 아카시아
   1    5    1   2   2   3   3   2    2     1    1    1     1
  언덕 언제 여기 오늘 천 푸른하늘 혼자 흰구름
   6    1    1   2   1     1     1     1
```

4단계 데이터 프레임에서 단어 배열하기

```
> word_df <- filter(word_df, c(nchar(word)>=2 & Freq>=1))
> word_df
      word    Freq
1     거긴가    1
2     고향      5
3     꽃잎      1
4     동무      3
5     메아리    2
6     바람      1
7     뻐꾹새    1
8     아카시아  1
9     언덕      6
10    언제      1
11    여기      1
12    오늘      2
13    푸른하늘  1
14    혼자      1
15    흰구름    1
```

참고 word_df <- filter(word_df, c(nchar(word)>=2 & Freq>=2))이면, "고향, 동무, 메아리, 언덕, 오늘" 등이 선택된다.

이 결과에 근거하여, 아래와 같이 단어구름(워드클라우드)을 만들어 보았다. [소스 창]에서 계속 입력한다.

```
install.packages("wordcloud")
library(wordcloud)
library(RColorBrewer)
pal <- brewer.pal(5, "Set1")
set.seed (123)                                          # 난수 고정
```

```
wordcloud(words = top$word,                          # 명칭 바꾸기
          freq = top$Freq,                           # 명칭 바꾸기
          scale = c(2, 0.5),                         # 단어크기 범위
          min.freq = 1,                              # 최소 단어 빈도
          max.words = 20,                            # 표현단어 최대수
          random.order = F,                          # 고빈도 단어 중앙배치
          rot.per = 0.25,                            # 회전단어 비율
          random.color = T,                          # 무작위 색
          colors = pal)                              # 색상을 pal에서 가져옴
legend(0.35, 0.82, "고향의 시", cex = 0.7, fill=NA,
border=NA, bg="white", text.col="blue", text.font=1, box.col="red")
```

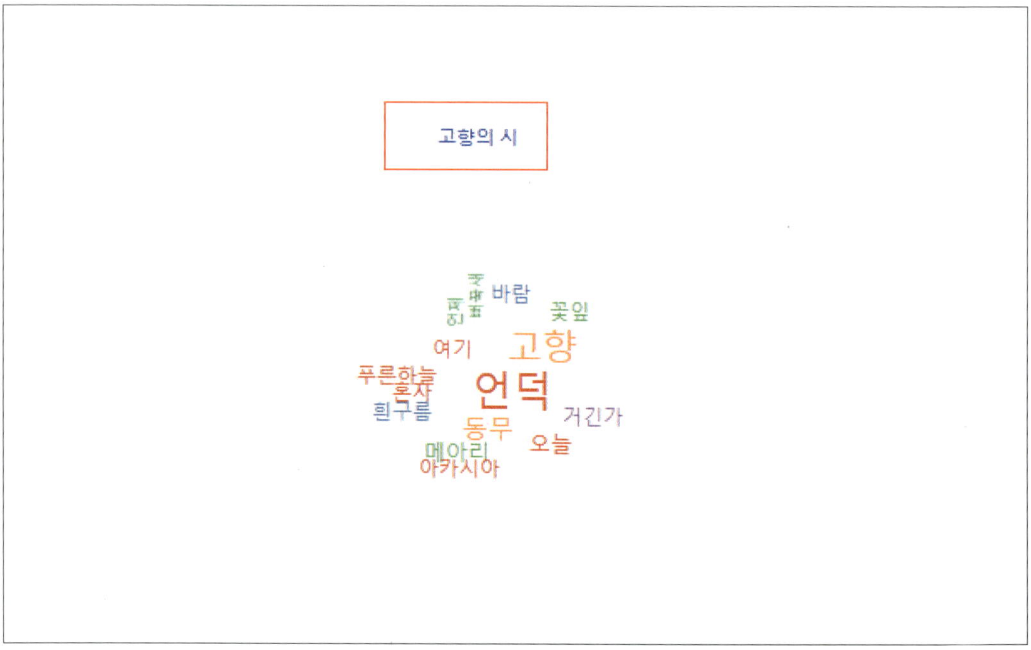

(주) 단어 빈도가 높을수록, 글자가 커지고 가운데에 위치한다.

위 단어들을 활용해서, 고향에 대한 시를 한 편 써보자.

다음은 위의 데이터프레임 자료에서 패키지 "ggplot2"를 이용하여 막대그림표를 그려 보았다. 이 그림표 또한 단어 분석에 도움을 준다. [소스 창]에서 계속 입력한다.

```
install.packages("ggplot2")                                          # 그림표용 패키지
library(ggplot2)
order <- arrange(top, Freq)$word                                     # 빈도수대로 내림차순 정렬
ggplot(data = top, aes(x = word, y = Freq)) +
    ylim(0, 5) +
    geom_col() +
    coord_flip() +                                                   # 수평으로 그리기
    scale_x_discrete(limit = order) +                                # 이산자료 척도
    geom_text(aes(label = Freq), hjust = -0.3, col="blue")           # x축 라벨 붙이기
```

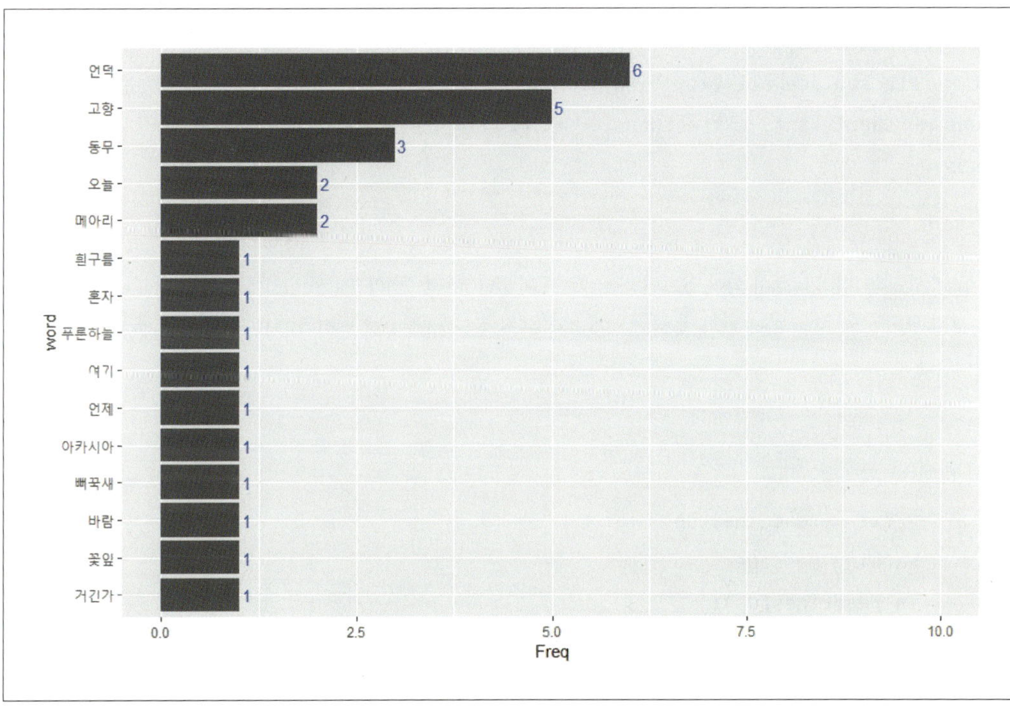

참고 여기서는 시를 직접 [소스 창]에 입력하였으나, 여러 편의 시가 있는 경우에는 내 PC에 poem.txt로 저장해서 불러온다. 다음을 참조하기 바란다.

```
install.packages("rJava")                                  # 자바 설치하기
install.packages("memoise")                                # 이전의 값을 저장하는 기능
install.packages("stringr")                                # 특수문자 제거
install.packages("KoNLP")                                  # 한글 자연어 분석
library(rJava)
library(memoise)
library(stringr)
library(KoNLP)
useSejongDic()
db <- file.choose()                                        # (주2) 참조
txt <-readLines(db)
txt <- str_replace_all(txt, "\\W", " ")                    # 특수문자 제거하기
nouns <- sapply(txt, extractNoun, USE.NAMES = F)           # 명사 추출
nouns
이하 동일
```

(주1) packages는 이미 install 되어 있으면 다시 할 필요 없다. [도움 창]의 [Packages]에서 확인 가능하다.

(주2) 파일 불러오기, 콘솔 창에 빨간 불이 들어오면서 곧 "Select file" 창이 뜬다. 여기서 내 PC의 해당 파일을 찾아서 선택한다.

주의

```
> txt <-readLines(db)
Warning message:
In readLines(db):
    incomplete final line found on 'D:\Radv\poem.txt'
```

만일 이 오류 경고가 뜬다면, poem.txt 파일의 마지막 문장 끝 부분에서 [엔터]가 없기 때문이다. [엔터]하면 해결된다.

과제 네이버에서 검색어를 활용하여 단어구름을 만들면 좋은 영감을 얻을 수 있다. 예를 들어, 검색어 "행복한 삶"을 네이버에서 검색한다. 지식백과의 수천 건 중 몇 건을 모아, 한글(hwp)파일로 저장해 놓고 이것을 다시 text 파일로 변환 다음에 코딩 작업을 한다. 어떻게 하면 더 행복해질 수 있는가를 발견해 보자. 검색된 단어들을 연결하여 행복에 대한 글을 써보자.

제3절 웹에서 HTML 문서 분석

웹에서 문자분석은 두 가지 개념을 이해해야 한다. 하나는 HTML(Hyper Text Markup Language; 하이퍼 텍스트 마크업 랭귀지, 초과 문자 마크업 언어)이고, 다른 하나는 API(Apllication Programming Interpace; 애플리케이션 프로그래밍 인터페이스)다.

3.1 HTML

웹 url의 HTML 문서는 XML(Extensible Markup Language; 익스텐써블, 확장가능한)이라고 부르는 마크업 언어이다. 마크업은 텍스트의 특정 위치에서 삽입되는 문자나 기호(찾아보기, 링크하기 등)를 말하며, 흔히 태그 부호(<>, 꺾쇠 괄호)를 사용한다. 이 마크업 정보로 표현한 언어를 마크업 언어라고 한다. HTML은 문화어라 하며, 현대인이 필수적으로 알아야 하는 언어가 되고 있다.

여기서는 네이버 뉴스의 html 문서를 불러와서 단어구름(워드클라우드) 작업 과정을 설명한다. 이 과정을 웹 크롤링(crawling)이라고 하며, 웹에서 분산 저장되어 있는 문서를 수집하여 검색대상의 색인으로 포함시키는 것을 뜻한다. HTML의 상세한 내용은 본서의 마지막 장에서 다시 설명한다.

예를 들어, 다음 url 문건을 분석한다고 하자.

"*http://news.mt.co.kr/mtview.php?no=2018052820220079103*"

1단계 반드시 크롬(chrom)에서, url을 붙여 실행한다.

2단계 여기서 [F12] 단추를 누르면 왼쪽에 본문, 오른쪽에 HTML 문서가 나온다.

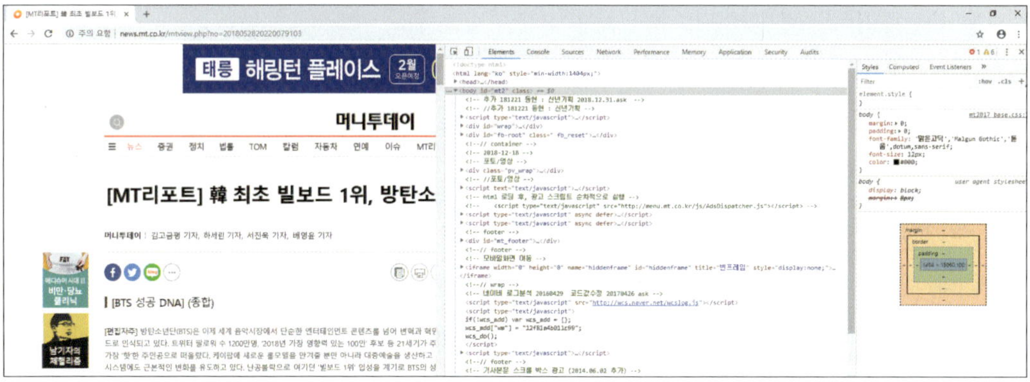

3단계 HTML 문서는 크게 머리(head)와 몸통(body)으로 나누어져 있으며, 머리는 제목과 encoding 문제를 다루고, 몸통은 본문(contents)을 담는다. 따라서 head 파트에서는 인코딩 방식을 발견하고, body 파트에서는 텍스트 방식을 찾아야 한다.

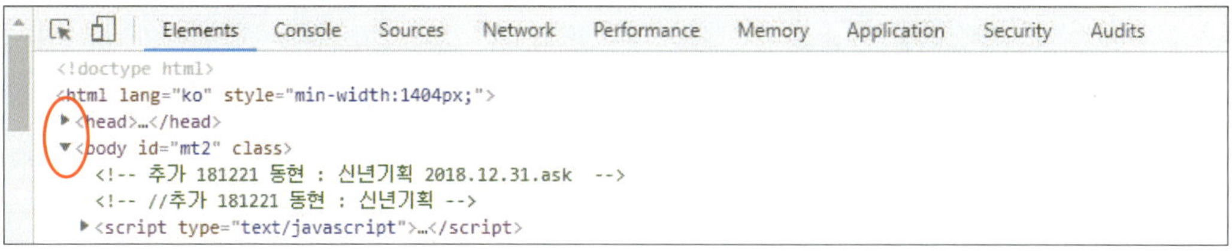

위에서 ▶ 부호는 그 안에 여러 내용이 감추어져 있다는 것이고, ▼ 부호는 전체를 다보여주고 있다는 뜻이다.

4단계 [소스 창]에서 코딩하기

```
install.packages("rvest")                                   # HTML 태그 제거용
install.packages("RCurl")                                   # url 접근
install.packages("XML")
library(rvest)
library(RCurl)
library(XML)
url <- "http://news.mt.co.kr/mtview.php?no=2018052820220079103"
text <- read_html(url, encoding="euc-kr")                   # head에 발견
nodes <- html_nodes(text, ".article_view")                  # body에서 발견
content <- html_text(nodes)
write.csv(content, "d:/Radv/bts.csv")
rev <- read.csv("d:/Radv/bts.csv", stringsAsFactors = F)
head(rev)
title <- unique(rev$title)
library(dplyr)
library(KoNLP)
useSejongDic()
rtxt <- readLines("d:/Radv/bts.csv")
install.packages("stringr")
library(stringr)
rtxt <- str_replace_all(rtxt, "\\W", " ")                   # 특수 문자 제거
rtxt <- gsub("\\d+", " ", rtxt)                             # 숫자 제거
rtxt <- gsub("말했", " ", rtxt)                              # "말했" 제거
rtxt <- gsub("케이", " ", rtxt)                              # "케이" 제거
nouns <- extractNoun(rtxt)
nouns
wordcount <- table(unlist(nouns))
df_word <- as.data.frame(wordcount, stringsAsFactors = F)
df_word <- rename(df_word, word = Var1, freq = Freq)
df_word
```

```
df_word <- filter(df_word, nchar(word) >= 2)
top_20 <- df_word %>% arrange(desc(freq)) %>% head(20)
top_20
```

(주) 노드(nodes)는 네트워크에 접속할 수 있게 해주는 논리구조 장치로서 본문에 들어가게 해준다. 그리고 자료를 객체로 만들어 준다.

이제 HTML의 〈head〉와 〈body〉에서 위 명령문을 찾아보자.

다음 그림에서 보면, 〈head〉 부문에서 encoding 정보는 charset = “euc-kr”에서 발견된다(캐릭터세트).

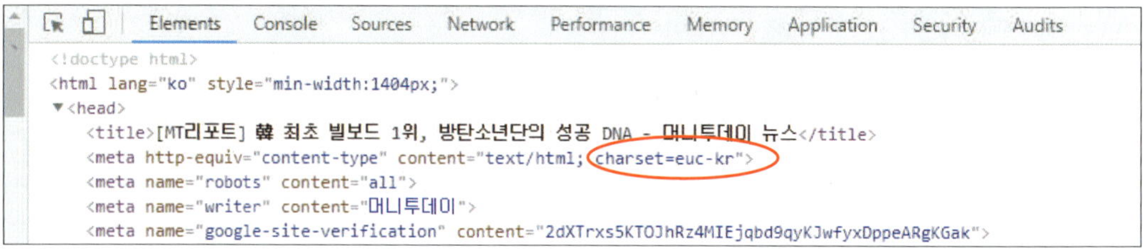

다음으로 〈body〉 파트에서 node가 있는 contents를 찾아보자. 여기서는 body ⇒ view_wrap ⇒ article_view를 발견한다. 그 다음에 본문이 뒤따르고 있음을 알 수 있다. 이 코딩 앞에는 반드시 점(.)을 찍어야 한다.

힌트 body에서 nodes 찾기는 쉽지 않다. 일일이 문서를 다 뒤져야 한다. 그러나 본문에서 [마우스 우클릭] ⇒ [검사]를 선택하면 그 특성이 있는 곳이 나온다.

5단계 html 본문을 얻었으면, 다음과 같이 단어를 추출하여 단어구름을 만든다.

```
library(wordcloud)                                          # 단어구름 만들기
library(RColorBrewer)
pal <- brewer.pal(8,"Dark2")
set.seed(123)
wordcloud(words = df_word$word,
          freq = df_word$freq,
          min.freq = 2,
          max.words = 50,
          random.order = F,
          rot.per = 0.2,
          scale = c(4, 0.3),
          colors = pal)
```

단어 검색이 기사를 전부 이해시켜 주는 것은 아니다. 검색된 단어에서 무엇인가를 연결하고 발견하려는 노력이 필요하다. 정보를 얻으려면 검색보다 연결과 발견이 더 중요하다.

참고 추출된 단어 중에서 최대빈도 단어 "BTS"을 제거하고 단어구름을 다시 만든다면, df_word 다음에 다음을 삽입하면 된다.

```
df_word <- df_word [-which.max(df_word$freq),  ]
```

3.2 API

API(Application Programming Interface; 애플리케이션, 프로그래밍 인터페이스)는 운영 체계나 프로그래밍 언어가 제공하는 기능을 제어할 수 있게 만든 인터페이스를 뜻한다. 이것은 응용 프로그램에서 사용할 수 있도록, 주로 파일 제어, 창 제어, 화상 처리, 문자 제어 등을 위한 인터페이스를 제공한다(위키백과). 여기서는 네이버의 API를 받고 뉴스 정보를 불러오는 절차에 대해 설명한다.

(1) 네이버 API 받기

1단계 네이버 개발자 url 주소 *https://developers.naver.com/main/*을 입력하고 엔터를 치면 다음 화면이 나온다. 여기서 "Application"을 선택하고 "애플리케이션 등록"을 선택한다.

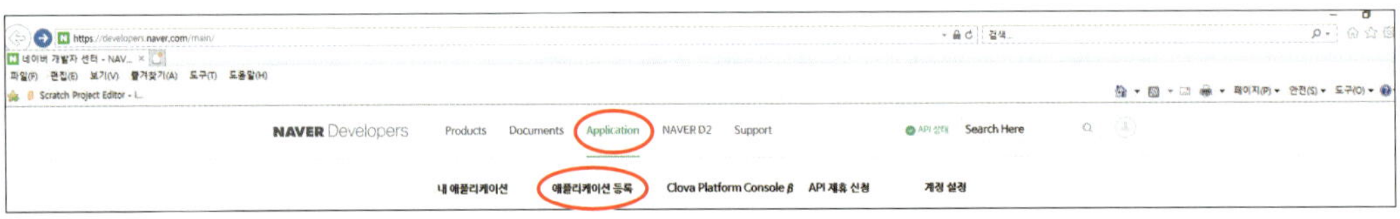

2단계 네이버 "로그인" 화면에서 로그인한다(화면 생략).

3단계 화면에서  를 선택하고, 그리고 그 다음 화면에서  단추를 누른다(화면 생략).

4단계 그러면 "애플리케이션 등록" 화면이 나온다. 여기서 [애플리케이션 이름]에서 임의로 적절한 이름, 여기서는 "코딩어드벤처"를 적어놓는다. 다음으로 [사용 API]에서 "검색"을 선택한다.

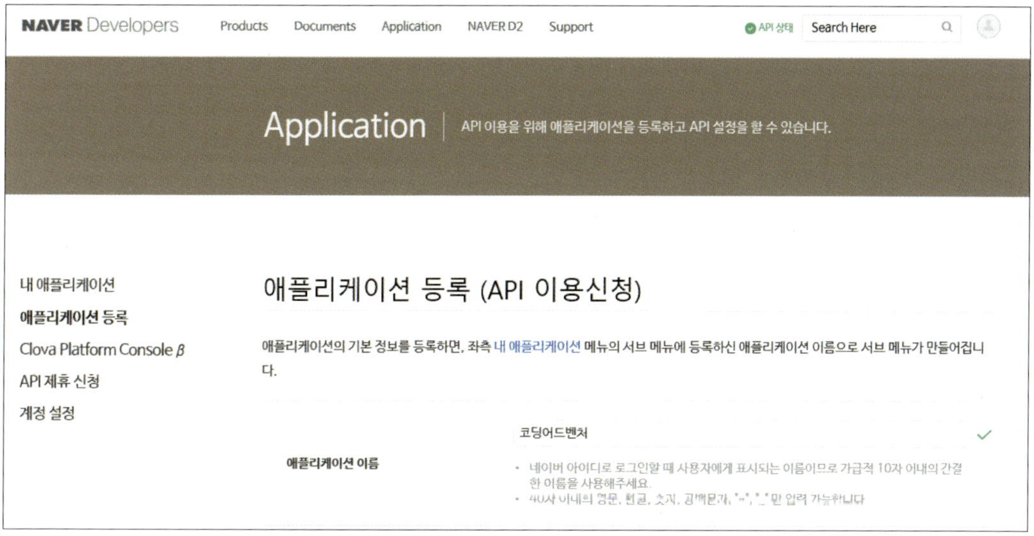

동일 화면 하단의 [비로그인 오픈 API 서비스 환경]의 [환경추가]에서 "WEB 설정"을 선택한다. 그리고 [웹 서비스 URL]에서 웹 주소를 적절하게 만들어서 입력한다. 여기서는 *http://xyz.com*으로 한다. 이것은 자신의 컴퓨터 IP이다. 끝으로, [등록하기] 단추를 누른다.

5단계 그러면 Client ID와 Client Secret을 부여받고, 웹 생성이 완료된다. 이를 이용하여 Naver 뉴스 정보를 불러오면 된다.

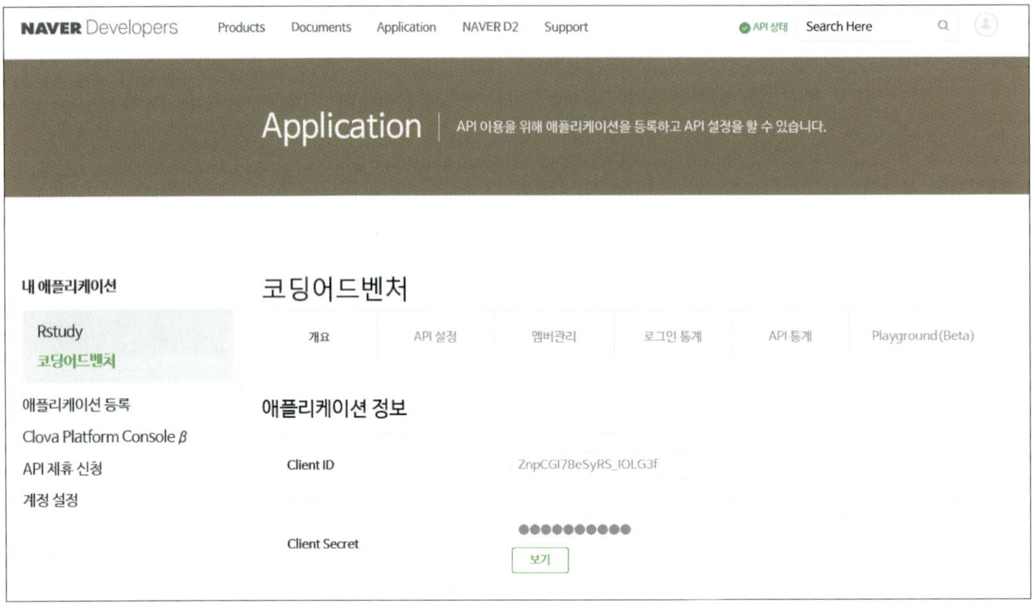

(2) 네이버에서 뉴스 정보 불러와서 단어구름(워드클라우드) 만들기

```
install.packages('RCurl')
install.packages('XML')
library(RCurl)
library(XML)

Client_ID <- "my ID"
Client_Secret <- "my secret"

search_url <- "http://www.iusm.co.kr/news/articleView.html?idxno=799461"
query <- URLencode(iconv("친구", "euc-kr", "UTF-8"))
url <- paste(search_url, "?query=", query, "&display=100", sep="")
doc <- getURL(url,
     httphead=c('Content-Type'= "application/xml",
            'X-Naver-Client-id'=Client_ID,
            'X-Naver-Client-Secret'=Client_Secret))
doc2 <- htmlParse(doc, encoding="UTF-8")
text <- xpathSApply(doc2, "//item/description", xmlValue)
text
```

뉴스 정보 일부

```
> text
  [1] "이날 방송에선 특별 MC로 안정환이 출연해 <b>친구</b>인 현주엽 감독과 티격태격 케미를 자랑하며 활약했다. 연습을 할 때나 시합 중에 욱하며 외치는 현주엽 감독의 모습에 안정환은 "응원단이 없었으면 큰 일 날 뻔 했다"고... "
이하 생략
```

```
library(KoNLP)                                    # 네이버 뉴스 단어구름(워드클라우드) 만들기
library(RColorBrewer)
library(wordcloud)
useSejongDic()
noun <- sapply(text, extractNoun, USE.NAMES=F)
noun2 <- unlist(noun)
noun2
word_count <- table(noun2)
noun2 <- Filter(function(x){nchar(x) >=2}, noun2)
noun2
```

```
noun2 <- gsub('\\d+', '', noun2)
noun2 <- gsub('<b>', '', noun2)
noun2 <- gsub('</b>', '', noun2)
noun2 <- gsub('&amp', '', noun2)
noun2 <- gsub('&lt', '', noun2)
noun2 <- gsub('&gt', '', noun2)
noun2 <- gsub('&quot', '', noun2)
noun2 <- gsub("", '', noun2)
noun2 <- gsub('\'' , '' , noun2)
noun2 <- gsub('', '', noun2)
noun2 <- gsub('-', '', noun2)
noun2 <- gsub('들', '', noun2)
```

함수 gsub()는 전체 구역(global)에서 패턴을 변경한다.

```
palete <- brewer.pal(9, “Blues”) [5:9]
set.seed (123)
wordcloud(names(word_count), freq = wordcount, scale = c(5, 0.7),
     min.frq = 5, max.words = 50,  random.order = F,
     rot.per = 0.25,  random.color = T, colors = palete)     # 색깔이 진할수록 빈도가 높다
```

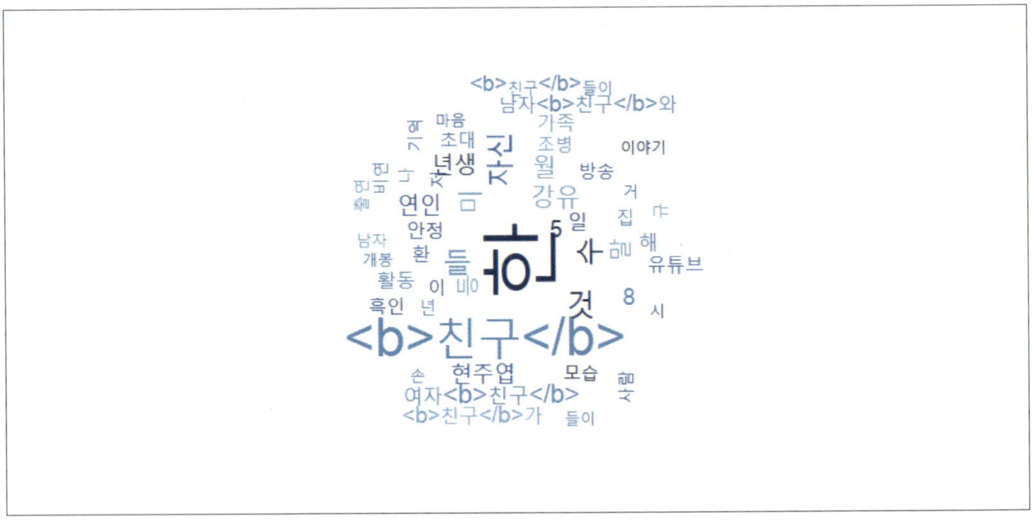

수많은 url을 가져와서 단어구름을 만들었으나 별 의미가 없는 것이 되고 말았다. 입력 자료 선별의 중요함을 다시 한번 깨닫게 해준다.

자료 분석의 대상은 숫자뿐만 아니라 문자도 포함된다. 사람들은 문자를 주고받는 가운데 자신의 의사를 표명하기 때문에 분석가들은 많은 관심을 가진다. 한글 문자분석은 KoNLP 덕분에 한글 자료를 분석할 수 있게 되었다. 문자자료 분석은 단어 빈도에 기초한 단어구름뿐만 아니라, 질적인 감성 분석, 언론사의 의견 비교 등 비정형자료 분석 등은 다양한 분야로 확장되고 있다. HTM은 현대인의 언어다. 이에 대한 것은 마지막 장에서 알 수 있다.

CHAPTER 12

지도 표현하기

CONTENTS

우리는 오늘 새로운 경계선에 서 있습니다.

— J. F. 케네디, 대통령 후보 수락 연설

도덕은 지리적 경계선이나 인종의 차이를 전혀 모른다.

— H. 스펜서

제1절 지도 그리기

1.1 세계 지도 그리기

지역별 통계치를 색깔로 나타낸 지도를 단계 구분도(choropleth map)[코러플레스 맵]라고 부른다. 이 지도를 보면 지역별 특성을 파악하기 쉽다.

```
install.packages("ggiraphExtra")
library(ggiraphExtra)
install.packages("maps")
library(maps)
require(ggplot2)
world_map <- map_data("world")
ggplot(world_map, aes(x=long, y=lat, group=group)) + geom_path()
ggplot(world_map, aes(x=long, y=lat, group=group, fill=region)) +
    geom_polygon(colour="black", size=0.1) + theme(legend.position = "none")
```

long: longitude[론지튜드, 경도], lat: latitude[래티튜드, 위도]

region[리전; 지역]

geom_path() : 경계선을 그려준다.

geom_polygon() : 채움 색깔을 fill 변수를 설정함으로써 정할수 있다.

colour="black", size=0.1 : 경계선의 색과 굵기를 지정한다.

theme(legend.position = "none") : 색깔 구분에 따른 범례를 없앤다.

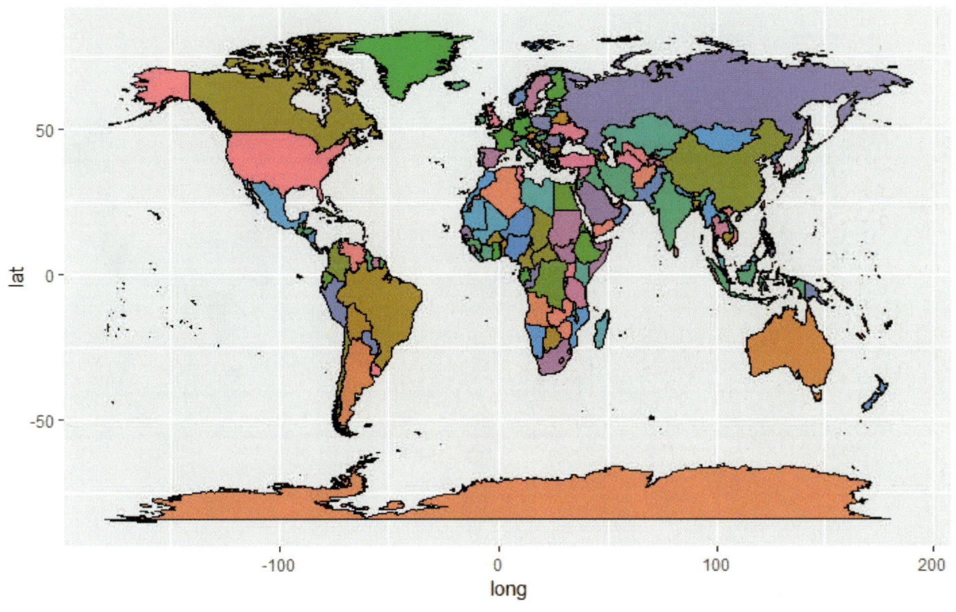

참고 world_map <- map_data("world")의 자료에 대해 알아보자.

```
world_map <- map_data("world")
str(world_map)
head(world_map)
head(world_map$region)
head(sort(unique(world_map$region)), 20)
```

1.2 동북아시아

```
east_asia <- map_data("world", region=c("North Korea", "South Korea", "China",
"Japan"))
ggplot(east_asia, aes(x=long, y=lat, group=group))+geom_path()
ggplot(east_asia, aes(x=long, y=lat, group=group, fill=region))+
geom_polygon(colour="black", size=0.1)+theme(legend.position = "none")
```

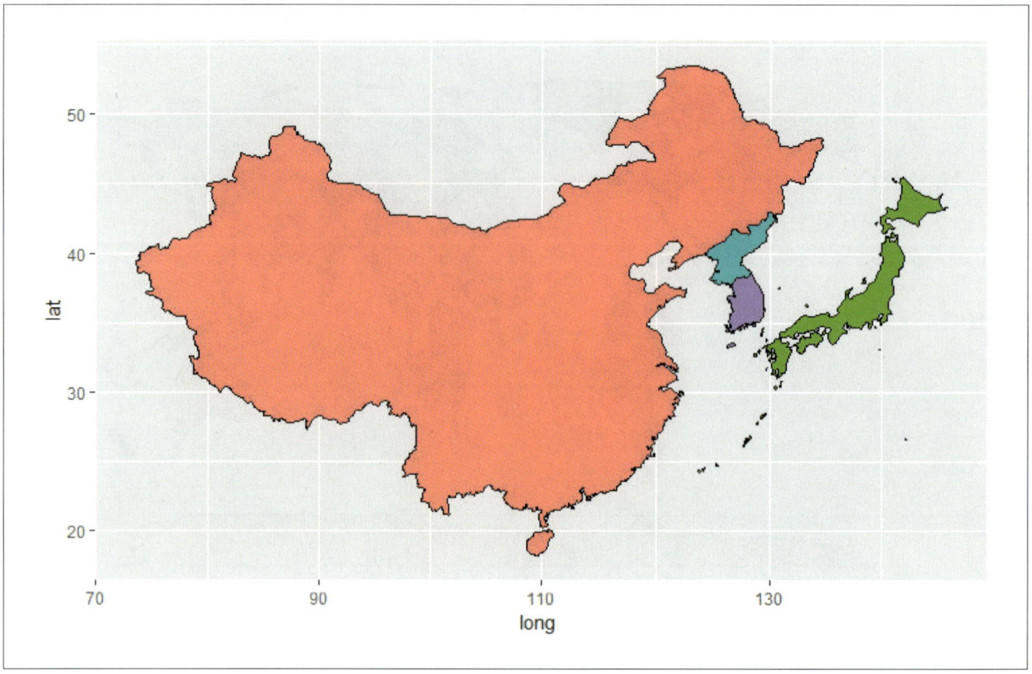

우리나라의 주변 국가인 중국과 일본 그리고 북한과의 관계를 정치, 경제, 사회, 문화의 관점에서 토의해 보자.

1.3 동남아시아

```
south_east <- map_data("world", region=c("Vietnam", "Laos", "Cambodia",
"Thailand", "Myanmar", "Malaysia", "Singapore", "Philippines", "Indonesia"))
ggplot(south_east, aes(x=long, y=lat, group=group)) + geom_path()
ggplot(south_east, aes(x=long, y=lat, group=group, fill=region)) +
    geom_polygon(colour="black", size=0.1) + theme(legend.position = "none")
```

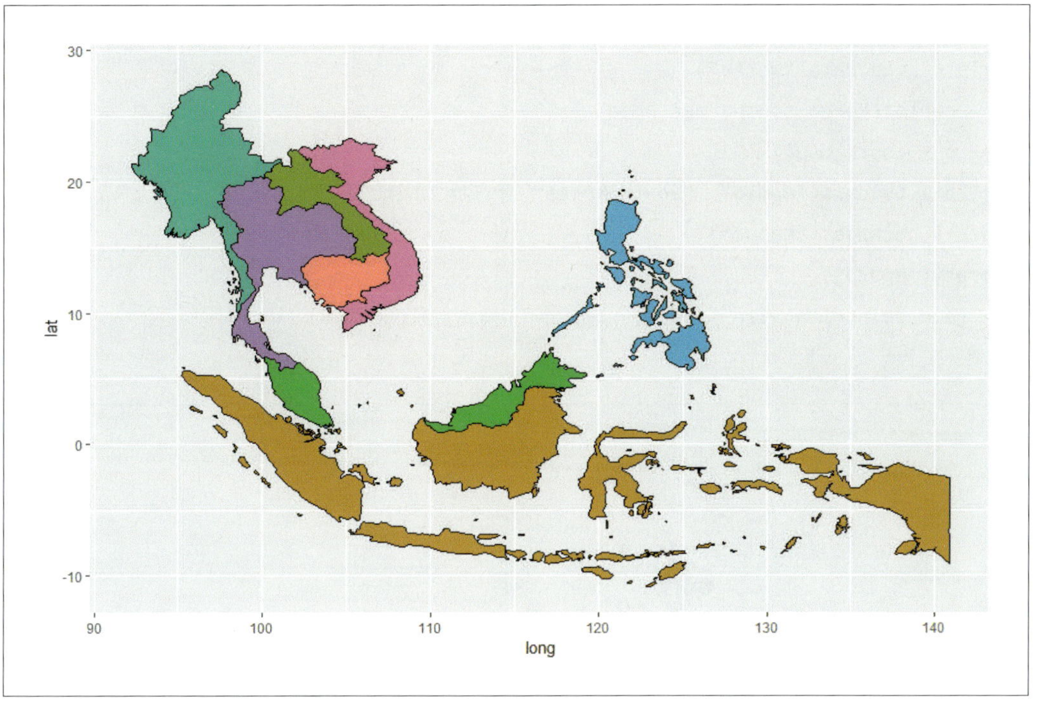

동남아시아 국가들의 상황을 공부해보자. 이들 나라와 우리나라의 관계를 정치, 경제, 사회, 문화의 관점에서 토의해 보자.

1.4 지도에 데이터 결합하기

```
> require(map)
> data("world.cities")
> head(world.cities)                                                    # 결과 출력 생략
> korea_south <- world.cities[world.cities$country.etc == "Korea South",  ]
> head(korea_south)
        name      country.etc     pop     lat       long   capital
429     Aewol     Korea South    24095   33.47     126.32     0
1436    Andong    Korea South   129708   36.56     128.72     0
1467    Angang    Korea South    35042   35.98     129.24     0
1563    Ansan     Korea South   668533   37.35     126.86     0
1577    Ansong    Korea South    72978   37.01     127.28     0
1632    Anyang    Korea South   643315   37.39     126.92     0
```

```
library(ggplot2)
world <- map_data("world")
p <- ggplot(korea_south, aes(long, lat))
p <- p + coord_map()
p <- p + borders("world", "South Korea", fill="white")
install.packages("mapproj")
library(mapproj)
p + geom_point(aes(size = pop), colour="blue", alpha=0.8)
```

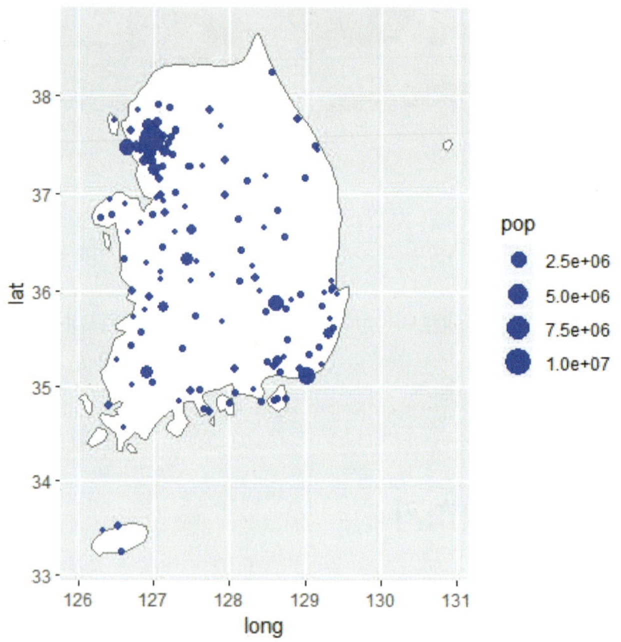

(예) 7.5e + 06 = 7.5 × 106 = 7,500,000(명)

제2절 구글 지도 활용하기

2.1 지도 만들기

구글 지도 사용법을 알아본다. 구글 계정에서 로그인한 후에 *https://www.google.co.kr/maps* 을 입력한다.

1단계 초기 구글화면 좌상단에서 한국어를 확인하고 메뉴 ☰ 를 누른다.

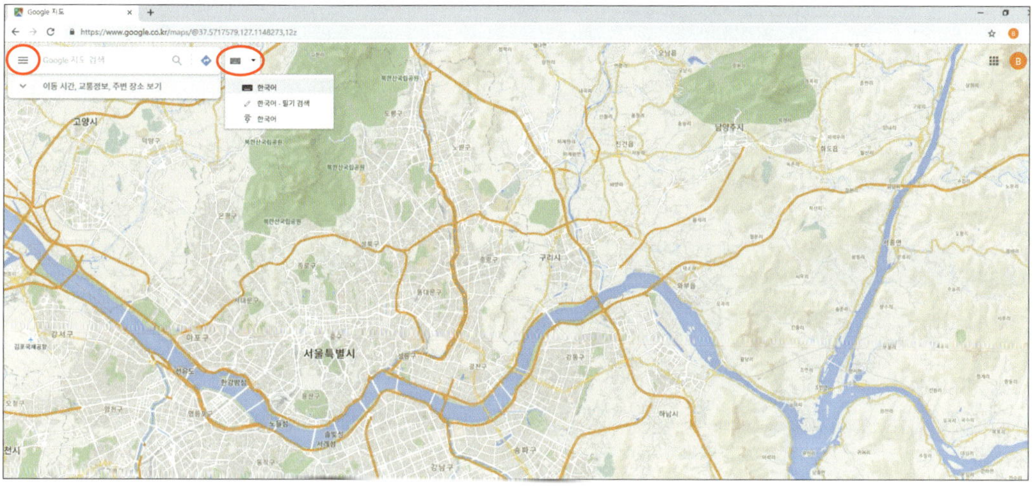

2단계 [내 장소] 선택하기

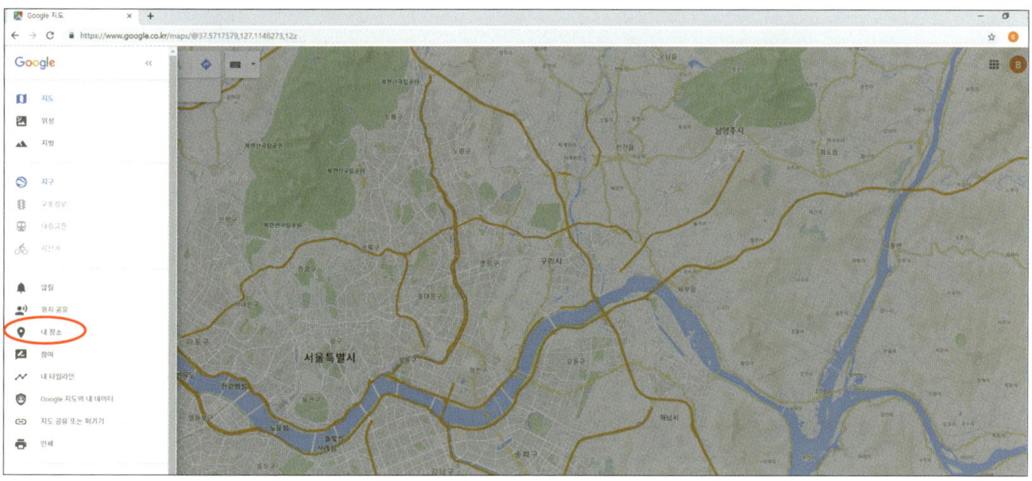

3단계 [지도] 선택하기

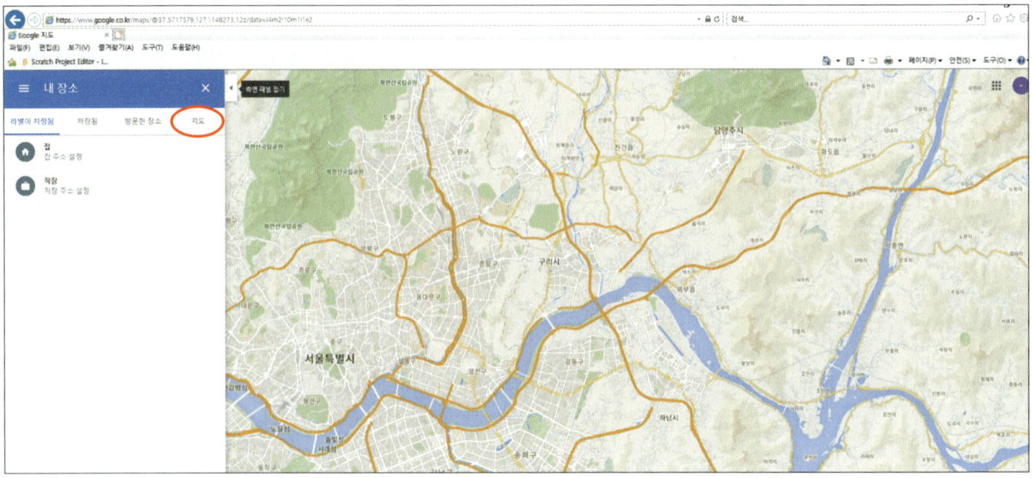

4단계 [지도만들기] 선택하기

5단계 [제목없는 지도] 선택하여 [지도 제목](안동) 만들기

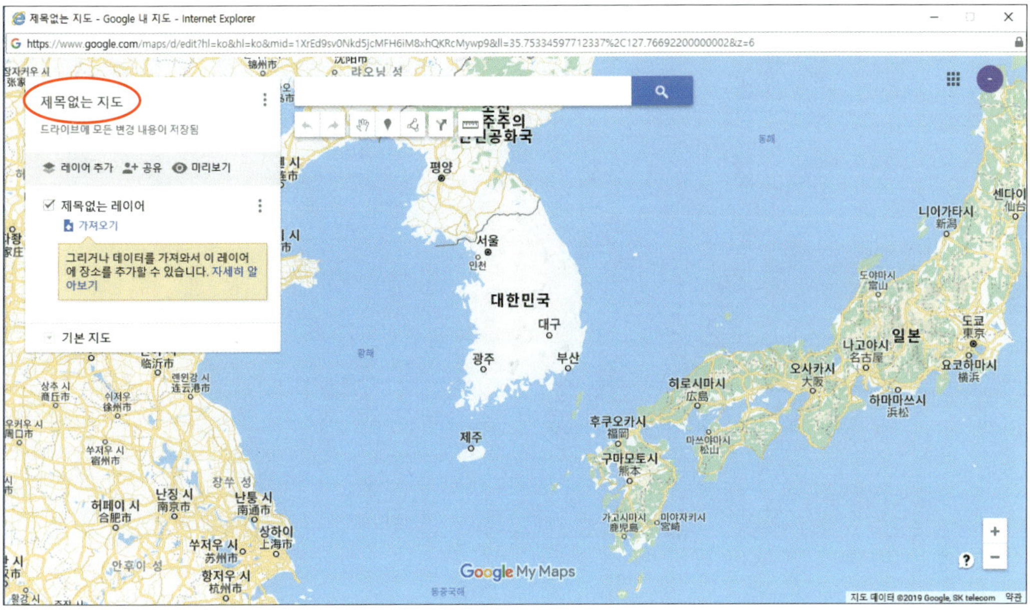

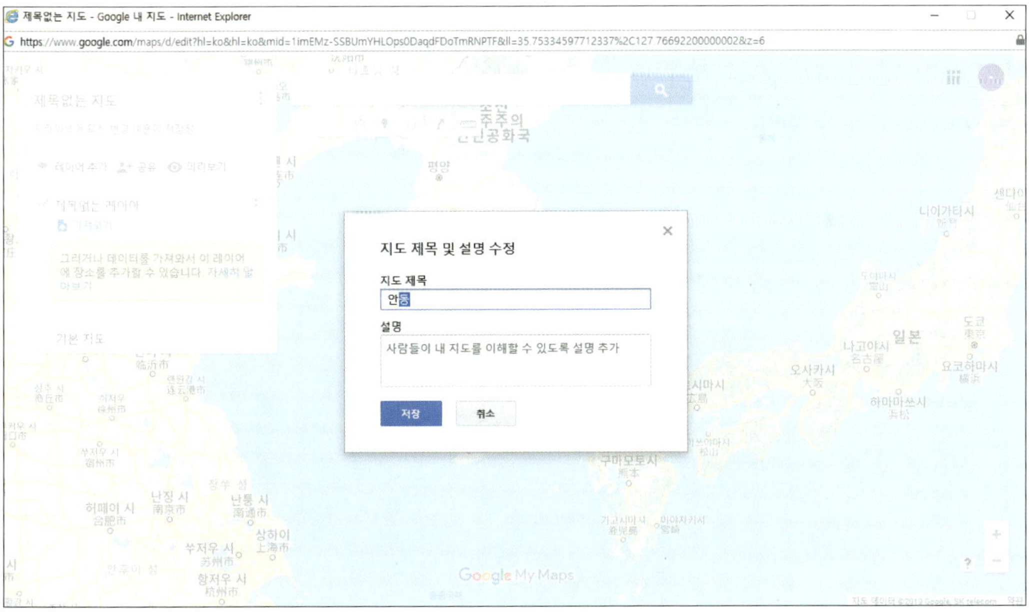

6단계 [제목없는 레이어]를 선택한 후 [관광 명소] 이름으로 바꾼다.

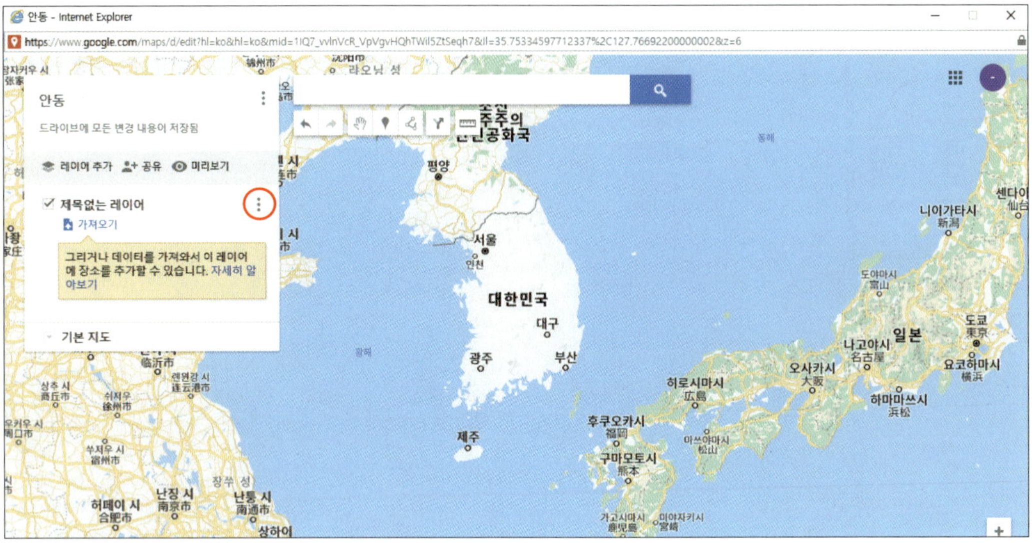

7단계 명소 안내 만들기

[관광 명소] 범주가 만들어지고, 여러 명소를 리스트에 올린다. "안동 하회마을"을 추가하고 검색하여 리스트에 올린다. 필요하면 우하단의 단추로 화면 조정한다. 그리고 [레이어 추가]로 [맛집] 범주도 별도로 만들 수 있다.

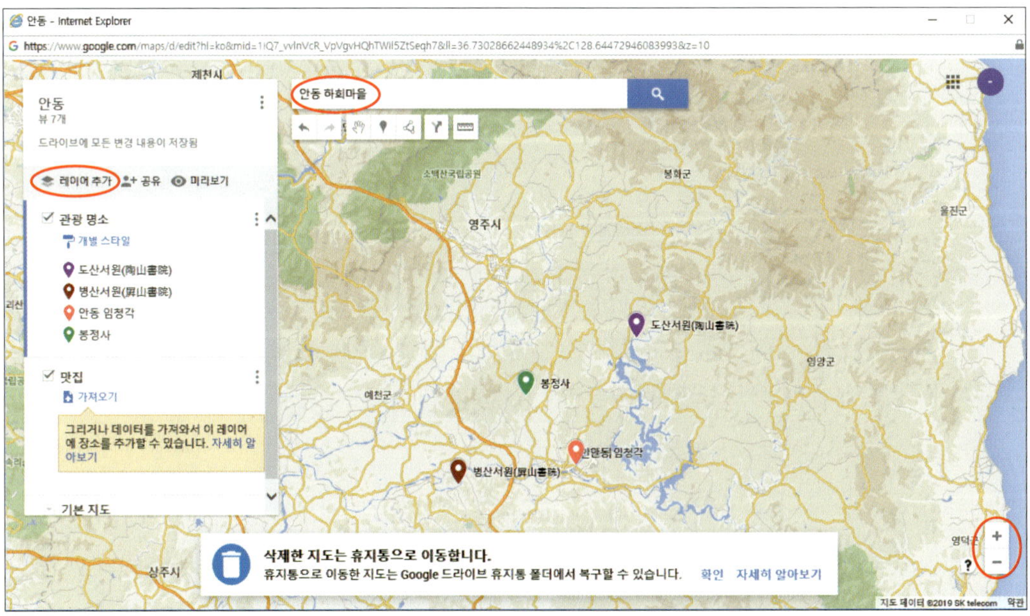

8단계 "안동 하회마을" 우측의 페인트 통에서 아이콘의 색상을 선택할 수 있다.

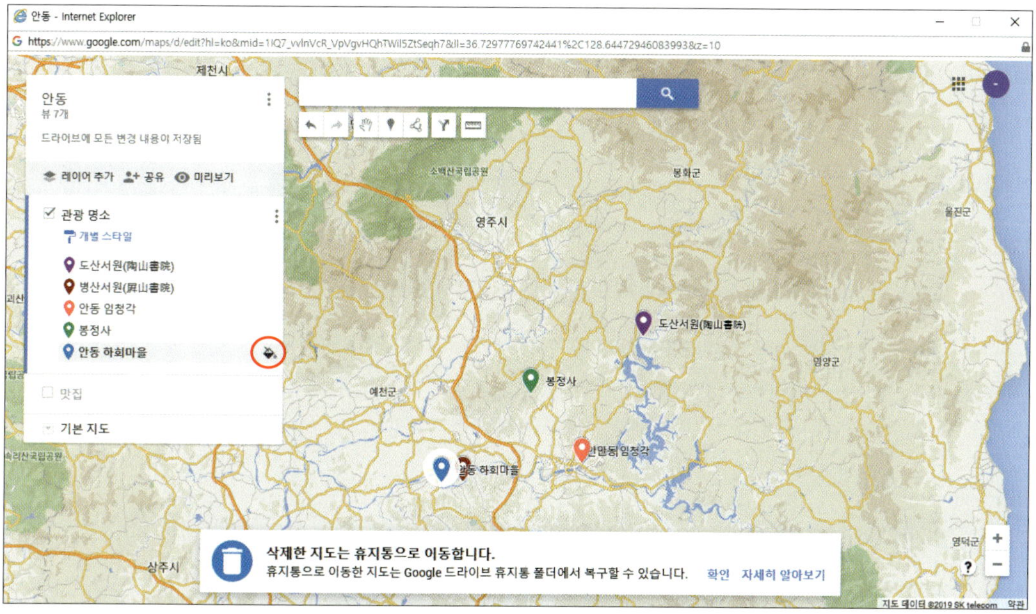

9단계 위 화면의 [개별 스타일]을 누르면 여러 정보를 입력할 수 있다. 현재 [라벨 없음]에서 [이름]을 선택하면, 위 화면처럼 지도에 장소 이름이 표기된다.

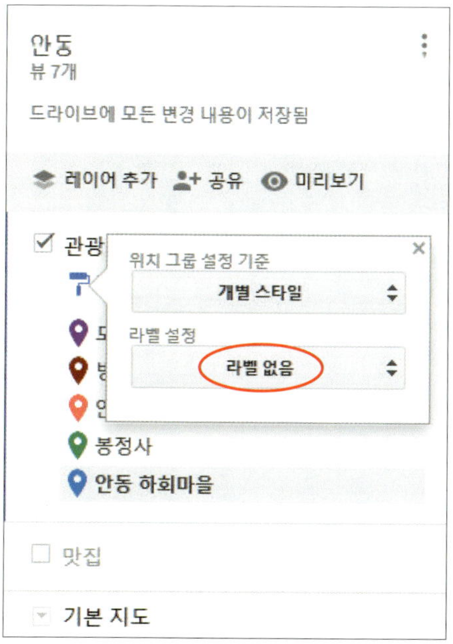

2.2 지도 공유하기

위 "안동"지도를 다시 찾아보려면 [2단계] 화면에서 [내 장소] 메뉴에서 [지도]를 누르고, "안동"을 선택하면 된다. 구글 지도는 서로 공유할 수 있다. 위의 [4단계: 지도 만들기]에서 공유 를 누르고 적절하게 처리하면 된다. 또는 [6단계]의 [가져오기]를 활용한다. 상세한 내용은 인터넷을 참조하기 바란다.

참고 Google Map API를 이용하면 위도와 경도를 기반으로 지도를 얻을 수 있다.

지도는 위치 정보와 생활 정보를 동시에 가지고 있다. 국가 간의 관계는 정치, 경제, 사회, 문화 등의 관점에서 보면 복잡하다. 많은 연구가 필요하다. 그리고 우리가 살고 있는 지역의 인구, 교육, 기업 등의 자료도 구할 수 있다. 통계청이나 서울 열린데이터광장 등은 다양한 정보를 제공하고 있다. 지도는 지리적 위치뿐만 아니라 역사적 문화적 특성을 가지고 있어 흥미있는 주제가 된다.

CHAPTER 13

그래픽 이미지 자료

CONTENTS

이미지(image)는 외부 자극에 의해 의식으로 나타나는 대상에 대한 직관적인 표상이다. 사르트르는 이미지의 존재 자체가 의미 또는 대상 지시의 작용에 의존하고 있음을 지적하고, 그 점에서 환상과 유사함을 인정하였다. 동시에 그는 이미지가 건물의 기둥 수를 헤아릴 수 없듯이 의식 작용이라는 점에서 환상과 구별된다고 보았다. 그러나 이미지는 물체를 지각한 상(像)이므로, 이미지와 물체는 종이의 표리와 같은 관계에 있다. 자연주의미술에서는 대상을 직접 갖다 놓을 수 없으므로 그 이미지를 그렸지만, 반자연주의적인 현대미술에서는 마음 속에 잠재하는 환각이나 형상을 그리게 되고 여러 사물을 변형시키고 조립함으로써 독특한 이미지를 표현한다.

— 자료: [네이버 지식백과] 이미지, 세계미술용어사전, 1999, 월간미술

제1절 행렬과 이미지 자료

R은 image() [이미지] 함수를 이용하여 이미지를 시각적으로 재현한다. 여러 감각적인 것 중에서 시각적 이미지는 형태와 색채를 써서 대상의 모습을 평면 위에 나타내므로, 언어적 표출보다 더 강렬하다. 이것은 주로 행렬(matrix; 매트릭스)을 이용한다.

```
(vec1 <- 1:7)                              # 1~7의 숫자 벡터
image(vec1)                                # 행렬이 아니므로 오류 메시지 발생
(mat1<- as.matrix(vec1))                   # 벡터를 행렬로 변환
image(mat1, col = rainbow(7))              # 무지개 색
```

> mat1

	[,1]
[1,]	1
[2,]	2
[3,]	3
[4,]	4
[5,]	5
[6,]	6
[7,]	7

> image(mat1, col = rainbow(7))

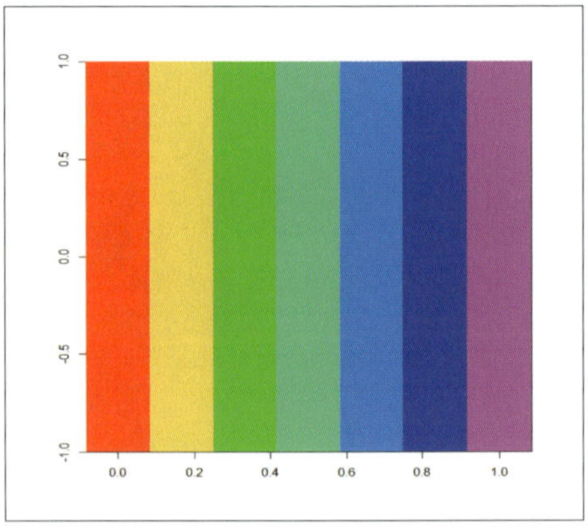

세 이미지를 각각 다른 색으로 시작해 보자.

```
par (mfrow=c(3,1))                         # 세 그림을 아래로 넣기
image(mat1, col = heat.colors(7))          # 빨강부터 시작
image(mat1, col = topo.colors(7))          # 남색부터 시작
image(mat1, col = terrain.colors(7))       # 초록부터 시작
par(mfrow=c(1,1))                          # 원위치
```

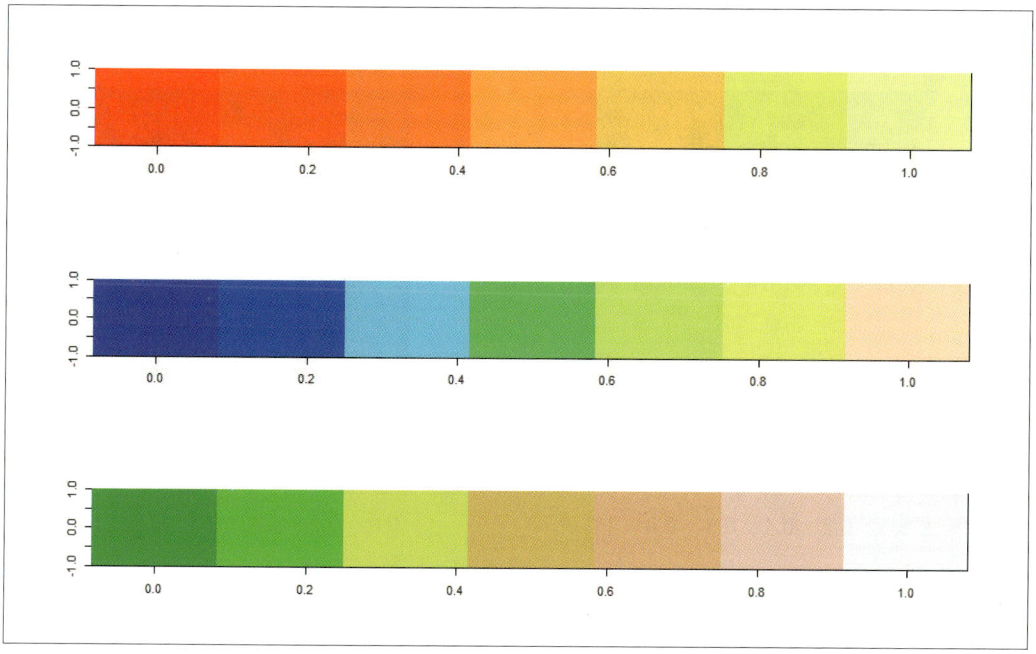

다음은 2차원 행렬로 색을 나타내 보자.

```
par (mfrow=c(1,2))                          # 병렬로 두 그림 넣기
mat2<- matrix(1:14, ncol=2)                 # 7x2 행렬, (주)참조
image(mat2, col = rainbow(7))
image(mat2, col = rainbow(4))
par(mfrow=c(1,1))                           # 원위치
```

(주) mat2 행렬은 원소가 1~14인 행렬로 1행, 2행, 3행 순으로 채워 나간다.
ncol[number of column; 넘버 오v브 칼럼] = 열의 개수

```
> mat2
     [,1] [,2]
[1,]    1    8
[2,]    2    9
[3,]    3   10
[4,]    4   11
[5,]    5   12
[6,]    6   13
[7,]    7   14
```

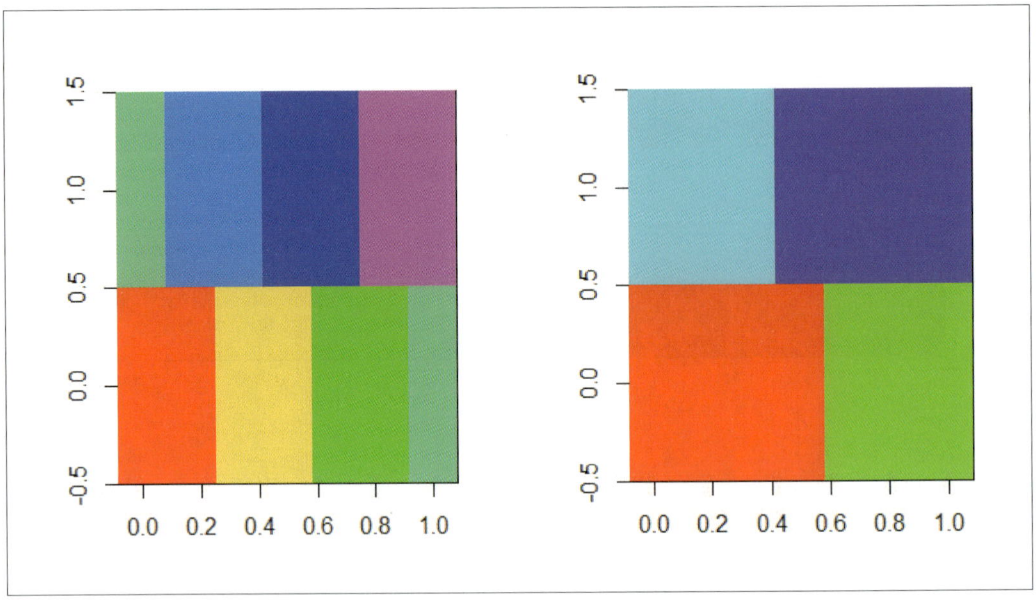

제2절 EBImage 패키지

EBImage[이비이미지] 패키지는 이미지 처리나 분석을 위해 만들어졌다. 이 패키지는 셀(cell)을 분해하고 생성된 자료를 벡터나 배열로 나타낸다. 이렇게 함으로써, R 환경에서 신호 처리, 통계 모형 분석, 기계 학습, 시각화 등의 여러 도구로 사용할 수 있다.

2.1 패키지 설치

```
source("http://bioconductor.org/biocLite.R")
biocLite("EBImage")
library("EBImage")
```

만일 이 패키지를 업데이트할 것인가를 묻는 질문이 [콘솔 창]에 나오면, 이 창에서 직접 a를 입력하고 엔터를 치면 된다.

```
Update all/some/none? [a/s/n]:
a (엔터)
```

그리고 다시 [소스 창]에서 library("EBImage")를 실행한다.

2.2 이미지 자료 불러오기, 표현하기, 저장하기

```
f = system.file("images", "sample.png", package="EBImage")
img = readImage(f)
display(img, method="browser")                          # 메서드(방법), 브라우저
```

(주) Image: 768×512 Frame: 1/1 Zoom: 87%

위 화면은 "browser" 방식으로 이미지를 보여준다. 마우스를 이용하여 상호작용을 하면서 그림의 크기를 조정할 수 있다. 또한 아래에서 보는 바와 같이 "raster" 방식은 현재 그림에 문자를 삽입할 수 있게 한다.[1]

1 래스터 방식은 스크래치의 비트맵 모드와 동일하여, 점(픽셀)으로 이루어진 그림이다.

```
display(img, method="raster")
text(x = 20, y = 20, label = "흑백 앵무새", adj = c(0,1), col = "blue", cex = 2)
```

이 그림을 현재 작업 디렉토리(Radv)에 저장하려면 다음과 같이 한다.

```
filename = "parrots.jpg"
dev.print(jpeg, filename = filename, width = dim(img)[1], height = dim(img)[2])
file.info(filename)$size
```

또한 천연색 앵무새들을 보기 원한다면 다음과 같이 하면 된다.

```
imgcol = readImage (system.file("images", "sample-color.png", package = "EBImage"))
display(imgcol)
text(x = 20, y = 20, label = "천연색 앵무새", adj = c(0,1), col = "blue", cex = 2)
```

2.3 이미지 자료의 표현 방식

패키지 EBImage는 이미지들을 저장하고 가공하는 역할을 수행한다. 주로 행렬(matrix)이나 배열(array)로 표현한다. 궁금하면 [소스 창]에서 다음을 쳐 보면 된다.

```
?Image
```

앞에서 살펴본 앵무새 파일 img의 자료 구조를 살펴보자. 간단하게 흑백의 img 객체를 입력 실행하면 다음과 같이 편리하게 요약을 볼 수 있다. 이 객체는 2차원 행렬이며, 768 × 512 = 393,216픽셀로 구성되어 있다.

```
> img
Image
    colorMode     : Grayscale
    storage.mode : double
    dim           : 768 512
    frames.total  : 1
    frames.render: 1
```

```
imageData(object)[1:5,1:6]
          [,1]      [,2]      [,3]      [,4]      [,5]      [,6]
[1,] 0.4470588 0.4627451 0.4784314 0.4980392 0.5137255 0.5294118
[2,] 0.4509804 0.4627451 0.4784314 0.4823529 0.5058824 0.5215686
[3,] 0.4627451 0.4666667 0.4823529 0.4980392 0.5137255 0.5137255
[4,] 0.4549020 0.4666667 0.4862745 0.4980392 0.5176471 0.5411765
[5,] 0.4627451 0.4627451 0.4823529 0.4980392 0.5137255 0.5411765
> print(img, short=TRUE)                          # 색깔과 그림틀의 정보를 보여준다
Image
    colorMode    : Grayscale
    storage.mode : double
    dim          : 768 512
    frames.total : 1
    frames.render: 1
```

다음으로 천연색의 imgcol 객체를 살펴보자.

```
> imgcol
Image
    colorMode    : Color
    storage.mode : double
    dim          : 768 512 3
    frames.total : 3
    frames.render: 1
imageData(object)[1:5,1:6,1]
          [,1]      [,2]      [,3]      [,4]      [,5]      [,6]
[1,] 0.4549020 0.4784314 0.4941176 0.5137255 0.5294118 0.5529412
[2,] 0.4588235 0.4784314 0.4941176 0.4980392 0.5215686 0.5490196
[3,] 0.4705882 0.4823529 0.4980392 0.5137255 0.5294118 0.5372549
[4,] 0.4666667 0.4745098 0.5058824 0.5137255 0.5450980 0.5647059
[5,] 0.4705882 0.4705882 0.4901961 0.5137255 0.5372549 0.5647059
```

```
> print(imgcol, short=TRUE)
Image
    colorMode     : Color
    storage.mode : double
    dim          : 768 512 3
    frames.total : 3
    frames.render: 1
```

2.4 색깔 관리

이미지 색깔은 함수 colorMode()를 이용하여 이미지의 개선 배열을 확장하여 실물에 근접하게 정밀 묘사를 실행한다. 예를 들어, Grayscale은 천연색을 회색으로 변경시켜준다. 이 함수는 원본 그림을 변경하지 않고 묘사 결과를 화면에 보여준다.

```
colorMode(imgcol) = Grayscale
display(imgcol, all=TRUE)
```

2.5 이미지 조작

이미지는 숫자 배열이므로 산술적으로 손쉽게 조작할 수 있다. 예를 들어, img 객체의 최대값에서 행렬 원소 값을 공제하면 음영을 얻을 수 있다.

```
img_neg = max(img) - img
display(img_neg, method="browser")
```

이뿐만 아니라 덧셈을 통해서 이미지의 명암을 조절할 수 있으며, 곱셈으로 색깔 대조를 조정할 수 있다.

```
img_comb = combine(img, img + 0.3, img * 2, img ^ 0.5)
display(img_comb, all=TRUE)
```

위 화면에는 액자(Frame; f프레임) 4개 중에서 첫 번째가 보인다. 나머지 이미지를 보려면 ▶ 단추를 누른다. 다음은 4개의 그림을 모아 놓았다.

그리고 다음과 같이 전체 그림의 일부를 선택하여 표현하기도 한다.

```
img_crop = img[366:749, 58:441]                    # 일부 그림만 보여줌
img_thresh = img_crop > 0.5
display(img_thresh)
img_thresh                                          # 픽셀 값을 보여 준다
```

그래픽 이미지는 기본적으로 행렬로 만들어져 있다. 수학적 지식이 예술과 결합되어야 좋은 그림을 그릴 수 있을 것 같다.

CHAPTER 14

HTML과 CSS

CONTENTS

언어는 생활로부터, 생활의 필요성과 체험으로부터 나온다.
능숙한 언어구사는 사물에 관한 실질적인 지식을 전제로 하고 또 거기에 의존한다.
— 애니 설리번

우리는 돈이 없다. 그래서 생각하지 않으면 안 된다.
— E. 리더포드

우리 존재의 절반 이상이 모방으로 이루어진 것이다.
중요한 점은 훌륭한 모델들을 골라 열심히 연구하는 것이다.
— 체스터 필드

제1절 HTML

앞의 제11장에서 설명한 바와 같이 HTML(Hyper Text Markup Language; 하이퍼 텍스트 마크업 랭귀지)은 웹페이지를 위해 만들어진 마크업 언어다. 마크업이란 텍스트의 특정 위치에 삽입되는 문자나 기호이며, 태그(tag)라고 부르는 꺾쇠 괄호(<>)로 표시한다. 이 마크업 정보를 활용하여 표현한 언어를 마크업 언어라고 부른다. 이 언어는 구조 언어로서 본문, 링트, 인용 등 다양한 형태를 나타낸다. 그리고 XML(Extensible Markup Language)은 URL(Uiform Resource Locator)[1]의 HTML 문서다.

프로그래밍 언어인 HTML의 구체적인 구조는 다음 도표와 같다. 아래 보이는 부호(<>)(태그)들은 시작과 마감의 한 쌍으로 이루어져 있음을 눈여겨보기 바란다.

도표 14.1 HTMPL 구조

```
〈html〉
        〈head〉
        〈/head〉
        〈body〉
        〈/body〉
〈/html〉
```

HTML 문서를 만들기는 입력을 한 후에 저장하기 그리고 불러오기 순서로 진행한다.

1 웹주소 URL은 웹브라우저(크롬 또는 익스플로러)가 웹서버에게 접속 정보를 주고, 수많은 웹페이지로 구성된 웹사이트에서 특정 HTML 파일을 찾는다. 이것이 가능한 이유는 특정 글자 혹은 그림에 접속했을 때 하이퍼텍스트가 이와 연결된 다른 화면으로 즉시 이동할 수 있게 해주기 때문이다. 이 이동을 하이퍼링크라고 한다. 모두가 마크업 언어 덕분이다.

1.1 문서 입력

1단계 메모장 준비하기

컴퓨터 왼쪽 하단의 시작단추 (또는)의 [Windows 보조프로그램]에서 메모장 을 선택한다.

2단계 입력하기

메모장 초기화면에서 HTML 구조를 유지하면서 다음과 같은 내용을 입력한다.

남으로창을 - 메모장

파일(F) 편집(E) 서식(O) 보기(V) 도움말(H)

```
<!DOCTYPE html>
<html>
<head>
<title>
남으로 창을 내겠소
</title>
</head>

<body>
<p> 남으로 창을 내겠소 <br/>  김상용(1902~1951) </p>
<div>
<p>남으로 창을 내겠소 <br/>
밭은 한참갈이<br/>
괭이로 파고 호미론 풀을 매지요<br/>
구름이 꼬인다 갈 리 있소 <br/>
새 노래는 공으로 들으랴오</p>
</div>

<div>
<p> 강냉이가 익걸랑<br/>
함께 와 자셔도 좋소<br/>
왜 사냐건 웃지요</p>
</div>

</body>
</html>
```

다음을 유념하자.

① 첫째 줄에서 웹브라우저가 HTML 버전을 파악해 정확하게 문서를 파악한다. 간단한 문서에서는 없어도 되지만, 명시적으로 필요한 코딩이다. 여기서 이 부호 (<>)는 태그가 아니다.

② 둘째 줄에서 웹페이지가 HTML로 작성되어 있다는 것을 알려준다.

③ 본체 구조는 head(머리)와 body(몸통)으로 되어 있다. head는 웹페이지 전체에 적용할 사항을 알려주며, title은 제목으로서 반드시 입력해야 한다. 그리고 head 내용은 제외하고 body 내용만 웹페이지에서 보여준다.

④ body에서 하나의 시를 일부러 두 부분으로 분리하기 위해 〈div〉를 태그하였다.

⑤ 〈p〉와 〈/p〉는 문단(paragraph)을 나눈다.

⑥ 〈br/〉은 문장의 줄 바꾸기이다. 슬래쉬(/)가 뒤에 있음을 유의하라.

⑦ 따옴표 입력 시, 굽은 큰따옴표(“ ”)를 쓰면 안 되고, 곧은 큰 따옴표(″ ″)를 써야 한다. 그리고 영문인 경우는 소문자와 대문자를 정확하게 구분한다.

참고 슬래쉬 부호(/)의 활용은 두 가지이다. 먼저 〈p〉~〈/p〉 처럼 앞에 있는 경우는 열림태그와 닫힘태그이다. 즉, 두 태그는 한 쌍이다. 다음으로, 〈br/〉 처럼 뒤에 있는 경우는 독립태그이다.

1.2 저장하기

내 PC툴바의 [파일(F)] ⇒ [다른 이름으로 저장(A)]를 선택하면, [다른 이름으로 저장] 창이 나온다. 여기서 [파일형식(T)]에서 [모든 파일]을 선택하고, 파일이름에 html 확장자를 반드시 붙인다. 파일 이름은 “남으로창을.html”로 하고, 적절한 디렉토리에 저장한다. 여기서는 D:/Radv 디렉토리에 저장하였다.

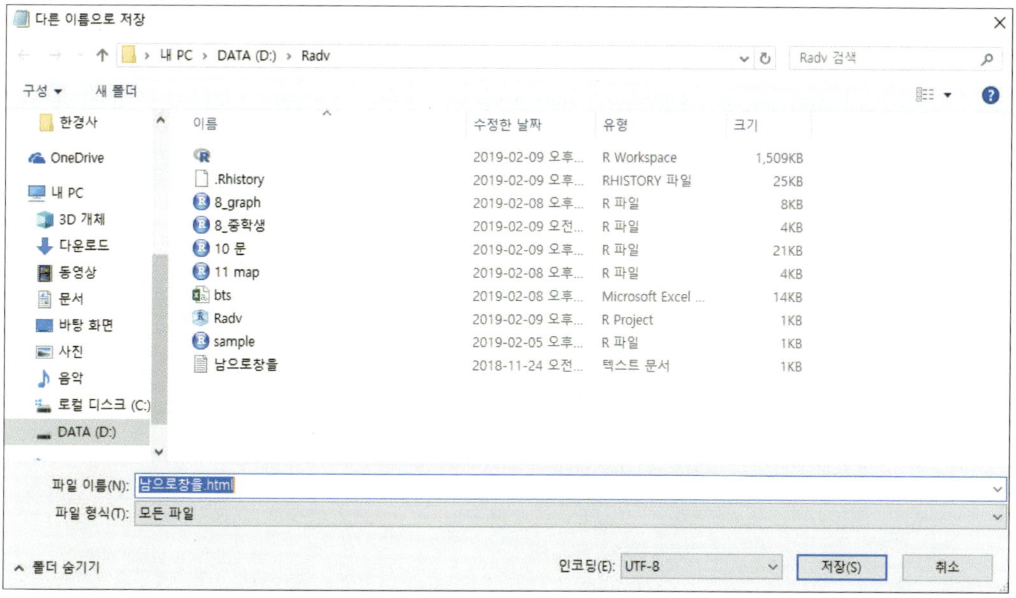

주의 인코딩은 ANSI가 아닌 UTF-8로 하기 바란다.

이제 지정된 디렉토리에 파일이 생성된다. 이것으로 일단 입력은 끝난 셈이다.

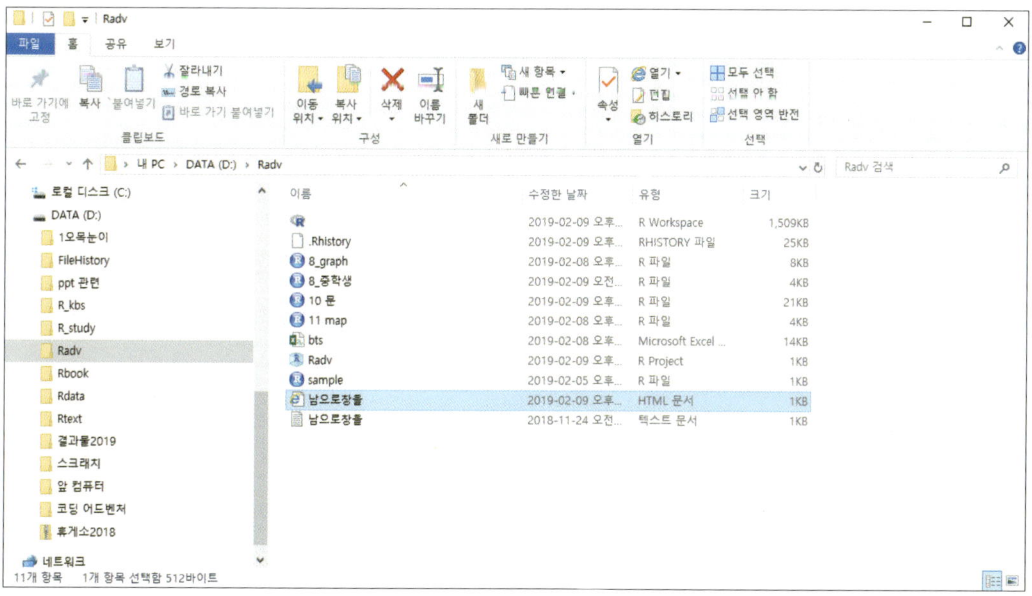

익스플로러 브라우저에서 저장되어서 남으로창을 파일이 생성되었다.

1.3 파일 불러오기

크롬이 기본 브라우저인 경우는 별 문제 없으나, 인터넷 익스플로러 브라우저에서는 이미 [남으로창을] 파일로 저장되어 있다. [Windows 7]에서는 파일이름 위에서 [마우스 오른쪽] ⇒ [변경] ⇒ [Google Chrome] ⇒ [확인]하여, [남으로창을] 으로 변환시킨다.

그러나 [Windows 10]에서는 파일이름 위에서 [마우스 오른쪽] ⇒ [연결 프로그램(H)] ⇒ [Chrome]을 선택하면 그 내용을 직접 보여준다.

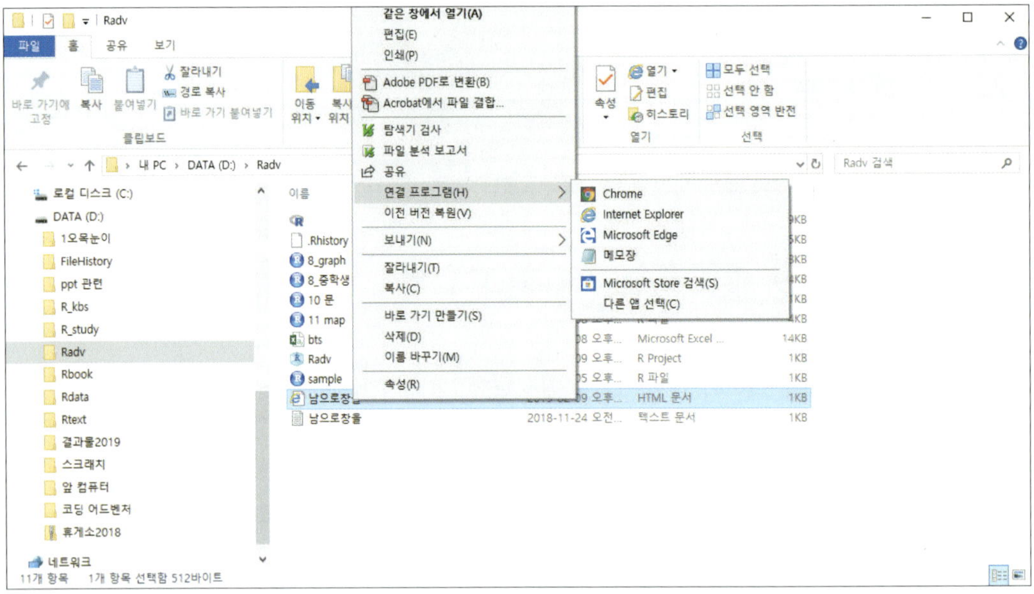

이제 그 시에는 head 내용과 태그 표시는 없고, body 내용만 보인다!

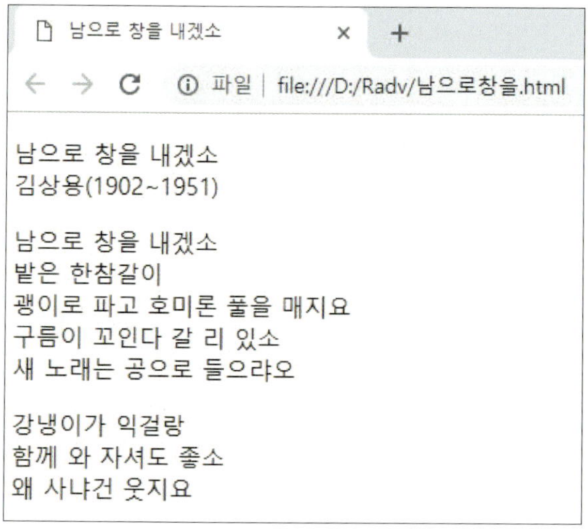

약간은 성공적이다. 그러나 수정을 원한다면 다음을 공부하자.

1.4 파일 수정하기

먼저, 시 제목의 글자 크기를 h10(디폴트)에서 h3으로 확대 변경한다고 하자.

1단계 현재 화면은 크롬 상태이며, 간단히 [F12] 단추를 누르면 초기 화면을 얻는다. 여기서 툴바의 [Elements]를 선택한다.

이를 위해 오른쪽 화면의 ▶<p>…</p> 에 마우스 포인트를 놓으면 왼쪽 창의 전체 내용 중 첫 줄과 둘째 줄이 상자로 구분되고, 계속해서 [마우스 오른쪽] 하면 창이 뜨고 여기서 [Edit as HTML]을 선택한다.

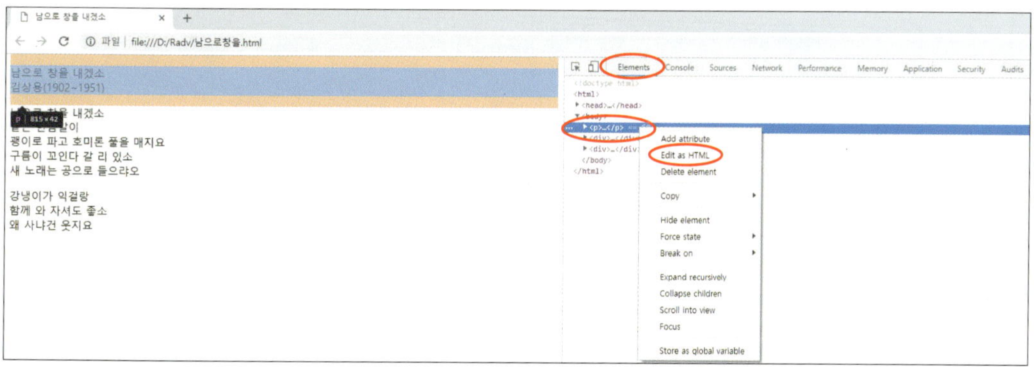

2단계 아래 [수정 창]에서 다음과 같이 ⟨h3⟩ ⟨/h3⟩을 삽입한다.

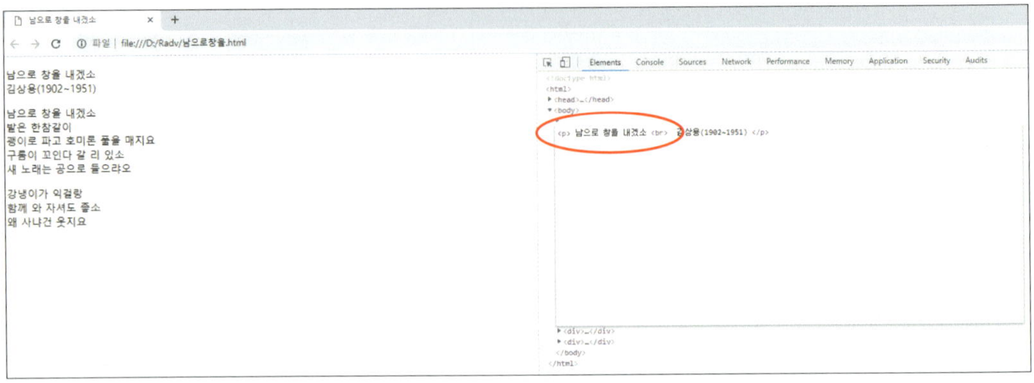

⟨p⟩ 남으로 창을 내겠소 ⟨br⟩ ⇒ ⟨p⟩ ⟨h3⟩ 남으로 창을 내겠소 ⟨/h3⟩ ⟨br⟩

3단계 본문 창에서 [마우스 왼쪽] 클릭하면 시 제목의 글자 크기가 화면 왼쪽과 같이 바뀐다.

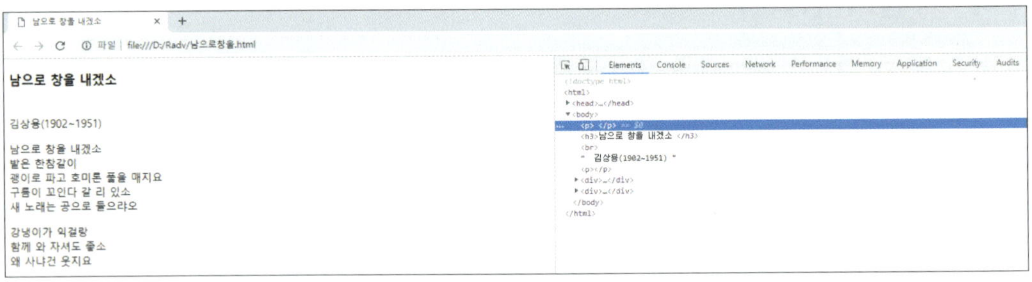

참고 헤더 구성요소로서 ⟨h1⟩⟨/h1⟩은 가장 큰 글씨로서 상위 제목으로 사용하고, 문서 대부분은 h2 ~ h10 등으로 크기를 조절한다.

1.5 이미지 사진 추가

다음으로, 이미지 사진을 준비하고 추가해 보자.

1단계 그림 태그 〈img /〉 [image: 이미지]에 사진 url 또는 내 컴퓨터 사진을 입력한다. 여기서는 전자를 설명한다.

〈img src="사진 url"/〉

사진은 저작권 문제가 따르기 때문에 함부로 사용할 수 없으므로, 무료 사이트에 들어가서 하나 골라보기로 한다. 다음은 무료 사이트이다.

pixabay.com

unsplash.com

후자 사이트에 들어가서 검색어 rural[루럴; 농촌]을 입력하고 마음에 드는 사진 위에서 [마우스 우클릭] ⇒ [속성]을 누르면 url 주소를 얻을 수 있다.

"https://images.unsplash.com/photo-1535649900424-c09963c4fd8e?ixlib=rb-1.2.1&ixid=eyJhcHBfaWQiOjEyMDd9&w=1000&q=80"

원본 사진의 사이즈가 커서 w=1000 ⇒ w=200으로 축소하였다.

"https://images.unsplash.com/photo-1535649900424-c09963c4fd8e?ixlib=rb-1.2.1&ixid=eyJhcHBfaWQiOjEyMDd9&w=200&q=80"

2단계 Radv 폴더에서 "남으로창을.html" 파일을 불러 온다(불러오기: 332쪽 참고). [F12] 단추를 누르면 html이 나온다. 여기서 마지막의 <div>~</div>에 [마우스 오른쪽] 클릭하면 작은 창이 뜨고, [Edit as HTML]을 누른다.

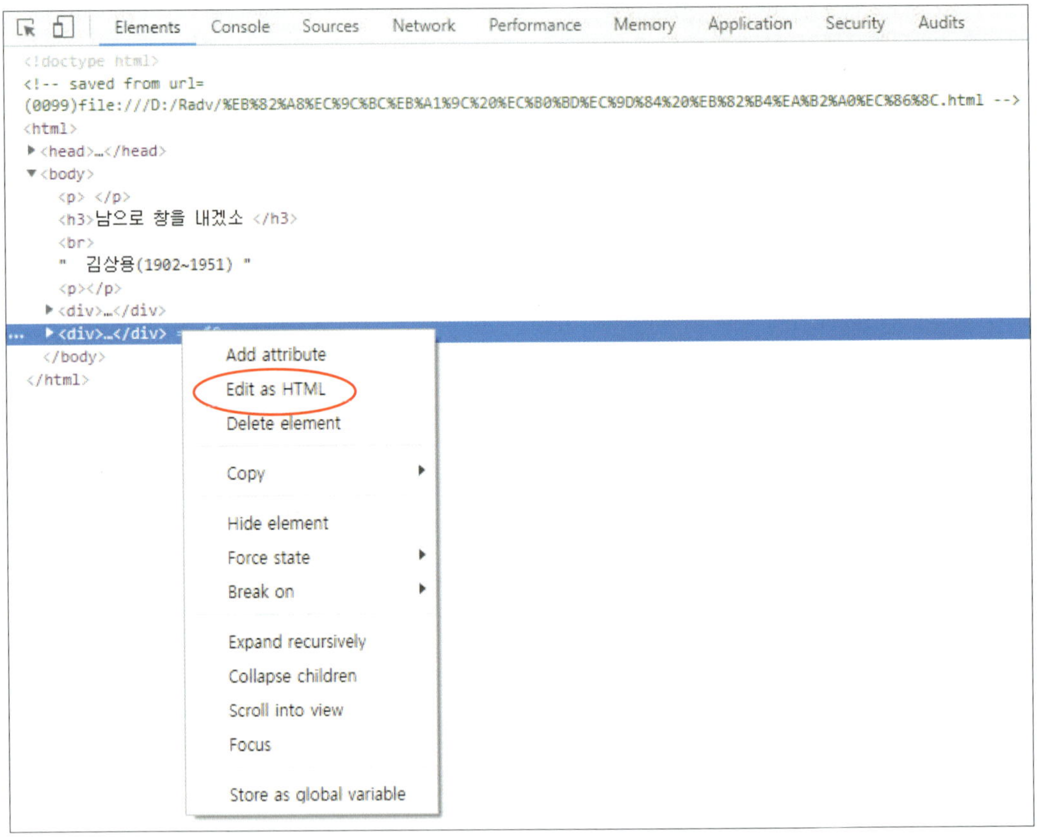

3단계 다음 창에서 사진 url을 붙인다. 그리고 나서 하단 빈 공간에서 마우스 좌클릭하면 사진이 좌측 화면에 뜬다.

```
Elements  Console  Sources  Network  Performance  Memory  Application  Security  Audits
<!doctype html>
<html>
 ▶<head>…</head>
 ▼<body>
   ▶<p>…</p>
   ▶<div>…</div>
   ▶
   <div>
   <p> 강냉이가 익걸랑<br>
   함께 와 자셔도 좋소<br>
   왜 사냐건 웃지요</p>
   </div>

   <img src="https://images.unsplash.com/photo-1535649900424-c09963c4fd8e?ixlib=rb-1.2.1&amp;ixid=eyJhcHBfaWQiOjEyMDd9&amp;w=200&amp;q=80&quot;/">

 </body>
</html>
```

4단계 다음은 최종 화면이다.

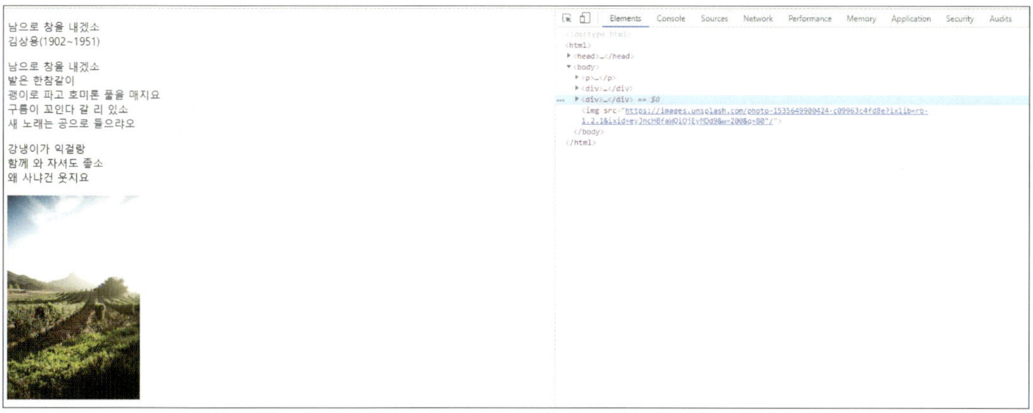

이제 수정된 내용을 다른 이름으로 저장하자. 화면에서 [마우스 오른쪽]을 누르면 창이 뜬다. 여기서 [다른 이름으로 저장(A)]을 누르고, 계속해서 [파일 형식] ⇒ [웹페이지, 전부]를 선택하고, 새 파일 이름(확장자는 반드시 html), "남으로창을2.html"로 저장한다.

제2절 HTML과 CSS

여기서는 시에 초록색 배경의 사각형을 넣기로 한다. 이 과정은 미적인 요소를 더해 준다. 이를 수행하려면 CSS(Cascading Style Sheets; 캐스케이딩 스타일 쉬츠) 프로그래밍 언어를 이해해야 한다. 이것은 〈style〉 태그를 이용하여 웹페이지를 꾸미는 프로그래밍 언어로서 HTML과 함께 사용한다. 이 언어는 글자나 그림의 크기, 모양, 색상 그리고 배경 색깔 등을 바꾸어 준다. 약칭 스타일즈(styles)라고 부른다.

시를 네모 상자 안에 넣고 파스텔 색조의 배경을 넣어 보자. 시 본문은 〈div〉을 이용하여 두 부분으로 나누어져 있다. 다음을 이용하여 앞 부분만 채색하여 보자.

```
style="border: 2px solid blue; background-color: lightgreen; height: 110px;
width: 300px; float; center;"
```

(주1) height[하이트, 높이], width[위드스, 폭]

(주2) 1px(pixel, 화소)는 0.254mm 정도이다.

두 번째 부분은 붉은 글씨로 바꿔 본다.

```
style="color: red;"
```

1단계 오른쪽 창의 첫번째 `▸<div>…</div>`을 선택하고, [마우스 오른쪽] 계속해서 [Edit as HTML]을 누른다. 수정용 창이 뜨면 <p>에서 꺾쇠 부호(>) 바로 왼쪽에 위 style 코드를 붙여 넣는다. 즉, "<p(수정 내용 삽입)>"이 되는 셈이다.

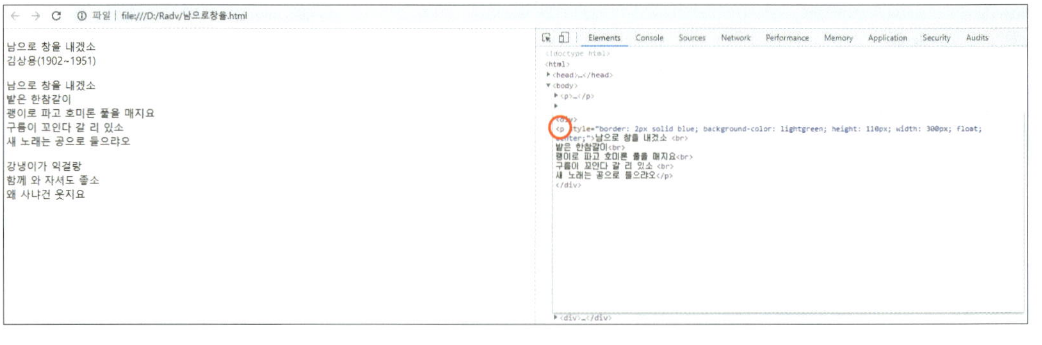

두번째 문단(div)도 동일한 방식으로 진행한다.

2단계 [수정 창] 밖에서 [마우스 왼쪽] 클릭하고, [F12] 단추를 누르면 원하는 결과를 얻게 된다.

수정된 내용을 다른 이름으로 저장하자. 화면에서 [마우스 오른쪽]을 누르면 창이 뜬다. 여기서 [다른 이름으로 저장(A)] ⇒ [파일 형식] ⇒ [웹페이지, 전부]를 선택하고 새 파일이름(확장자는 반드시 html)으로 저장한다.

주의

① 항상 확장자 ".html"을 확인한다.

② 코딩은 항상 UTF-8 유지한다.

③ 개발하는 동안 조금씩 수정해서 그 과정을 확인한다. 한꺼번에 수정하면 문제 원인을 알기 어렵다.

과제 위 시에서 제목과 시인 이름을 제외한 본문 전체를 사각형 안에 들어가게 해보자.
(힌트: 스타일 코딩을 어디에 놓으면 좋을지 생각해 본다.)

다음은 CSS의 속성을 정리한 것이다.

용어	설명	사용 예
background-color[백그라운드 칼러]	배경 색	red, green, blue
color [칼러]	글자 색	red, green, blue
text-align [텍스트 얼라인]	글자 위치	left, right, center
font-size [f폰트 싸이즈]	글자 크기	12px, 12pt
float [f플로우트]	개체 기준 위치	left, right, center
height [하이트]	높이	100px, 100%
width [위드스]	폭	100px, 100%
border [보더]	박스 테두리	solid, dotted, dashed(2px solid blue)
margin [마진]	바깥쪽 여백	10px
padding [패딩]	안쪽 여백	10px

(주) height가 없으면 글자 세로 폭에 자동으로 맞춘다.

참고로 픽셀 대신에 백분율(%)를 이용해 보자.

```
style="border: 2px solid blue; background-color: lightblue; height: 70%; width: 20%; float; center;"
```

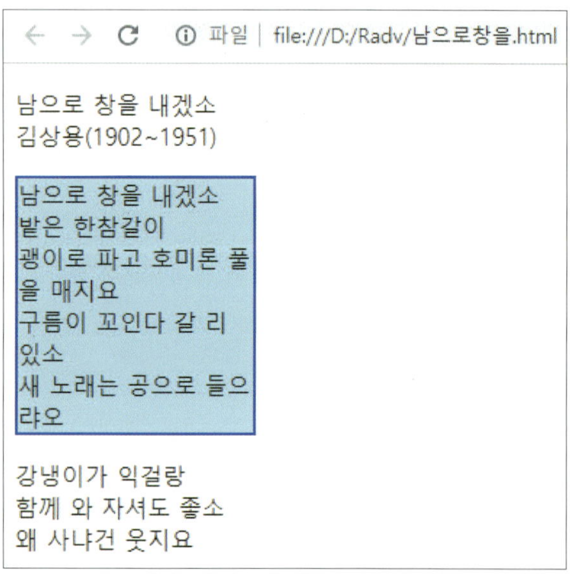

위 명령문에서 width(폭)을 20%로 하였더니 폭이 줄어들었다. 백분율은 사각형이 화면을 채우는 비율을 뜻한다. 그리고 픽셀을 30pxl로 줄여 보아라. 사각형이 줄어들면서 글자를 모두 담지 못한다. 픽셀과 백분율은 웹페이지 화면에서 크기를 조정하는 데에 적절하게 사용할 필요가 있다.

HTML은 웹페이지를 위해 만들어졌으며, 태그를 이용한 마크업 언어다. 이 언어는 마크업 정보를 활용하여 표현한다. 이것은 현대인이 관심을 가져야 하는 문화어가 되었다. 그리고 HTML과 CSS로 만든 웹페이지에 대화형 방식을 추가하려면 새로운 프로그래밍 언어인 자바스크립트도 알아야 한다. 제4차 산업혁명은 이질적인 언어(language; 랭귀지)를 사용하는 집단이 침략해 들어오는 것 같다. 침략에 대비하는 방법은 학습말고는 없다. 학습태도가 인생의 성공을 결정짓는다. 조금씩 알아 간다면 언젠가 실체가 보일 것이다. 어렵다고 생각하면 처음부터 다시 시작하라. 시작이 반이다. 시작하자마자 벌써 반을 끝낸 셈이다. 자꾸 시작하라. 용기를 가지고. 모두에게 행운을 빈다.

REFERENCE

참고문헌

강병서, 다변량 통계학, 한경사, 2005.

강병서 외, 현대통계학, 무역경영사, 2019.

강병서·조철호, 연구조사방법론, 무역경영사, 2006.

권정민 옮김, 빅데이터 분석도구 R 프로그래밍, 노만매트로프 원저, 에이콘, 2013

교육부, 초등학교 5~6학년군 교사용 지도서: 수학, 국어, 사회, 음악, 미술, 2018.

김계수, 가치창출을 위한 R 빅데이터 분석, 한나래 아카데미, 2017.

김영우, 쉽게 배우는 R 데이터 분석, 이지스퍼블리싱, 2017.

김의석 옮김, 10대를 위한 첫코딩, Young Rewired State 지음, 반니, 4판, 2017.

김종훈 외, 스크래치로 배우는 STEAM 교육, 다올 미디어, 2014.

신종섭·강병서, 알기쉬운 R 데이터 분석, 한경사, 2019.

유충현, 예제로 배우는 R 프로그래밍, 자유아카데미, 2010.

이원규·김자미·안영희, 스크래치의 모든 것, 블록부터 게임까지, ㈜교학사, 2018.

창의컴퓨팅연구소, 스크래치로 배우는 컴퓨팅사고, 연두에디션, 2017.

탁연상, 스크래치 프로그래밍, 상상하라 출판사, 2017.

한남대학교 탈메이지교양교육대학 교재개발(편찬)위원회, 스크래치로 배우는 컴퓨팅 사고, 글누리, 2018.

INDEX

찾아보기

사

아

자

차

카

타

파

하

번호 및 기타

A

B

강병서 bskang@khu.ac.kr

중동고등학교 졸업 후, 서울대학교 상과대학 경영학과 그리고 University of South Carolina에서 경영학 박사 학위를 취득하였다. 경희대학교 경영대학 교수로 재직하였고, 퇴직 후 현재 명예교수로 있다. 생산운영관리와 통계학 분야를 가르치면서 저술하고 연구하였다. 또한 많은 기업들을 위해 교육 및 컨설팅 업무를 수행하였다. 현재 초중고생을 위한 코칭과 코딩 스쿨 사업에 관심을 기울이고 있다.

스크래치와 R – 코딩 어드벤처

저 자 강병서
발 행 일 2019년 6월 20일 1쇄
발 행 처 **한경사**
발 행 인 이계남
등록사항 제10-1951호 2000년 4월 14일
주 소 서울시 마포구 신수로 59-1 3층
전화번호 02_717_7264~5
팩스번호 02_717_7226
홈페이지 hankyungsa.co.kr
전자우편 hankyungsa@hanmail.net
I S B N 978-89-6844-199-8 (03000)
가 격 26,000원